北京农业职业学院教材出版基金资助

餐厅服务与管理

秦志红　主编

中国农业大学出版社
·北京·

内 容 简 介

《餐厅服务与管理》为一种工作过程导向新理念的教材，全书共分为饭店餐饮部概述、争做餐饮业职场达人、餐厅服务技能、中餐服务与管理、西餐服务与管理、菜单管理与菜品销售、餐厅服务质量管理、主题宴会设计8个项目，编写重点是项目三至项目五。项目的主要结构为情景导入、任务分析、任务要求、相关知识、工作任务单，正文中还穿插了“案例”、“知识链接”、“他山之石”、“小提示”等环节，编写中采用的案例和业务操作力求实际。随同讲义配有电子课件和案例库等教学资料，使得本书教学方面的实用性和可操作性更强。

本书通俗易懂、图文并茂，既可以作为高职高专旅游管理、酒店管理类专业的教材，也可供餐饮相关从业人员参考和借鉴使用。

图书在版编目(CIP)数据

餐厅服务与管理/秦志红主编. —北京：中国农业大学出版社，2013.8
ISBN 978-7-5655-0759-5

Ⅰ.①餐… Ⅱ.①秦… Ⅲ.①餐馆-商业服务-高等职业教育-教材 ②餐馆-经济管理-高等职业教育-教材 Ⅳ.①F719.3

中国版本图书馆 CIP 数据核字(2013)第 143065 号

书　　名　餐厅服务与管理
作　　者　秦志红　主编

策划编辑　姚慧敏　伍　斌　　**责任编辑**　韩元凤
封面设计　郑　川　　**责任校对**　陈　莹　王晓凤
出版发行　中国农业大学出版社
社　　址　北京市海淀区圆明园西路2号　　**邮政编码**　100193
电　　话　发行部 010-62818525，8625　　读者服务部 010-62732336
编辑部 010-62732617，2618　　出　版　部 010-62733440
网　　址　http://www.cau.edu.cn/caup　　**e-mail** cbsszs @ cau.edu.cn
经　　销　新华书店
印　　刷　北京时代华都印刷有限公司
版　　次　2013年8月第1版　2013年8月第1次印刷
规　　格　787×1 092　16开本　15.5印张　377千字
定　　价　30.00元

编审人员

主　编　秦志红（北京农业职业学院）

副主编　李　雪（北京京北职业技术学院）
　　　　　贾艳琼（北京农业职业学院）

参　编　李　翠（北京农业职业学院）
　　　　　苗昭君（北京京北职业技术学院）
　　　　　张　洁（北京市黄庄职业高中）

主　审　时永春（北京财贸职业学院）

前　言

“餐厅服务与管理”是高职高专旅游管理和饭店管理专业学生的一门专业主干课程。随着市场经济的发展，餐厅服务与管理走向专业化已成为大势所趋。

本教材从饭店餐饮各岗位的任务和职业能力分析入手，以各岗位实际工作任务为引领，以岗位职业能力为依据，结合中、高级餐厅服务员职业资格证书的考核要求组织编写，旨在提高学生餐厅服务与管理知识和技能的同时，培养学生的综合职业能力，满足学生职业生涯发展的需要。

本书有4个方面的特点：一是注重培养学生的市场意识。学习这门课程，让学生掌握相关理论及加强对专业知识的了解，懂得如何进入餐饮市场，给予学生创业指导。二是紧密结合饭店工作实际。本书结合了饭店餐厅服务与管理的新理念、新思想，顺应了职业教育新方向、新课改的要求，坚持实用的原则，理论知识概念明确，技能训练操作规范，强调理论知识为技能训练服务。三是在餐厅管理的内容设置上，能提供系统的管理方法，分析现代经营模式，传递最新的餐饮管理理论和实践成果，并通过具体的案例鉴赏、知识链接、他山之石等内容，培养和提高学习者对于工作实践中各类常见问题的实际解决能力。四是在服务方面，能使学生掌握餐饮工作的流程和技巧，并在服务项目创新方面给以引导。

本教材共8个教学项目，主要内容包括饭店餐饮部概述、争做餐饮业职场达人、餐厅服务技能、中餐服务与管理、西餐服务与管理、菜单管理与菜品销售、餐厅服务质量管理、主题宴会设计。

本教材由北京农业职业学院秦志红担任主编，并负责总纂和定稿，北京京北职业技术学院李雪、北京农业职业学院贾艳琼任副主编，北京财贸职业学院时永春主审。参加编写的有北京市黄庄职业高中张洁（项目一），北京京北职业技术学院李雪（项目二），北京农业职业学院秦志红（项目三、项目四、项目五），李翠（项目六），北京京北职业技术学院苗昭君（项目七），北京农业职业学院贾艳琼（项目八）。同时，教材参阅和借鉴了许多餐饮界和饭店界专家与学者的著作和研究成果，并从互联网上选用了一些案例和资料，在此谨向有关单位和作者表示衷心的感谢！

编　者

2013年5月

目录

项目一　饭店餐饮部概述

学习目标

通过本项目的学习，使学生能够了解餐厅的种类、经营特点及餐饮发展趋势；明确餐饮部组织机构、岗位设置；熟悉餐饮部主要岗位的岗位职责，从而对餐饮工作有常识性认知。

任务一　走进餐饮部

◈情景导入

2月14日是西方的情人节。一些餐厅抓住这个节日积极营销，从餐厅的布局到服务都做了许多精心的设计，希望借此带动消费。李先生夫妇已经近50岁了，虽然听说过情人节，却从来没有过过这个洋节日。今天他们二人来到了某餐厅用餐，刚进餐厅，就听迎宾员热情地说："欢迎二位，祝二位情人节快乐！"随后李先生夫妇被迎宾员带进了餐厅。李先生夫妇惊呆了，整个餐厅都在红玫瑰的包围中，真是漂亮极了。"结婚以后你好像就没送过我玫瑰花。"李太太小声地对李先生说。虽然声音很小，却被细心的迎宾员听到了。在安排李先生夫妇入座后，迎宾员对李先生说道："先生，今天是情人节，这餐桌上的玫瑰花是为您准备的，您可以送给太太，祝二位情人节快乐！"说完，迎宾员微笑着离开了。大概两个多小时后，只见李太太手捧着玫瑰花挽着李先生微笑着从餐厅走了出来。"这样的餐厅布置，这样的服务我们很满意，这让我们觉得自己一下子年轻了20岁，就像回到了从前。谢谢你们，这顿晚餐对我们很重要！"李太太激动地对迎宾员说道。这次就餐经历像是把李先生夫妇带入了"时光隧道"，让他们重温了年轻时光的浪漫。而这家餐厅也成为他们经常光顾的地方。

在激烈的饭店竞争中，为什么这家餐厅给客人留下了难以忘怀的印象呢？

你了解餐饮行业吗？你有志于从事餐饮行业吗？现在就和我一起走进餐饮王国去学习体会吧！

◈任务分析

餐饮服务是一种亲切热忱的态度，时时为客人着想，使客人有种宾至如归的感觉。它是餐厅的生命，更是餐厅的主要产品。因此，我们必须了解与其相关的知识，为进一步学习餐饮服务做好知识准备，为餐饮服务队伍输送更多优秀的人才。

◈任务要求

知识要求：

1. 了解餐厅的概念及具备的3个条件；

2. 熟悉餐厅的种类；

3. 理解并掌握餐厅经营的特点；

4. 明确餐饮部在饭店中的地位和作用；

5. 了解餐饮发展趋势。

能力要求：

1. 对不同类型的餐厅能够全面总结出其特点；

2. 理解餐厅经营的特点；

3. 能根据餐厅经营的特点，有针对性地对客服务；

4. 能够对餐饮发展的趋势做简要分析。

素质要求：

1. 能主动学习，在完成任务过程中发现问题、分析问题和解决问题；

2. 能与小组成员协商、交流配合完成本学习任务。

◆相关知识

一、餐厅的概念

所谓餐厅就是通过出售菜肴、酒水、服务来满足客人饮食需求的场所。一般来说，构成餐厅必须具有如下条件：

(1)餐厅要有一定的场所，具备接待宾客的空间及一整套的餐厅设施。

(2)餐厅能向宾客提供食品和饮料以及良好的服务。菜肴、饮料是基础，服务是保证。

(3)餐厅的经营必须以赢利为目的。餐厅是饭店的利润中心之一，餐饮从业者应致力于餐饮产品的研究和开发，在餐饮管理上开源节流，积极参与餐饮竞争，以获得最佳的经济效益。

同时，作为餐厅还应有下面与之相配套的辅助设施：

(1)服务员工作间。工作间可以储备一些餐厅服务必需品，如备用台布等，也可作为餐厅服务员餐前做一些准备工作的场所，如餐具消毒、套筷套、折餐巾花、擦酒具等。

(2)洗手间。在任何餐厅内或附近都必须设有洗手间。一般在豪华包厢内设有洗手间，以方便宾客的使用。

(3)更衣室。即服务员更衣的场所，应与餐厅保持一定的距离，不要太近。

(4)宾客休息处。在宾客满座时，为等候用餐的宾客提供临时休息的场所。休息处一般设有沙发、报刊架等，并提供茶水服务。

二、餐厅的种类

餐厅是人们就餐的场所。餐饮行业中，餐厅的形式是很重要的，因为餐厅的形式不仅体现餐厅的规模、格调，而且还体现餐厅经营特色和服务特色。

(一)按照餐厅经营特色分类

在我国，按照经营特色分类，餐厅大致可分为中式餐厅和西式餐厅两大类，又可细分为宴会厅、快餐厅、零餐餐厅、自助餐厅、特色餐厅等。

1. 中式餐厅

中式餐厅是提供中式菜式、饮料和服务的餐厅。我国是一个幅员辽阔，民族众多的国家。

由于各地的物产、气候、风俗习惯及历史情况不同，长期以来逐渐形成了许多菜系、流派和地方风味特色。因此，各地经营的中餐厅也颇具地方特色。近年来，随着各地饮食、文化相互交流，各种风味的中餐厅竞相开业，又形成了一种新局面。

(1)中式宴会厅　这种餐厅应是多功能的。它可以用活动门间隔成许多小厅。有些大型宴会厅开宴会时容纳 500 人以上，开酒会可容 1 000 人以上。在这里可以举行大、中型宴会、酒会、茶话会、冷餐会；也可开国际会议、举办服装表演、商品展览、音乐舞会等。这种餐厅应是高雅、华丽、设备齐全的豪华餐厅。

(2)零餐餐厅　零餐餐厅的特征主要体现在服务方式上。除了旺季，在这种餐厅用餐不用事先预订座位，客人通常是随到随吃，服务也是按先到者先服务的原则进行。零餐餐厅的装潢都比较简洁明快，各种设备、器皿配置都比较实用，环境舒适，并具有时代的特点。在这类餐厅用餐，气氛比较轻松随便，更具有家庭式气氛，一般不会因环境压力而造成拘谨。

(3)快餐厅　由于经济生活节奏加快，许多人不愿意在吃饭上花太多的时间，快餐厅可满足这部分客人的需要。快餐厅的内部装潢清洁而明快，所提供的食品都是事先准备好的，以保证能迅速提供给客人，并且具有质量稳定、清洁卫生、价格低廉以及分量充足的特点。

(4)自助式餐厅　这是一种方便餐厅，主要是方便希望迅速、简单就餐的客人。它的特点是客人可以自我服务，如菜肴不用服务员传递和分配，饮料也是自斟自饮。

(5)特色餐厅

①风味餐厅　这是一种专门制作一些富有地方特色菜式的食品餐厅。这些餐厅在取名上也颇具地方特色。

②海鲜餐厅　这是以鲜活海、河鲜产品为主要原料烹制食品的餐厅。

③野味餐厅　这是以山珍、野生动物为原料的餐厅，特别是春、秋、冬季很受欢迎。

④古典餐厅　这类餐厅无论从装饰风格、服务人员服饰、服务方式，还是到所供应的菜点均为古典风格。古典餐厅的风格往往还具有某一时代的典型特点，如唐代、宋代、清代等。

⑤食街　这是供应家常小吃的餐厅。有南北风味食品，以营业时间长、品种多、有特色、供应快捷而受到客人的普遍欢迎。这种餐厅虽然消费低，但营业额高。

⑥火锅厅　专门供应各式火锅。此类餐厅的设备很讲究，安排有排烟管道，条件好的地方备有空调，一年四季都能不受天气影响品尝火锅。火锅厅内一般火锅品种式样较多，供客人挑选。服务也有一套专门的程式，比如上料、添火等有专门的讲究。

⑦烧烤厅　专门供应各式烧烤。这类餐厅内也都设有排烟设备，在每个烤炉上方有一个吸风罩，保证烧烤时的油烟焦煳味不散播开来。烧烤炉根据不同的烧烤品种而异，有的是专门的炉，有的是组合于桌内的桌炉。服务也有其自身的特点。

⑧旋转餐厅　这是一种建在饭店楼顶、由电力机械控制的会旋转的餐厅。餐厅内大多提供自助餐，但也有点菜的或只喝饮料吃点心的。客人在就餐的同时可以俯瞰城市风貌。

【知识链接 1-1-1】

东方明珠旋转餐厅

誉名中外的东方明珠空中旋转餐厅，坐落于上海东方明珠广播电视塔 267 米上球体，是亚洲最高的旋转餐厅。其营业面积为 1 500 米^2，可同时容纳 350 位来宾用餐。它以得天独厚的景观优势、不同凡响的饮食文化、宾至如归的温馨服务傲立于上海之巅。

位于4.2米检票大厅的豪华电梯将以7米/秒的高速把您在40秒内平稳地送至263米观光层，这种绝无仅有、风驰电掣的感觉将是您到东方明珠的难得体验。沿着明亮华贵的弧形梯道拾级而上，登上267米平台，迎面的便是大厅，乳白色的墙面连同光可鉴人的黑色大理石反射柔和的灯光，把您环绕在一片尊贵的气氛中。

环形餐厅内美观的大型自助餐台、鲜花簇拥的餐车上准备的百余种中西式精美菜肴让人垂涎欲滴。白天阳光过盛的时候，会有乳白色自动窗帘徐徐放下，体贴地为您遮挡阳光；入夜，大堂内108盏金属卤素灯大放异彩，将整个餐厅衬托得富丽堂皇、气派非凡。

旋转餐厅更值得骄傲的是它的贵宾包房，布置着豪华富贵的大圆桌、高背靠椅和休闲沙发，能同时招待20位贵宾，金碧辉煌的背景灯光打在冰花玻璃上，更造就了人间仙境般的效果。

宽敞明亮的落地球体玻璃窗外，浦江美景一览无余，自267米高空俯视而下，真有"会当凌绝顶，一览众山小"的豪迈感觉。每2小时旋转一圈的设计，让您全方位360度尽收申城的林立高楼、纵横大道、卧波长桥、争流百响。而夜晚灯火辉煌的申城更是流光溢彩、美不胜收，点点繁星、闪闪霓虹勾勒出无与伦比的浦江夜色。

友善温馨的服务是空中旋转餐厅鲜明的特色。各位迎宾小姐、往来穿梭的服务生均以典雅的服饰、规范的服务构筑了东方明珠的绰约风采。在东方明珠空中旋转餐厅，美景与美食同享。

2.西式餐厅

西餐厅大都以经营法、意、德、美、俄式菜系为主，是向客人提供西式菜式、饮料及服务的餐厅。西餐厅兼容并蓄，博采众长，可以说是西方饮食文明的一个缩影，其中又以高档法式餐厅最为典型。西式餐厅又可分为以下几类：

(1)扒房　它是饭店里最正规的高级西餐厅，扒房具备了豪华餐厅的一些基本特征，是饭店为体现自己餐饮菜肴与服务水准，满足高消费宾客需求，以增加经济收入而开设的高档西餐厅。它的位置、设计、装饰、色彩、灯光、食品、服务等都很讲究。扒房以法式大餐为菜品核心，美食佳酿相映生辉，烹饪技术水平高超精湛，擅长客前烹制，其主要供应牛扒、羊扒、猪扒、西餐大菜、特餐等，同时还可举办西餐宴会等。

(2)普通西餐餐厅　这类餐厅虽不比扒房豪华，但同样具有鲜明的特色。餐厅环境注重异国情调，菜肴虽不是特别正宗，但追求适合国内消费者的口味，服务一律采用西式。

(3)咖啡厅　咖啡厅是小型的西餐厅，在国外被称为简便餐厅，主要经营咖啡、酒类饮料、甜品点心、小吃、时尚美食等。饭店咖啡厅营业时间长，一般24小时营业，服务快捷，并以适中的价格面向大众经营。

(4)酒吧　这是专供客人饮酒小憩的地方，装修、家具设施一定要讲究。酒吧是反映饭店水平的场所，通常设在大堂附近。酒吧柜里陈列的各种酒水一定要充足，名酒、美酒要摆得琳琅满目，显得豪华、丰富。调酒和服务都要非常讲究，充分显示饭店水平。

(5)茶室　又称茶座，这是一种比较高雅的餐厅，一般设在正门大堂附近，也是反映饭店格调水准的餐厅，是供客人约会、休息和社交的场所。供应食品和咖啡厅略同，但不提供中式餐饮，营业时间比咖啡厅营业结束时间稍早一些。

(二)按餐厅服务方式分类

1.豪华餐厅

豪华餐厅，大多有一定的政治、历史、文化背景。它要求餐厅建筑装潢豪华奢侈，就餐气氛高雅浪漫。菜肴由具有高技术水平的营养师和大厨亲手配制烹调，价格昂贵；卫生设施高档齐全；所配备的服务人员都是训练有素、服务技术过硬、敬业精神强的资深侍者；名酿贮存丰富。豪华餐厅的规模趋向小型化。

2.餐桌服务性餐厅

此类餐厅是餐厅种类中的主流，各具特色，建筑装潢上乘，就餐环境舒适，卫生状况优良，菜单内容丰富，菜肴口味体现时尚，价格适中，烹饪技术全面，餐饮服务规格化、标准化、程序化。餐厅在经营管理上，注重宣传促销，以提高座位周转率和回头率；主要客源市场以团体、商务客人为主。

3.柜台式餐厅

此类餐厅的厨房通常设在餐厅中央或一边，采用全透明操作方式，厨房四周设柜台和餐椅，能让客人亲眼看到菜肴的全部制作过程，而忽略等待上菜的感觉。

4.自助式餐厅

自助式餐厅有两种形式。一是自助餐厅，该类餐厅常将菜品和餐具按开胃品、热菜、烧烤、汤、甜品、水果等分类摆放在布置装饰精美、台形设计考究的自助餐餐台上，由宾客自取餐具，自行挑选自己喜爱的菜品，并划分就餐区域。自助餐厅一般设有迎宾员、自助餐餐台看台服务员、餐桌值台服务员及值台厨师。自助餐厅就餐气氛轻松，服务快捷，并且能让宾客拥有最大限度的选择余地。其餐费标准固定，饮费另计，早餐、正餐分别有不同的标准，有的自助餐厅采取宾客购买餐券就餐的方法，避免餐后跑单现象。全天候供应的自助餐常采用国际先进的时段定价法收费，即在不同的用餐时间就餐，其价格标准也相应变化，以适应不同工作时段的宾客需求。二是点菜式自助餐厅，它类似于快餐厅，大部分菜品在宾客点菜后烹制。此类餐厅大都位于人口相对密集的企业、学校、医院或商业区，菜肴价格水平较低，采取无菜单式经营，宾客共用餐桌，自助用餐，空间紧凑，客流量大。我国目前在餐饮市场上异军突起的餐饮超市实质上就是一种点菜式自助餐厅。

5.快餐厅

此类餐厅以提供中西餐简单菜肴为主，如国际快餐连锁店“麦当劳”、“肯德基”，中式快餐“永和豆浆”等。

三、餐饮经营的特点

旅游饭店餐饮部的经营管理有别于饭店其他部门和工业企业生产部门。它从市场调研，经营定位，菜单筹划，设备设施规划、采购、验收、存贮，到销售、生产服务、成本核算、信息反馈等每个环节都有其自身的特点和要求。

(一)餐饮生产的特点

1.产品种类多，批量小且难以保存

餐饮菜点产品的花色品种有数千种，如中菜就有粤菜、鲁菜、川菜及苏菜四大菜系之分；西菜有法、意、英、德、俄等国菜式。每一个菜系都有数千个品种，而每一个品种的制作方法又不尽相同。再加上众口难调，所以一般的餐饮企业要为宾客提供的菜点品种必须多达几十种，甚至数百种。不过由于每一位宾客需要的品种较少，且数量较小，使得餐饮企业多数产品不可能批量生产，这就给餐饮产品质量的持久稳定带来很大困难。另外，菜肴等食品一经出炉，其色、香、味、形等质量指标就会随着时间的延长而降低。因此，要想保证产品质量，餐饮产品应以现做现售、即刻食用为佳。当然,除了餐饮产品成品的质量难以贮存外,制作餐饮产品所用的原材料也是不易保存的,如使用最多的鱼类、肉类、禽类、蔬菜类等各种鲜活原料。而这些原材料的质量好坏会直接影响成品的质量,所以原材料的购买一定要根据菜单,并结合菜点的销售情况、成本和利润情况,否则会给餐饮的质量控制和成本控制带来很大难度。

2. 产品生产时间短,属于一次性消费

餐饮生产必须在宾客进餐厅点菜后才开始进行,时间上有其特殊性,属于现点、现做、现消费。原则上客人所要食品品种确定后20～30分钟内必须送到客人餐桌上。从宾客点菜到烹制、消费、结账等一系列活动完成所花费的时间也非常短促,一般1～2小时。

同时,客人的餐饮产品消费只是一次性的。它既不像客房的家具、布草可以反复使用,又不比整瓶酒水的销售,客人付账后一次消费不完,可暂时寄存在餐厅内供日后继续饮用,因此对餐厅厨师和服务人员要求较高,即要求在较短时间内为客人提供满意的产品与服务。

3. 产品生产量难以预测,且产品信息反馈快

菜点的生产是先有宾客订货而后进行生产,然而宾客经常会受到天气、季节、交通、节假日等因素的影响而决定是否到餐厅用餐,这就使菜点的生产量难以准确预计,导致餐饮产品的生产量随机性很强,产量难以预测,从而给厨房的备料、人员安排和管理等餐饮生产的计划性带来一定困难。一般来讲,餐厅的管理者根据以往的销售资料和生产经验来作出较为准确的预测。因此,既要保证相对稳定的客源,又要不断吸引新的客人,除了提供价廉物美的菜肴和优质服务外,还要进行积极的产品促销。饭店餐饮部可在自助餐和宴会方面多想方法,力求批量生产。

另外,由于客人的消费时间较短,所以餐饮企业可较容易得到客人对餐饮产品的反馈信息。如有些餐馆的厨师都编号上岗,客人的每一道菜都标有厨师的编号,客人对菜品有什么意见,可以通过服务员将信息反馈给菜产品制作人,以便及时掌握客人的喜好。同时,客人也可以通过编号了解各厨师的烹调技术和口味特点,以便再来就餐时选择适合自己口味的厨师为自己烹调,这种做法无形中强化了厨师的责任感,同时也提高了客人的尊崇感。

4. 产品生产手工操作,且生产过程控制管理困难

餐饮生产一方面是厨师技术性操作的艺术展现,构成了饮食文化的重要部分。尤其在中餐产品的生产过程中,由于菜品多样、制作方法多样且复杂,因此以厨师手工操作为主,如面点制作。另一方面,就餐饮产品中的服务产品而言,也会因种种主客观因素的影响,存在不可预见性和不稳定性,其中任何一环出现差错都会影响到餐饮产品的质量,给餐饮生产过程的管理带来困难。再者,顾客的口味多样,造成顾客对菜点的评价标准各异。即使是同一个顾客,也会受情绪、环境等方面因素的影响,产生口味的变化,进而影响到对菜点质量的评价。

(二)餐饮销售的特点

1. 餐饮产品销售受餐位数量的限制

餐饮企业接待的客人数量受营业面积大小、餐位数多少的限制。在餐位全部满座的情况下,餐厅不能扩大销售量。因此,餐饮企业必须改善就餐环境,提高餐位利用率,增加就餐客人的人均消费额。

2. 餐饮产品销售量受进餐时间的限制

人们的就餐时间有一定的规律。就餐时间一到,餐厅高朋满座,而就餐时间一过,餐厅则门可罗雀。餐饮的销售具有明显的间歇性。因此,餐饮企业应通过增加服务项目、延长营业时

间等方法来努力提高餐饮销售量。

3.餐饮固定成本及变动费用较高

餐饮企业的各种餐厨设备、用品的投资较大，且人力资源费用、能源费用、原料成本等的支出也较高。因此，餐饮企业应想方设法努力控制固定成本与变动费用，以提高企业的经济效益。

4.餐饮经营的资金周转较快

餐饮企业的综合经营毛利率较高，一般都在50%以上，如果在餐饮经营中能合理控制费用消耗，则可产生可观的利润。此外，餐饮销售收入以收取现金为主，大部分餐饮原料为当天采购、当天销售，因此，餐饮企业的资金周转较快。

(三)餐饮服务的特点

餐饮服务是餐饮企业的员工为就餐客人提供餐饮产品的一系列活动。餐饮服务可分为直接对客的前台服务和间接对客的后台服务。前台服务是指餐厅、酒吧等餐饮营业点面对面为客人提供的服务，而后台服务则是指仓库、厨房等客人视线不能触及的部门为餐饮产品的生产、服务所做的一系列工作。前台服务与后台服务相辅相成，任何一方出了问题都会影响餐饮服务质量。后台服务为前台服务奠定了物质基础，前台服务是后台服务的继续和完善。只有精美的菜点、没有高质量的服务不行；只有高质量的服务而没有精美的菜点也不行。因此，美味佳肴只有配以热情、礼貌、周到的服务，才会受到客人的赞赏和欢迎。

1.无形性

无形性是服务产品的共性。尽管餐饮产品是具有实物形态的产品，但它仍具有服务的无形性特点，即看不见、摸不着，且不可能数量化。餐饮服务的无形性是指就餐客人只有在购买并享用餐饮产品后，才能凭借其生理与心理满足程度来评价其优劣。

事实上，大多数餐饮消费者选择一家餐厅时，往往只凭他们所得到的有关这家餐厅的信息，如从广告、亲朋好友的“鲜美可口、清洁卫生、价廉物美、环境优美”的宣传介绍中作出购买的决定。至于他们的选择正确与否，只能在他们亲临餐厅、享用之后，凭生理、心理的满足度来评估和判断。

正因为服务的这一特性决定了餐饮产品无专利性的特点。因此，餐饮企业必须明确餐饮产品的革新、创新的重要，并让餐饮管理者充分地认识到餐饮产品生命周期的短暂性。

【案例 1-1-1】上海某饭店住进了几位外国客人，他们是一家人：丈夫罗伯特、全身瘫痪的妻子劳拉和两个三四岁大的孩子。安顿好之后，一家人来到中餐厅，由于旅途疲劳，加之也许由于疾病缠身，心情不好，瘫痪的妻子劳拉不肯吃饭。罗伯特一筹莫展，孩子们也在旁边哭。这时，餐厅的一位年轻的服务员小刘立刻走上前去，从罗伯特先生手中接过饭碗，一遍遍地耐心用英语鼓励、安慰劳拉，一遍又一遍地用勺子把饭送到她固执的、紧闭的嘴边。许久，劳拉终于张开了嘴，愿意接受递到嘴边的食物。吃了一口，又一口，再一口……服务员小刘代替她的亲人喂她吃完了饭。这情景使罗伯特十分感动，他感慨地说：“在中国，我真正感到了社会的温暖和人与人之间的真挚感情，你们简直比亲人还要亲！谢谢你们！”事后，餐厅主管和同事们问小刘怎么会走上前去帮助他们？这位服务员回答：“看到这不幸的一家，我从心里感受到他们的痛苦，忍不住流下同情的泪水，一股无形的力量推我上前去帮助他们。我觉得我只是做了我应该做的，这是人之常情嘛。”

分析：服务是人与人之间的接触，优良服务的提供需要服务人员全身心的投入，而这种投入源自于对顾客的深厚感情。案例中提到的“无形的力量”、“人之常情”，就是服务员对客人深厚的感情。服务员只有将客人当作需要精心服务的亲人与朋友，才能使服务富于情感。有了这种将心比心的感情换位，服务就不仅仅是停留在规范和标准上，而是提高到超常服务的水准，提高到超常发挥的特色服务的高度，提高到“人性化”服务的高度。

2. 一次性

餐饮服务的一次性是指餐饮服务只能当次享用，过时则不能再使用。因此，餐饮企业要接待好每一位客人，提高每一位就餐客人的满意程度。

3. 同步性

餐饮服务的同步性是指餐饮产品的生产、销售、消费几乎是同步进行的，即企业的生产过程就是客人的消费过程。这意味着餐厅既是餐饮产品的生产场所，也是餐饮产品的销售场所，这就要求餐饮企业不仅要注重对客的服务过程，还要重视就餐环境。

4. 差异性

餐饮服务的差异性主要表现为两个方面：一方面，餐饮服务员由于年龄、性格、受教育程度及工作经历等存在差异，决定其为客人提供的服务肯定是不尽相同的；另一方面，同一服务员在不同的场合、不同的时间，其服务态度、服务效果等也会有一定的差异。这就决定餐饮企业需要制定服务标准，并加强服务过程的控制。

四、餐饮部在饭店中的地位和作用

餐饮部是饭店的重要组成部分，餐饮是一个饭店赖以生存和发展的基础，它不仅满足了客人对餐饮产品和餐饮服务的需求，而且作为饭店对客服务的窗口，为树立饭店良好的社会形象发挥着积极的作用，并为饭店创造良好的经济效益。其地位和作用主要表现在：

1. 餐饮部是饭店的重要组成部分

餐饮部除了要为客人提供食品、饮料这些有形产品外，还要为宾客提供无形的产品，那就是烹饪技艺、餐厅服务。餐饮部所管辖的范围包括各类餐厅、酒吧等传统的经营场所，如今大多数饭店的餐饮管辖范围已扩展至娱乐、会展等。所有这些餐饮经营场所和餐饮设施都是客人经常活动的地方，是客人在饭店的活动中心。因此，餐饮部是现代饭店的重要组成部分。

2. 餐饮服务直接影响饭店声誉

餐饮部工作人员，特别是餐厅服务人员直接为客人提供面对面的服务，其服务态度、服务技能都会在客人心目中产生深刻的印象。客人可以根据餐饮部为他们提供的餐饮产品的种类、质量以及服务态度等来判断饭店服务质量的优劣及管理水平的高低。因此，餐饮服务的优劣不仅直接关系到饭店的声誉和形象，而且直接影响饭店的客源和经济效益。

3. 餐饮部为饭店创造可观的经济效益

餐饮部是饭店获得经济效益的重要部门之一，其收入大约占饭店总收入的 1/3。餐饮经营规模大、功能齐全，餐饮收入所占比例就高；反之则低。同时，餐饮收入还受经营思想、经营方式、饭店位置、饭店内外部环境、经营品种、设备设施条件等诸多因素的影响，特别是餐饮客源结构发生根本性转变以后，餐饮收入的多少以及在饭店总收入中所占比例的大小都会发生变化。如今，餐饮业已步入微利时代，因此，通过扩大宣传促销、开发创新有特色的餐饮产品、增加服务项目、严格控制餐饮成本和费用、增收节支等手段，可以为饭店创造较高的经济效益。

4. 餐饮部的工种多，用工量大

餐饮部由多个小分支组成，而每个分支又是由前台服务、后台服务人员组成，从餐饮原材料的采购、验收、储存、发放到厨房的初加工、切配、烹调再到餐厅的各项服务销售工作，需要各部门各岗位的许多员工配合和协调，才能发挥其职能作用。因此，餐饮部的多工种和用工量大的特点为社会创造了众多就业机会。

五、我国餐饮业的发展趋势

20 世纪末期以来，中国的餐饮业进入了史无前例的大发展时期，软件和硬件的建设日新月异，市场竞争日益激烈。一方面，随着东西方饮食文化的交汇，饭店餐饮市场异彩纷呈，美食节的兴起、菜肴的创新、经营模式的变异、餐饮市场的进一步细化，使得人们能随时、随地、随心、随意地享受美食带来的欢愉；另一方面，经济实力的增长，传播媒介的积极引导，营销的合理组合，使人们可支配的收入有了大幅度增加，也使得我国餐饮市场的消费潜力不断壮大。总之，我国的餐饮业已经出现了百花齐放、百舸争流的局面。

（一）服务不断创新，专门化趋势增强

创新是企业的灵魂，没有创新就没有发展。餐饮业是第三产业的重要组成部分，市场大、增长快、顾客需求变化快。为了适应时代发展的潮流，餐饮产品、服务方式需要不断创新：开发轻油、轻盐、轻糖、轻脂肪、轻调味品等“五轻”食品满足现代人对饮食与健康的需求；开发原料品种和菜肴新品种，并重视菜肴的组合，形成特色菜谱和主题菜谱。

随着人工费用不断上涨和成本观念的逐渐建立，“卖的东西越精越有利润”，慢慢成为餐饮业的一种共识。韩国烧烤、日本料理、意大利比萨等许多异国风味，如雨后春笋般出现，外卖食品业的迅速扩展以及团体膳食供应（学校、公司、医院等）的出现与成长都是专门化的体现。

（二）餐饮超市大量涌现

餐饮超市是借鉴零售市场原理而推出的一种新颖的餐厅模式，采取全天候的顾客服务、多功能的经营布局、全品位的周期循环，集地方风味、外国风味、乡土风味于一体，采用“明厨、明炉、明档、明价”的全透明经营模式。在餐饮超市里，客人对自己所点的菜肴，从规格、份量、定价到加工、烹调、销售的一条龙服务能一目了然；客人自称斤两、自定口味；不设最低消费，价格面向大众，实行超市价格。餐饮超市集中各行业的优势，促成餐饮、购物、旅游、休闲、娱乐等消费活动相互牵连、相互渗透，逐步形成规模经营，获得巨大的效益。如北京全聚德烤鸭店如意厅的餐饮超市等，千品汇一、菜品陈列、自由选择、现场加工、气氛热闹、富有情趣，成为宾客聚会、休闲的好去处。

（三）中西快餐，深入民心

作为餐饮业发展中的一支主力军，中国快餐业的年增长率达 20%以上。全社会快餐连锁网点已达近百万家，营业额已占整个餐饮业营业额的 2/5。行业规模日趋扩大，经营领域不断拓宽。以肯德基、麦当劳、必胜客为代表的西方快餐连锁企业在国内市场迅速扩张。如肯德基自 1987 年在北京前门商业街开设第一家中国店至今，连锁分店遍布中国 200 多个城市，超过 1 000 家。上海人民公园的肯德基分店曾以 39 万元的日营业额刷新了当时肯德基全球日营业额记录。中式快餐在学习“洋快餐”先进管理模式的基础上，探索和确定自己的发展模式，涌现出如常州的“大娘水饺”、兰州的“马兰拉面”等一批品牌企业。

西式快餐值得学习的地方很多，尤其是它的经营管理信条、店景文化和严格的产品质量监控。如麦当劳把 Q. S. C. V.（即品质、服务、清洁和价值）作为神圣不可侵犯的信条。对于产品质量控制，麦当劳规定："巨无霸汉堡包"肉饼的直径 98.5 mm，厚度 5.56 mm，重 47.32 g；"炸薯条"炸出 7 分钟后，则不允许出售。中式快餐也在变革中求生存，不断改进产品质量、卫生状况、服务态度以塑造品牌。

（四）经营管理，方式多样

餐饮企业经营方式有独立经营、连锁经营、租贷经营或特许经营。

1. 独立经营

独立经营的单位餐饮企业特点：

(1)虽然有自己的品牌，但企业影响力受到地域的限制。

(2)营运费用相对于连锁餐饮企业来说要高，如不能享受到集团大规模采购和广告的优惠，人力资源也无法共享等。

(3)独立经营的餐饮企业竞争力较差，但经营灵活，调整方便，资本投入相对较小。

2. 连锁经营

餐饮企业连锁经营的特点：

(1)管理模式统一。连锁店以主店为大本营，在中央管理系统严格的管理下进行投资、采购、出品、服务、销售、业务推广等一系列经营活动，在成本投入方面能够有效地加以控制。

(2)连锁企业经营的产品可以说是主店产品的"克隆品"，其餐饮产品和餐饮服务能够保持主店的水准，遇到问题时又能及时得到主店管理系统的帮助和解决。

(3)连锁经营可不断增强本餐饮系统集团在市场上的竞争能力。由于其分布地点大多位于新城旺地和繁华的商业地带，加之企业品牌鲜明，传播速度极快，能迅速拓展业务，可形成规模化经营。

(4)营销计划和促销活动同步展开。各连锁经营店分摊广告宣传费用，能在进一步挖掘潜在客源市场的同时，有效调节各店之间的需求平衡，使本系统在市场的调节和引导下良性发展。

3. 特许经营

通过出让特许经营权或租贷经营权，一些知名的餐饮公司得以在全球推广它们的产品，并统一规格、统一市场形象、统一服务方式。大多数特许经营店是各地区当地企业或私人投资者向知名品牌餐饮母公司购得商标使用权。母公司有责任对投资者在可行性研究、建筑设计、设施配备、人员培训、广告宣传、原料采购、管理制度、操作规程和质量控制等方面给予咨询和支持。其特点是：投资者共享品牌和市场，有强大的支持系统，但需支付昂贵的品牌使用费。

目前，在我国肯德基、麦当劳等除了由外资自主经营外，各城市的投资者还可以申请加盟特许经营。

（五）错位经营，全面发展

高档饭店的餐饮经营，其规模和经营水准代表了我国目前餐饮界的最高水平，在当地发挥着领导美食潮流、影响餐饮时尚的巨大作用。高档饭店普遍具有注重追求文化品位、体现个性魅力、升华美食理念的共同点。它们的菜肴制作赋特色创新于传统经典，待客服务赋超常超值于标准规范，营造气氛赋主题概念于典雅装潢，宣传促销赋承诺回报于消费者。高档餐饮企业设备设施先进，技术力量雄厚，信息来源广泛，形象设计完美，这些明显的行业优势有利于加强地区之间和国家之间的餐饮企业合作。

大众化消费比较稳定，并且具备极其丰富的消费潜力。目前，许多中、低档餐饮场所已占据了较大比例的市场份额，它们凭借着充足的客源市场、合理的定价策略、整洁宽松的就餐环境、可口卫生的菜肴、优良快捷的服务、诚实可靠的信誉，走上了良性发展的轨道。中低档餐饮企业在获得最大经济效益的同时，还扮演着向大众传播餐饮文化的角色，让人们了解美食、钟情美食、享受美食。所以，从现在和长远的观念来看，大众永远是餐饮消费市场的主旋律。

在目前及今后的餐饮市场中，高、中、低档餐饮企业各具特色、错位经营、和平共处，共同发展。

(六)运用科技，提高效率

1. 计算机自动化应用

随着科技的迅猛发展，未来餐饮业中计算机技术的广泛应用也将成为必然。

(1)整体自动化。主要功能在于实现总公司、店铺、配售中心、客户等方面资讯的整合，以在节省人力、节约时间、减少错误及强化品质、安全要求等方面都能取得显著的效果。

(2)行政管理自动化。涵盖会计、财务、订货、库存管理、销售分析等多个方面。由计算机随时收集营业数据，制作统计分析报表，可严密监督餐厅的正常营运，也可为经营管理决策提供参考。

(3)餐厅作业自动化。用计算机点菜系统帮助顾客点菜，可以节省人力、节约时间及降低错误。宾客到达餐厅后，只要轻轻按动计算机的键盘，计算机屏幕上就会出现正在供应的菜肴和酒水的品种、风味、特色、规格、价格、营养成分与分析等具体信息资料，选定具体品种后，可通过自动收款机收款，交款后，计算机就立刻指示厨房配餐并出菜品。

2. "冷链"技术的应用

餐饮业的"冷链"以一种法国工艺为基础，采用 HACCP 方法(食品安全预防性管理体系)进行控制，在法国及其他多个国家已成为集体餐饮质量的最好保证。采用这一工艺，可以不采取速冻技术，而将几天前制作的食物妥善保存并供应给集体餐饮场所，却不会导致食品中致病细菌或微生物的繁殖。食品在"中心厨房"经过烹制之后，按照规定程序迅速冷却，然后在冷藏的环境下(0～3℃)储存和销售，根据食品保存期限的不同，最长期限可达 4 天，甚至 7 天。食物可以供应给一个或多个场所，在现场按照规定的方法加热后食用，几乎没有任何时间和距离的限制。这种方法有多种好处：丰富配餐食品的花色品种，减少运营时间及成本，减少垃圾，节约原材料，充分利用设备，节省能源。

(七)品牌打造，提升竞争

当今餐饮市场的竞争归根到底是品牌之争。餐饮企业品牌的树立，包括经营的特色、理念、服务个性、企业文化等诸多方面。多数餐饮企业正是通过企业品牌的树立去实现有形资产到无形资产，再到有形资产的资金积累和企业扩张，实现了资金积累和企业扩张。如武汉"小蓝鲸"在树立品牌方面：一是重视企业文化建设；二是将科学、健康的饮食文化内涵注入到企业品牌中，围绕"吃出健康来"这一概念做文章。

【知识链接 1-1-2】

小小鱼头,缔造美食神话

“谭鱼头”诞生于1996年,至今只有10年时间,但“谭鱼头”却在这短短的时间里,创造了一个又一个奇迹。让媒体和业界叹为观止的“谭鱼头现象”、“谭鱼头模式”,就是谭鱼头人从胜利走向辉煌,从辉煌走向胜利的轨迹!谭鱼头的核心产品——“谭鱼头火锅”,以其“辣而不燥、鲜而不腥、入口窜香、回味悠长”的独特风味南北皆宜,独步天下。1998年6月谭鱼头走出四川,在全国开设的连锁店以平均每年300%的速度飞速发展,在成都、北京、上海、广州、台湾、香港等全国50余个大中城市拥有100余家连锁店,国内大、中城市的占有率达92%,先后荣获“中国商业名牌企业”、“中国优秀特许品牌”、“全国绿色餐饮企业”、“全国十佳餐饮连锁企业”、“中国知名火锅”、“中华餐饮名店”等殊荣。如今,成都谭鱼头投资股份有限公司已演绎为以餐饮业为龙头,食品研究、生产加工、销售配送等为主导,以资本运营为纽带,连锁经营为模式的现代企业。

(八)低碳餐饮,引领未来

餐饮业作为大众消费场所,每天需要消耗大量的资源,同时会排放不少的大气污染物,并不断产生大量餐厨垃圾,也成为高碳排放源。因此,根据国家发展新战略,餐饮业不仅要文明服务、满足消费,提供安全健康、营养美味的特色菜点,而且还要积极发展“节能减排、绿色环保”的低碳餐饮。对于餐饮企业来说,节能减排不仅能凸显企业的社会责任,为企业塑造良好的社会形象,而且更能降低经营成本,大幅度提升企业的赢利能力。因此,积极发展“节能减排、绿色环保”的低碳餐饮,无论对于行业的现在还是将来,都有着非常重要的意义。

1.首先要广泛宣传发展低碳餐饮的重要意义

多方面引发行业每个从业者对高碳排放带来环境污染恶果的思考,认识实践低碳行动的前景与美好未来;倡导节能环保从每个人做起,“让环保理念深入人心,形成行业低碳共识”,通过企业自身的社会影响力,向社会宣传生态环保节能减排理念。

2.发展“低碳餐饮”制定餐饮业低碳化的行业规范

要尽快建立科学的、节能减排的管理与操作规程,在餐饮企业内部建立健全节能环保、低碳减排的规章制度,从涉及餐饮经营的就餐环境、餐具、原料、菜点、烹饪工艺等各个方面,不断深化和促进低碳减排。通过开展交流示范、评定表彰和宣传推广等活动,激励员工做好节能减排工作。

3.积极推广使用节能减排新技术和新设备

可在饭店建筑装潢设计、室内空调和照明、各种设备使用和水资源利用等各方面尽量采用节能技术或节能产品,以有效提高节能减排水平。比如,环保建筑装修材料、节能空调、节能冰箱、节能灯具、节能灶具、节能锅具、感应式节水龙头等。

4.拒绝或逐步减少使用一次性餐用具

努力营造创建节约型餐饮企业的良好氛围和行业风气,这不仅有利于环境卫生的改善,减少材料的浪费,还能减少垃圾的产生,减少对环境的破坏等。

5.鼓励遵纪守法,杜绝购买储存、制作出售野生动物及其制品

野生动物是人类的朋友,是自然生态系统的重要组成部分,是大自然赋予人类的宝贵自然资源。保护野生动物,维护自然生态平衡,不仅关系到人类的生存与可持续发展,也是衡量一

个国家、一个民族、一个城市文明进步的重要标志。

6.反对过度包装食品，提倡对包装的回收再生利用

现在不少餐饮企业都在生产销售外卖食品，例如“月饼、糕点、腌腊制品、半制成品”等。如果都能加强环保意识，避免食品过度包装并提高包装的回收再生利用率，那将有利于减少资源浪费、推动循环经济可持续地发展。

7.减少浪费，引导顾客理性消费、适度消费

餐饮企业应该积极引导顾客按人点餐、减少浪费、适可而止；饭后如有剩余食物，应建议客人打包带走，倡导低碳餐饮新风尚。

8.倡导低碳烹饪方法，推广低碳营养菜谱

比如改武火为文火，改爆炒为蒸煮，不断创新烹饪技法，去除餐饮加工制作过程中的不合理能耗，减少碳排放。同时积极开发推广低碳营养菜，例如蒸煮菜、凉拌菜等；提倡少吃荤多吃素的低碳饮食。

9.加强中央厨房建设，提高餐饮原料利用率

有条件的餐饮企业都应强化中央厨房建设，做到统一采购原料、统一加工制作、统一调制口味、统一配送产品。

10.推广应用无纸化的电子菜谱和网上订餐

对消费者而言，只要触摸电子屏上图文并茂的菜谱，就可以自助点菜并直接算出总价，也有利于合理、适量点菜。对于饭店来说，电子菜谱可以实时上传新菜、优惠套餐和更改菜价，免去了加印、重新制作菜谱所造成的浪费和损失。开展网上订餐则可减少顾客等候和占用餐位时间，提高餐厅资源利用率，便于烹饪和服务的统筹安排等。

综上所述，餐饮业的发展趋势客观存在。对于餐饮服务与管理者来说，应不断地研究餐饮需求市场的发展规律，树立危机意识，积极参与竞争，把握机遇迎接挑战！

◈工作任务单 1-1

1.名词解释

(1)餐厅。

(2)餐饮服务。

2.简答题

(1)简述餐饮部在饭店中的地位和作用。

(2)简述餐厅经营的特点。

(3)我国餐饮业的发展趋势是什么？

3.讨论题

(1)谈谈你对餐饮服务无形性特点的认识。

(2)回忆有关星级饭店或社会餐厅就餐的经历，你对餐厅的环境、卫生、设备、酒水、菜肴和服务感受如何？你享受到了哪些服务？

(3)谈谈你对低碳餐饮的理解。

4.案例分析

20世纪90年代以来，中国经济全球化进程提速。在这个人口世界第一、最具潜力的中国大众餐饮市场，同源自美国的全球快餐两大巨头麦当劳与肯德基，均在博弈中取得了让全球其

他市场汗颜的骄人业绩，中国市场成为带动其全球业务发展的“发动机”。

从全球范围看，麦当劳和肯德基尚不属于一个重量级：据美国食品业界研究机构 Technomic 对 2003 年全美快餐销售额和餐厅数量的统计显示，麦当劳以全美 13 609 家餐厅，销售额超过 221 亿美元的业绩排名榜首；而肯德基则以全美 5 524 家餐厅，销售额 49.36 亿美元排名第七。

在中国市场上，肯德基于 1987 年在北京前门开了第一家快餐店，是第一家进入中国内地的西式快餐连锁集团，历经 6 年的摸索，至 1992 年全国餐厅总数为 10 家。肯德基自进入中国市场之初，就为肯德基在中国设立了远景目标：把中国 KFC 品牌做成中国餐饮业的第一品牌，甚至是全世界最受欢迎的餐饮品牌。在连锁经营模式上，实施“直营连锁”与“特许连锁”两条腿齐头并进的提速战略。

在肯德基进入中国 3 年后，麦当劳才开始中国的旅程。之后，麦当劳干劲十足，想后发制人实施赶超战略，1992—2002 年 10 年间，平均每年的开店数为 38 家，并在北京市场后来居上，开店数量领先于肯德基。但在经过 12 年的发展后，麦当劳才开始“直营连锁”与“特许连锁”的双向发展，决策反应速度的缓慢也制约了其扩张速度，更影响了其在中国市场选址圈地的决策速度，以至于在对同一个目标店铺选址的决策过程中，往往被肯德基捷足先登。

思考：

(1)肯德基与麦当劳在连锁经营模式上都采取了什么样的发展模式？其特点分别是什么？

(2)从肯德基与麦当劳的竞争中，你获得了哪些启示？

5. 技能训练

(1)组织参观、考察几家四星级以上饭店的餐饮部，找几名餐厅服务员与她(他)们交流一下餐厅工作的体会。

(2)上网或图书馆查询餐厅还有哪些种类？有何特点？

任务二　餐饮部组织机构及设计

◈情景导入

现在大多数星级饭店组织机构设置，均为饭店总经理一名、饭店副总经理八名的超常配备。俗话说，“一个和尚挑水喝，两个和尚抬水喝，三个和尚没水喝”，当众人都成为领导的时候，往往意味着任何人都不能成为真正意义上的领导，其结果是人浮于事、遇事扯皮不断、内耗不断、企业经营管理不善，势必会影响其健康发展，以致企业最终的破产、解体。案例无数次证明，“火车跑得快，全靠车头带”。一个企业的成功与否，组织机构的配置好坏起着决定性作用。

请问，饭店餐饮部合理的组织机构应该是什么样子的呢？

◈任务分析

组织机构是为完成经营管理任务而结成集体力量，在人群分工和职能分化的基础上，运用不同职位的权利和职责来协调人们的行动，发挥集体优势的一种组织形式。餐饮部的组织机构既是餐饮运行的重要条件，又是餐饮管理的载体。餐饮部组织机构的设置对餐饮经营管理有着极其重要的影响，对建立良好的服务与管理体系，达到餐饮经营目标，实现餐饮服务和管理的程序化、标准化和规范化起着重要的作用。

◈任务要求

知识要求：

1. 了解餐饮部组织机构的概念和重要性；
2. 熟悉并掌握星级饭店餐饮部组织机构设计的原则、依据及方法；
3. 明确餐饮部各部门的主要职能。

能力要求：

1. 能够根据某一餐厅经营特色和规模设计相应的餐饮组织机构；
2. 能够区分餐饮部主要部门的职能。

素质要求：

1. 具备不断学习探索的心理素质；
2. 在学习中有较强的合作精神，和其他学员沟通合作愉快。

◈相关知识

一、餐饮部组织机构概述

餐饮部组织机构是针对餐饮企业经营管理目标，为筹划和组织餐饮产品的供、产、销活动而设立的专业性业务管理机构。组织机构是有效开展业务经营活动的组织保证。组织管理学家巴克斯克指出：领导的职责就在于成功地设计一种组织，并委派最恰当的人选，然后致力于按照组织原则促使大家去达到目标。

餐饮部管理工作范围广，内容多，工作量大，员工文化程度和年龄层次差异大，因此必须根据分工合作的原则，合理设置组织机构，保证餐饮部的有效运转。

二、餐饮部组织机构的设置

(一)餐饮部组织机构设置的基本原则

1. 精简与效率相统一的原则

精简和效率是现代企业组织管理的基本要求。组织机构的规模、形式和内部结构在确定时必须在符合业务要求的前提下，将人员减少到最低限度。精简的关键是精，能用最少的人去完成任务。精简的目的是减少内耗，充分利用各级人员的才能，发挥员工的积极性和主观能动性，提高效率。在这个原则的指导下，要求餐饮企业配备人员的数量与所承担的任务相适应，机构内部分工合理，职责明确，每位员工都有相应的工作量、工作效率和应变能力。

2. 统一指挥的原则

餐饮企业组织从上到下形成了垂直的管理层次，各管理层次环环相扣，形成一条等级链。统一指挥原则是指组织的各级机构及个人按照管理层次建立统一指挥、统一命令系统，下级只能服从一个上级的命令和指挥，以避免多头领导、多头指挥，使组织最高管理部门的决策得以贯彻执行。统一指挥的原则要求是，任何上级指示只能从上到下逐级下达，不能越级指挥，下级不能越级向上级请示汇报，在上下级之间形成政令畅通的指挥链。

3.有效管理幅度原则

有效管理幅度原则是指上级管理者有效地监督、指挥其直接下属的人数是有限的。影响管理幅度的因素有许多,如工作类型、上下级的工作能力等。管理幅度的大小影响和决定着组织的管理层次。在组织规模已定的情况下,管理幅度增大可使管理层次减少,加快信息传递速度,提高效率,同时还可以降低管理费用。因此,在保证有效管理的前提下,可尽量扩大管理幅度。

4.责权对等原则

餐饮企业的每一个岗位都有相应的职责和权利,责任是权利的基础,权利是责任的保证。责权对等原则是要求职责与职权保持一致。职责是指各种组织职位所承担的责任,职权是指一定职位在其职责范围内,为完成其责任必须具有的权利。在组织结构设计时,既要明确规定每一管理层次和各个部门的职责范围,又要赋予完成其职责所必需的管理权限。职责和职权必须协调一致,这就是责权对等原则的要求。

5.集权和分权相结合的原则

集权和分权结合的原则就是为了保证有效的管理,应根据组织的实际需要来决定集权与分权的程度,实行集权与分权相结合的领导体制。集权是指将决策权限尽量集中于组织上层,而分权是将决策权限分散于组织下层。集权和分权是相对的,在现实中,组织中的权利哪些应该集中,哪些应该分散,没有统一模式,应根据组织具体的情况而定。

6.稳定性与变革性相结合的原则

该原则是指组织机构及其形式既要有相对性的稳定性,不要总是轻易变动,又要根据组织内外条件的变化,根据长远目标做出相应的调整。组织本身是不断运动的,而且组织依赖的生存环境也是不断变化的。若组织结构陷入静止状态,则无法适应环境变化,所以组织调整变革就是不可避免的,只有调整和变革才能给组织带来效率和活力。

【他山之石 1-2-1】

美国万豪国际集团

全球知名的酒店管理公司美国万豪国际集团早在2001年就在其管理的墨西哥万豪酒店开始推行AT YOUR SERVICE活动,效果很好。因此,从2003年开始,只要入住过万豪国际集团所属的万豪品牌酒店的客人,都会从其电话机的键盘上注意到这个品牌的酒店多了一个新的服务部门——AYS(即AT YOUR SERVICE,随时为您效劳)。其实,这是万豪国际集团为了提升其“全球公认的卓越服务提供者”的整体形象,于2003年初在其全球万豪品牌酒店中推出的一个全新举措。该举措的推出可以说是给全球的酒店业带来了一场新的革命。它不仅打破了酒店业传统的内部组织机构分布和职能分工,并且对酒店的相关部门的服务内容(如总机房、客房送餐、管家服务、前台和礼宾代办服务等)也进行了前所未有的整合,最终达到让每一位住店客人满意的目的。在提供AYS服务项目的酒店里,住店客人只需通过客房电话机上设置的AYS专用按键就可以迅速得到自己所需要的相关服务,比如预订客房送餐,索要免费的牙膏牙刷、剃须刀、卫生纸以及额外的毛巾、枕头、问讯服务、洗衣熨烫、行李接送、礼宾代办服务等。这样就避免了目前大大小小的各类酒店中都普遍存在的一个问题,即客人一个简单的电话请求都要被转到几个不同的部门才能被解决。通过推出AYS服务项目,酒店既可以形成一个完整的酒店客史档案;也可以为住店客人提供一站式的酒店服务、信息咨询、问题解决途径;还可以提高对客人所反映问题的跟踪处理速度,进而提高客人的满意程度。住店客人所反映的问题一旦明确，一个由有多部门工作经验的酒店员工组成的AYS团队就会协同作战，迅速将问题解决。

(二)餐饮部组织机构的设置依据

1.餐厅类型的多少

餐厅类型越多，专业化分工越细，内部人员、部门越多，组织机构的规模就越大。例如，大型饭店的餐饮部一般都设有中餐厅、西餐厅、宴会厅、酒吧间和自助餐厅等各种类型的餐厅，有的多达十几个，甚至几十个，餐厅专业化程度高，厨房分工与其相适应，组织结构必然较为庞大。反之，小型饭店只有2～3个餐厅，组织机构的规模必然较小，组织机构的具体形式也必然各不相同。

2.餐厅接待能力的大小

餐厅接待能力是由其座位多少决定的。餐厅座位越多，规模越大，用人越多；与此相适应，厨房规模也越大。反之，餐厅座位少组织机构的规模也相应较小。餐饮组织机构的规模和形式必须和餐厅接待能力相适应。

3.企业餐饮经营的专业化程度

餐饮业主要有饭店和餐馆两种类型，二者的具体组织形式也必然各不相同。饭店是一种综合性服务行业，其中的餐饮部门不是一个独立的企业，而是其组织机构的一部分，餐饮管理中所需要的工程、财务、安全、培训、人事劳动等管理工作由企业智能管理部门承担。因此，餐饮管理组织机构的规模可以相对较小。而餐馆、酒家等都是独立的企业，需要建立全套组织机构，在餐厅接待能力相同的条件下，组织机构的规模则相对较大。

4.餐饮经营市场环境

不同地区、不同企业、不同时期的餐饮经营的市场环境不同。处于卖方市场条件下的企业市场环境好，用餐客人多，餐厅座位周转快，用人相对较多；而处于买方市场条件下的企业情况则相反。因此，餐饮管理组织机构的规模和形式会随着市场环境的变化而调整。

(三)餐饮部组织机构的设置

根据饭店的规模和等级以及餐饮部门本身职能的不同，餐饮部的组织结构没有统一的模式，各餐饮组织通常根据自身的特殊性和经营任务，在组织机构设置原则指导下来设计。

1.小型饭店餐饮部组织机构(图1-2-1)

小型饭店一般只有1～2个餐厅，规模较小，人员分工简单。在一些经济型饭店中，甚至只提供简单早餐，不提供正餐服务。

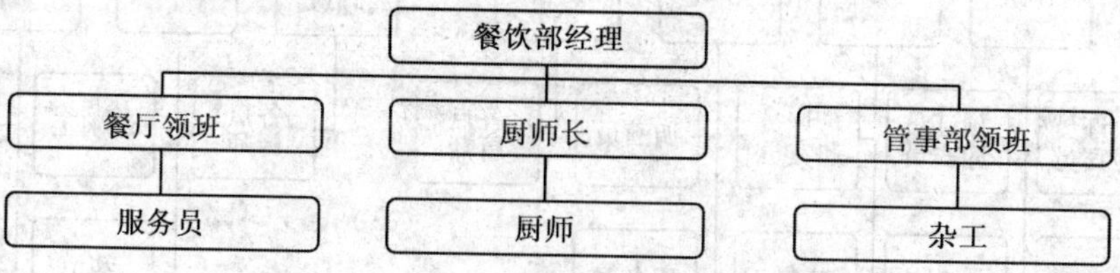

图1-2-1 小型饭店的餐饮部组织机构图

2.中型饭店餐饮部组织机构(图1-2-2)

在我国，中型饭店所占比例最大，餐饮部一般按经理、主管、领班、员工四级管理层次形成管理体系，分工较为细致。

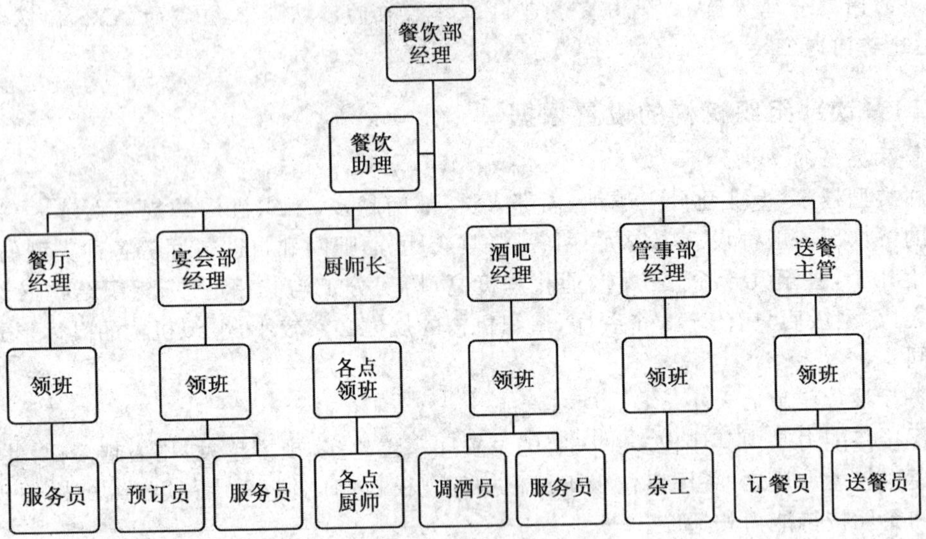

图 1-2-2　中型饭店的餐饮部组织机构图

3. 大型饭店餐饮部组织机构(图 1-2-3)

饭店规模的划分依据是饭店拥有客房的数量,国际上通行的标准是:客房数在 600 间以上

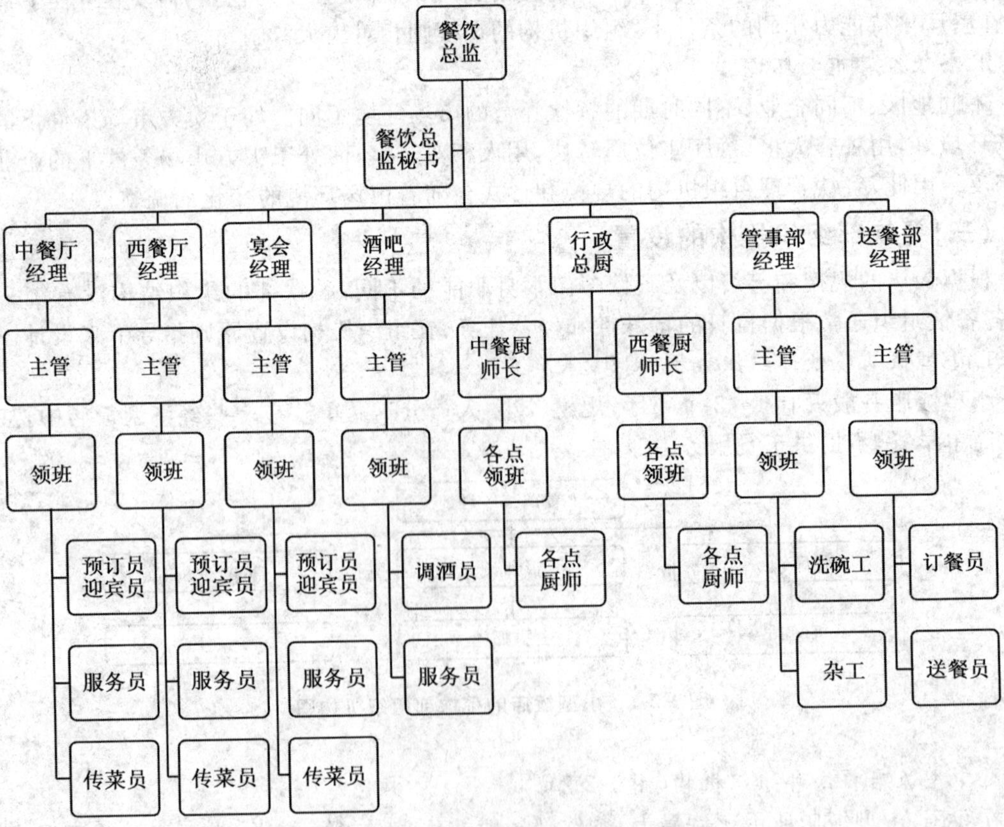

图 1-2-3　大型饭店的餐饮部组织机构图

的为大型饭店，客房数在300～600间的为中型饭店，300间客房以下的为小型饭店。

大型饭店餐厅数量较多，一般在5～8个以上，可以满足宾客的不同饮食要求，厨房与各类餐厅配套，内部分工细致，专业化程度高。目前在很多饭店还单独设立中心厨房，实行专业化管理。

三、餐饮部各主要部门的职能

（一）餐厅部

餐厅部是直接对客服务部门，负责满足宾客的各种餐饮需求，加强与宾客沟通，征求其意见，确保为其提供优质服务。餐厅部要保证餐饮产品质量，控制经营成本，力求完成每月营业指标。

(1)按照规定的标准和规格程序，用娴熟的服务技能、热情细致的服务态度，为客人提供餐饮服务，同时根据客人的个性需求提供针对性服务。

(2)扩大宣传推销，强化全员营销观念，提供建议性销售服务，保证餐厅的经济效益。

(3)加强对餐厅财产和物品的管理，控制费用开支，降低经营成本。

(4)及时检查餐厅设备的使用状况，做好维修保养工作，加强餐厅设备管理。

（二）厨房部

厨房部是餐厅的生产部门，负责菜肴、面点等产品的加工制作。厨房是餐厅管理的中心环节，必须确保产品质量。

(1)根据客人需求，为其提供安全、卫生、精美可口的菜肴。

(2)加强对生产流程的管理，控制原料成本，减少费用开支。

(3)对菜肴不断开拓创新，提高菜肴质量，扩大销售。

（三）宴会部

宴会部通常设有多种规格的宴会厅，在饭店经营中起着创声誉、创效益的重要作用。宴会部主要负责各类宴会及重大活动的组织实施。

(1)宣传、销售各种类型的宴会产品，并接受宴会的预定，提高宴会厅的利用率。

(2)负责中西餐宴会、冷餐酒会、鸡尾酒会等各种活动的策划、组织、协调和实施等项工作，向客人提供尽善尽美的服务。

(3)负责控制成本与费用，增加效益。

（四）管事部

管事部是保证餐饮部正常运转的后勤保障部门，负责提供餐饮部所需的餐具用品，清洁餐具、厨具以及后台区域卫生等。

(1)根据事先确定的库存量，负责为餐厅及厨房请领、供给、存储、收集、洗涤和补充各种餐具，如瓷器、玻璃器皿及服务用品等。

(2)负责银器及机器设备的清洁与维护保养。

(3)负责收集和处理垃圾。

(4)负责区域卫生。

(5)控制餐具的消耗及各种费用。

(五)采购部

采购部是餐饮部的物资供应部门,主要负责餐饮部生产原料的采购与保管工作。

(1)及时做好食品原材料的采购工作,保证餐饮部所需原料供应。

(2)负责餐饮原料的验收与保管工作。

(3)做好采购价格控制及仓库存货控制工作。

◈工作任务单 1-2

1.简答题

(1)餐饮部组织机构设置的基本原则有哪些?

(2)假如你是某饭店的餐饮部经理,谈谈你在工作中如何运用集权和分权相结合的原则来管理餐厅工作。

2.技能训练

(1)结合当地饭店餐饮部实例,对大、中、小型饭店餐饮部的组织结构图进行比对和分析。

(2)绘制参观饭店的餐饮部组织结构图,并指出机构设置有无存在的问题。如有,提出合理化建议。

任务三　参观餐厅

◈任务分析

通过对餐厅不同区域和不同岗位的参观和了解,使学生对餐厅有总体的认识,为将来的服务和管理工作做好准备。

◈任务要求

知识要求:了解餐厅的机构设置和饭店的企业文化。

能力要求:能够全面总结出该餐厅的特点。

素质要求:参观中要注意纪律,不要影响饭店的正常工作。

◈任务实施

1.教师布置参观任务,并提出参观要求。

2.学生分组参观。全班分为3个组(A、B、C),按照提前分好的模块每组轮流参观,以达到同学们对餐厅整体的认知。A组先参观厨房,让大家对厨房的相关知识有一定的认知;B组参观前厅,通过直接观察对客服务有比较深度的认知;C组对餐厅设施设备的使用进行观察和询问,做深一步的认识。

3.饭店人力资源部主管介绍餐厅概况及企业文化。

4.学生上网查询不同餐厅的情况及企业文化。

5.学生分组进行资料的归纳、分类、总结。

6.教师进行点评。

7.学生撰写参观报告。

◈相关知识

一、餐厅的陈设文化

餐厅的陈设既要美观，又要实用。各类装饰用品因其就餐环境不同而不同。比如餐厅中的软装饰，如桌布、餐巾、窗帘等，应尽量选用较薄的化纤类材料；花卉能起到调节心理、美化环境的作用。瓶花与餐桌的形式也要和谐，长方形的餐桌，瓶花的插置宜构成三角形；圆形餐桌，瓶花的插置宜构成圆形为好。

餐厅的空间宜用垂直绿化形式，在竖向空间上以垂吊或挂毯等形式点缀以绿色植物。灯具造型以方便实用的上下拉动式灯具为宜。也可运用发光灯孔，通过柔和光线，既限定空间，又能获得亲切的光感。在隐蔽的角落安放音箱，就餐时播放轻柔美妙的背景音乐。其他装饰品如字画、壁挂等，可根据餐厅的具体情况灵活安排，用以点缀环境。

（一）宴会厅空间的陈设（图 1-3-1）

宴会厅整体空间设计要大气、华丽、明亮，满足了人数众多的使用需求，因为考虑了人员的流动性和聚散关系，所以陈设的重点应放在餐桌的摆放形式、餐桌椅的装饰、台面餐具的摆放形式上。在顶棚上，应采用多种风格，以多种空间造型层次与豪华的灯饰作为重点陈设。

（二）中餐厅空间的陈设（图 1-3-2）

以中国传统风格为基调，结合中国传统建筑构件，如斗拱、红漆柱、雕梁画栋、沥粉彩画，可通过塑像、书法、绘画、器物等借景的摆放，经过提炼产生出庄严、典雅、敦厚方正的陈设效果。此外，巧用中式百宝阁、大红灯笼以及传统风景古香缎的妙用，都能孕育出浓郁的中国传统风格。

图 1-3-1　宴会厅空间陈设

图 1-3-2　中餐厅空间陈设

（三）西餐厅空间的陈设（图 1-3-3）

西餐厅环境陈设设计，一定要讲究气势、富丽。西餐厅的陈设艺术设计常模仿西方传统的就餐环境进行陈设，如古老的柱饰、门窗、厚重的窗帘、华丽的吊灯、优美的铸铁工艺、漂亮的彩绘玻璃及现代派绘画、现代雕塑等作为西餐厅的主要陈设内容，并且常常配置钢琴、较大的插花等，呈现出安静、舒适、幽雅、宁静的环境气氛，体现西方人的餐饮礼仪与文化品位。

(四)快餐厅空间的陈设(图 1-3-4)

快餐厅反映一个快字,用餐者不会多停留,更不会对周围景致用心观看细细品味,所以陈设艺术的手段,也以粗线条,快节奏,明快色彩,做简洁的色块装饰为最佳。用餐人流动较多,一定要在区域的划分上、矮隔断上、墙壁的装饰上、家具式样上多下功夫。这里所说的下功夫,不是指多加装饰花纹,而是要通过单纯的色彩对比、几何形体的空间塑造、整体环境层次的丰富等,而取得快餐环境所应达到的理想效果。快餐厅被分割成几个不同的区域,空间更有人情味。可移动的座位、双人餐桌数量的增加、柜台前单人顾客座位的增加,使用餐的环境更加符合时尚,摆脱了过去快餐简单、单调、粗俗的形式。快餐厅要使用清洁耐久精致的地砖,既美观又耐用。

图 1-3-3　西餐厅空间陈设

图 1-3-4　快餐厅空间陈设

(五)风味餐厅空间的陈设(图 1-3-5)

风味餐厅比较复杂,要根据地方特点,配餐需求,合理设置。如需设海鲜柜台、熟食柜台,有地方节目演出的还需设小舞台,这是功能上的需求。风味餐厅的陈设艺术设计应根据菜品的地方特点、就餐形式进行合理设置。风味餐厅的陈设重点在于深入了解当地的风土人情,利用当地的绘画、图案、雕塑、器皿、趣味灯饰等进行大胆的夸张安排,使就餐者在品尝地方美食的同时得到地方文化的熏陶,体验文化之旅,以满足就餐者的心理需求。

图 1-3-5　风味餐厅空间陈设

二、常见餐饮服务岗位

星级饭店的餐饮规模与服务形式直接体现出其接待能力和等级标准。当你步入饭店时可以找到舒适的咖啡厅、豪华的餐厅和悠闲地酒吧,这些餐饮部门可为宾客提供形式多样、品种齐全的餐饮服务。

餐饮岗位主要有餐厅经理、主管、领班、迎宾员、值台员、传菜员、酒水员、收银员、宴会预订员等不同岗位。餐饮服务类型因职业功能的不同,可进一步分为前台服务和后台服务。如领班、迎宾员、值台员等直接接触宾客,面对客人服务,属于前台服务;而厨师等生产餐饮实物产品的岗位，很少与宾客见面，属于后台服务。前台服务需要语言、表情、动作、心理、环境等多种综合因素所组成的表现形式来体现，后台服务则将烹饪加工的技巧艺术化地体现在餐饮实物产品当中。相比较而言，前台服务要直接面对客人的审视与监督，因此代表餐饮岗位服务水平的成分显得多一些。

三、提高服务能力

服务能力是服务员语言、行为和技能的体现。饭店餐饮服务员一定要懂得本部门提供的主要餐饮产品的历史沿革、风格特色、品种种类等知识，这样才能在服务中为客人提供出高质量的餐饮产品，使客人体验到高雅的情调。由此可见，服务员的餐饮文化知识水平，是决定能否为客人推荐高品位、高情趣、高质量餐饮产品的基础。

服务能力是餐饮全过程中，服务水平高低的另一个关键性因素。餐厅服务员不但要有扎实的语言基础（包括一门外语），能够流利地报菜名、酒名，并能在服务中自然地创造、运用各种新颖和实际的服务方法，为客人提供优质服务。

【案例 1-3-1】一天，20 多位美国客人来到服务员小王所在的饭店吃"北京烤鸭"。席间厨师推着一辆餐车向客人走来，餐车上摆放着一只色彩金黄、香气诱人的烤鸭，客人们不约而同地发出了惊奇和欢快的声音，接着又高兴地鼓起掌来。有人忙着用相机给厨师和烤鸭照相，有人与厨师合影，一时间闪光和灯光，客人与厨师的笑脸伴随着欢笑声、惊叹声、掌声、问话声构成了一副欢快的画面。厨师告诉他们，一只烤鸭的肉可以切割成 100 片以上，每片都要连皮带肉，薄厚均匀。看着厨师熟练切割烤鸭的样子，客人们都很兴奋。一位客人不无感慨地对小王说："烤鸭的味道很好，但亲眼看见厨师为我们切割的情形，亲身感受这种艺术氛围，比单纯吃烤鸭更有意义。"

分析：餐厅服务员的餐饮文化知识水平，是决定其能否为客人推荐高品位、高情趣、高质量餐饮产品的基础。只有熟悉餐饮产品，才能让客人体验到餐饮产品的真正精髓。

四、感受餐厅菜单

菜单是饭店餐饮部门一切活动的总纲，是连接宾客与餐饮服务的桥梁。作为服务人员要熟悉不同种类的菜单，了解菜单的特点，以便更好地为宾客服务。菜单基本分为零点菜单、套餐菜单、团队包餐菜单、宴会菜单、自助餐菜单、酒单。翻看一下你所参观餐厅的菜单吧，请厨师长讲一讲菜单的制定吧，说不定另有一番不一样的故事呢。

工作任务单 1-3

1. 简答题

（1）餐厅是饭店建筑的一部分，记录文化和艺术传承与积淀的脉理。通过参观，要求熟练掌握所参观的餐厅的布置原则及要求。

（2）你所参观饭店的菜单如何突出餐厅的经营特色？

2. 案例分析

一天晚上，某位下榻在三星级宾馆的外宾来餐厅用餐。领位服务员很有礼貌地用英语问候："您好，先生，请问您有预定吗？"客人微微一愣，笑着回答："晚上好。我就住在你们饭店，现在想用餐。"领位员没有听明白，仍问客人有没有预定。客人不耐烦地告诉她，前台让他来这里用餐，并拿出住宿卡让她看。领位员看后忙带客人走进餐厅。"请坐"，领位员把客人引到一张靠窗的餐桌前。奇怪的是，客人不肯坐下并摇头说一串领位员听不懂的英语。领位员愣愣地看着客人，不知所措。此时一位英语比较好的服务员走过来帮忙。经询问才搞清，原来客人在前台说明要在饭店的西餐厅用餐，但他没有找到西餐厅，错来了中餐厅。而领位员在没有搞清楚的情况下就把客人引了进来。领位员听明白后，忙向客人道歉，并主动引领客人去西餐厅。"晚上好，先生。欢迎您来这里，请问您是否住在我们饭店？"西餐厅的领位员微笑着问候客人。"晚上好，小姐。这是我的住宿卡。"客人满意地回答。临近餐厅前，客人又转过身对中餐厅的领位员说："你应该向这位小姐那样服务。"

思考：

(1)领位员应该具备怎样的语言水平？

(2)领位的敬语有哪些？

3. 技能训练

撰写参观报告。要求：①格式要规范；②分析要有理有据；③语言表达准确、清晰；④可以小组形式提交报告，也可以独立提交报告。

项目二　争做餐饮业职场达人

学习目标

通过本项目的学习，使学生能够明确餐厅人员应具备的素质；树立正确的服务意识，提升职业素养；明确岗位职责，做到职业方向明确；熟悉掌握餐饮礼节礼貌常识，争做未来餐饮业的服务明星。

任务一　做优秀的餐饮员工

◈情景导入

一天，刘女士在某饭店宴请一位重要宾客。刘女士是某公司的高管，虽过中年，但身材苗条、精明干练，一款时尚的大衣将刘女士衬托得越发有气质，赴宴的嘉宾也对刘女士的衣着形象给予了极高的评价。就在刘女士脱去外衣的时候，一粒纽扣不合时宜地掉了下来，这让刘女士感到非常尴尬。餐厅服务员发现了这一情况，征得客人同意后，将外衣存放衣橱时，拿来针线在客人用餐期间默默为客人缝补好衣扣。当刘女士用餐结束后，发现外衣扣子缝好时，脸上露出了欣慰的笑容，对餐厅服务员的超值服务表示衷心的感谢。

你知道一名优秀餐厅员工应具备的素质吗？你想成为餐厅服务明星吗？现在就和我一起走进今天的课堂去学习体会吧！

◈任务分析

餐厅人员在餐饮业中的地位是相当重要的，因为餐厅人员直接代表企业接待每一位顾客，而服务质量的高低是通过餐厅人员的综合素质表现出来的，直接影响着企业的声誉和经济效益。所以，对于餐厅人员来说，素质方面的培养和训练是必不可少的。

餐厅服务作为一项知识面广、技术性强、道德修养高的工作，对服务员的要求也是较高的。作为一名优秀的餐厅人员应具备良好的职业道德、组织纪律、服务态度、服务效率和能力素质。

根据餐饮服务工作的不同，餐厅员工的岗位分工有迎宾员、值台员、传菜员等。每位餐厅工作人员必须了解当班时该做哪些工作，熟悉自己的岗位工作。

◈任务要求

知识要求：

1.明确餐厅工作人员应具备的素质；

2.掌握餐厅员工应树立的几种服务意识；

3.明确职业素养包含的内容及训练的方法；

4. 熟悉餐厅人员的岗位职责。

能力要求：

1. 职业态度端正，敬业爱岗、诚实守信，具有明确的职业理想；
2. 树立正确的服务观念，强化服务意识；
3. 加强岗位职责认知，提升职业素养。

素质要求：

1. 提升个人的职业素养，如自信、倾听、合作力等能力；
2. 树立正确的服务意识，在工作中做到主动、热情、耐心、周到。

◆相关知识

一、餐厅工作人员的素质

餐厅服务水平的高低，主要取决于员工自身的素质。因此，加强餐厅员工的素质教育是提高餐厅服务质量的根本途径。

(一)餐厅员工的思想素质

良好的思想素质是做好服务工作的基础。对餐厅员工思想素质的具体要求是：

1. 树立正确的服务观念

从事餐厅服务的工作人员必须充分认识到服务工作的重要性，热爱自己的专业，有意识地培养自己对服务的兴趣，做到干一行、爱一行、钻一行。只有不断学习，尽忠职守，开拓创新，以主人的身份，始终如一，才能更好地对客服务，得到客人的认可。

【知识链接 2-1-1】

服务格言

微笑多一点	嘴巴甜一点	做事勤一点
谈话轻一点	效率高一点	行动快一点
点子多一点	理由少一点	脾气小一点
肚量大一点	小事糊涂一点	人情味浓一点
遇到困难冷静点	商业秘密保守点	处理问题灵活点
待人接物热情点	了解问题彻底点	工作紧张用心点
工作方法慎重点	心胸大度宽容点	互相学习进步快一点
公私分明赏罚现实点	做到以上各点工作	生活就会好一点

2. 培养高尚的职业道德

餐厅服务工作与其他工作一样，都是为人民服务。因此，员工的道德规范与其他职业的道德规范在本质上是一致的。餐厅人员的职业道德要求是：满腔热忱、乐于助人的服务精神；文明礼貌、不卑不亢的职业风尚；诚信无欺、真实公道的经营作风；廉洁奉公、谦恭自律的优良品质；团结友爱、顾全大局的高尚风格。

3. 具有良好的组织纪律

严格的组织纪律是做好餐厅服务工作的重要保证，餐厅从业者具有严格的组织观念和法制观念，自觉遵守本企业的规章制度和员工守则，服从工作安排和调动，认真完成工作任务。同时，也要严格遵守国家的法律法规和外事纪律，严守国家机密，自觉维护祖国的尊严，不做任何有损害国格和人格的事。其具体表现在：

(1)保持最佳的工作状态，不准倚墙壁和斜靠柜台休息。

(2)上班期间，不做与工作无关的事情。

(3)注意语言文明，不大声呼叫，不窃窃私语，不对客人评头论足。

(4)爱护设施设备和一切服务用具，无乱拿乱丢、随意损坏的现象。

(5)要做到拾金不昧，捡到物品、钱财要及时上交，做好登记，不私藏隐匿。

(6)遵守店规店纪，不私自和客人作交易，不索要小费，不私自收取回扣。

(二)餐厅员工的业务素质

1.熟练掌握专业操作技能

餐厅服务的每一项工作、每一个环节都有自己特定的操作标准和要求，如托盘、餐巾折花、斟酒、摆台、上菜、分菜和员工的接待能力、语言技巧等。因此，餐厅员工要努力学习，刻苦训练，熟练掌握餐厅服务的基本技能，明确各项服务的规范、程序和要求，做到服务的规范化、标准化和程序化。

2.讲究各种服务礼节

餐厅服务中的各种礼节，贯穿于服务的各个环节，归纳起来，主要有问候礼节、称呼礼节、迎送礼节、操作礼节、应答礼节等。餐厅员工要掌握服务礼节，做到礼貌待人，对于提高服务质量具有极其重要的意义。

3.具备良好的文化素养

具有良好的文化素养和广博的社会知识，不仅是做好服务工作的需要，而且有助于员工形成高雅的气质、广泛的兴趣和坚忍不拔的意志。餐厅员工须掌握的知识有：

(1)菜肴知识　熟悉中、西菜肴的特点和质量标准；掌握餐厅提供菜肴的价格、制作时间和服务要求等。

(2)烹饪知识　了解中、西餐的基本烹饪方法、步骤和制作过程；善于鉴别菜肴的品种和口味；熟悉现代厨房设备的性能。

(3)酒水知识　熟悉中外各种名酒的产地、价格、制作原理、风味特点和服务要求。

(4)食品营养卫生知识　懂得食品营养的搭配组合；掌握食物中毒的预防与食品卫生知识。

(5)服务心理学知识　能够运用心理学知识，通过观察了解宾客的心理需求，采取个性化服务，尽量让每位客人都满意。

(6)电器设备使用与维护保养知识　掌握各种餐饮电器设备的使用、保养和维护的步骤和要领。

(7)文史知识　有一定的文化学识，熟悉本城市的历史背景、风景区的典故和了解其他文史知识。

(8)美学知识　了解室内装潢、环境布置、色彩搭配、食物造型艺术及具备美的鉴赏能力。

【案例 2-1-1】某饭店中餐厅。迎宾员将两位客人引到一张小餐桌上就餐。实习生小刘立刻上前招呼，送上茶和香巾，又接受客人点菜。客人点好菜后，又点了两瓶啤酒。其中女宾说她不能喝酒,她转身问小刘,这里的啤酒是多少度的。小刘没想到客人会提这样的问题,她只知道度数不高,但准确的酒度她也不知道。小刘灵机一动回答说:“我给您拿一瓶看看好吗?”客人说好的。小刘从吧台取来一瓶啤酒,边走边看商标,见上面标着11°的字样。来到客人跟前就告诉那位女宾。“啤酒酒度11°”,女宾一听连连摇头:“度数太高,我不要了,下午还有事。”男宾说:“哪有那么高的度数?给我看看,”边说边接过啤酒。男宾看了看对小刘说:“这上面标的11°,不是酒精度,而是麦芽汁的浓度。”又指着下面一个小字告诉小刘:“这才是啤酒的酒度,是3.5度。”小刘站在一旁感到非常不自在。

分析:服务员为宾客提供满意的服务,不但要有热情、礼貌、周到的服务态度,还必须有丰富的业务知识和娴熟的技能。尤其业务知识要有一定的广度与深度。由于实习生小刘对酒水知识了解很少,不能准确地向客人介绍,引起客人不满,这样很不利于推销。这足以说明,做好服务工作,掌握广博的业务知识是非常必要的。

(三)餐厅员工的身心素质

餐厅员工的身心素质包括生理素质和心理素质。具体表现为:

1.健康的体格

餐厅员工“日行百里不出门”,无论是值台员,还是迎宾员、传菜员、酒水员,其在工作中的站立、行走、托盘、上菜等,都要有一定的腿力、臂力和腰力。所以,餐厅员工必须有健康的体格才能胜任此项工作。

2.敏捷的思路

餐厅员工须有十分清晰、灵敏的思维能力。在餐厅服务的第一线,由于宾客的就餐需求、心理状态等各不相同,会出现各式各样的问题,如就餐投诉、寻衅闹事、突发急病等,都需要得到员工的及时处理。在处理这类问题的过程中,餐厅员工的良好思维能力是不可缺少的。

3.健全的心理

餐厅员工的心理素质要求,通常包括吃苦耐劳、任劳任怨、承受委屈、果断处事等能力,以及宽容他人、敢说敢为、不畏艰难、心情开朗等品质。餐厅员工的绝大部分时间都在与宾客打交道,发生误解、导致宾客不悦而不得不忍气吞声、强作笑脸的事时有发生。服务员必须沉得住气,以大局为重,忍受委屈,正确对待和处理某些矛盾和误会。

4.端庄的仪表

餐厅员工处在接待工作的第一线,仪表端庄大方,态度和蔼可亲,举止有礼有节,会给宾客留下美好的第一印象,使宾客对整个饭店产生好感。餐厅员工的仪表包括容貌、体形、服饰等。

(四)餐厅员工的能力素质

1.语言能力

语言是餐厅人员与客人建立良好关系、留下深刻印象的重要工具和途径。语言不仅是交际、表达的工具,而且它本身还反映和传达着员工的精神状态等信息。作为餐厅员工,特别重要的就是语言运用能力:不仅要会讲标准的普通话,还要掌握一至两门外语。餐厅员工应当根据客人需要的服务项目、客人的身份、客人的心理状态等具体情况采用得体的语言进行表达。

【案例 2-1-2】某天，酒店的常客付先生和他的几个朋友来到酒店中餐厅包房——金煌厅用餐。席间，客人对服务员的周到热情服务非常满意，于是付先生对当值服务员笑着说："我很喜欢在这里用餐，对你的服务也非常满意，你是否也喜欢我？"该服务员当时并未有任何犹豫和尴尬，而是立即回答："我很喜欢您来这里用餐。"这名服务员灵活地运用了服务语言技巧，不仅巧妙地应对了客人的为难，而且使客人感到有面子，付先生听后很高兴，并表示会再来。

分析：优质服务不仅来自于业务的熟练，也需要一定的服务技巧。酒店服务人员在对客人服务中不仅需要严格按照工作流程和服务标准给客人提供服务，也需要对不同的情景能够及时地反映，灵活处理。在这个案例中，服务员面对客人的有意为难，没有回避，而是灵活地运用服务语言技巧化解了尴尬，为客人营造了一个轻松愉快的用餐环境。

2. 交际能力

人际交往所产生的魅力是非常强大的，它使客人对饭店员工及饭店产生非常深刻的印象，而良好的交际能力则是饭店员工在服务中实现这些目标的重要基础。每一位新来的客人尽管对于餐厅员工都是陌生的，但在交往时，却要把客人当作已经相处很长时间的老朋友来看待。这样，餐厅员工在提供服务时，便会摆脱过于机械的客套和被动的应付状态，使客人感觉到一种比较自然的但又出自真心诚意的礼遇。

3. 观察能力

观察能力的实质就在于善于想客人之所想，将自己置身于客人的处境中，在客人开口言明之前提供及时、妥帖的服务。一个观察力较强的餐厅服务员，在日常接待中能够通过对宾客眼神、表情、言谈、举止的观察发现宾客某些不很明显又很特殊的心理动机，从而运用各种服务心理策略和灵活的接待方式来满足宾客的消费需要。

4. 记忆能力

客人是一个异常复杂的群体，他们的喜好、个性特点等是千差万别的。因此，餐厅对于客人所提供的服务也是因人而异的，这就需要餐厅员工对客人的情况有一定程度的了解。当一位再次光临餐厅的客人到来时，餐厅员工便可以根据自己的记忆能力迅速地把握客人的特征，为其提供更有效、更有针对性的服务。如果一位客人的姓名、兴趣爱好、饮食习惯等被餐厅员工记住，并在与客人的交往中能够被餐厅员工恰当地表现出来，客人将会产生受尊重、被重视的感觉，这有助于客人对餐厅产生良好的印象。

【案例 2-1-3】一位客人入住某宾馆。恰逢午餐时间，就先到餐厅就餐。刚到门口，还没有等他开口，迎宾员就主动微笑着并轻声称呼他的名字，这位客人大为吃惊，因为他多年前曾入住过这家宾馆。由于餐厅对他留有印象，客人立即感到自己的地位不同，由于受到超凡的尊重而感到格外的开心。当自己的名字被他人所知晓，其本身就是满足了对方受尊重的需求。

分析：在饭店工作中，主动热情地称呼客人的名字是一种服务的艺术，也是一种艺术的服务。餐厅员工通过牢记客人的姓名、饮食习惯、喜爱的菜肴名称、就餐的特殊要求等信息，借助敏锐的观察力和良好的记忆力，为客人提供细心周到的服务，构建良好的宾客关系。

5. 应变能力

餐厅服务随机性大，随时都会出现一些突发事件，这就需要餐厅员工具有灵活机智的应变能力。遇到事情不慌张，尽快采取各种方法迅速解决矛盾，力争让客人得到最满意的答案。

【案例 2-1-4】某宾馆多功能餐厅。众多的宾客在恭维台湾吴老先生来大陆投资，吴老先生神采飞扬，高兴地应承着这些祝贺的话。宾主频频碰杯，服务员忙进忙出，热情服务。不料，一位服务员不小心，将桌上的一双筷子碰落在地。服务员赶忙道歉，随手从邻桌上拿过一双筷子，褪去纸包，搁在老先生的台上。吴老先生的脸上顿时多云转阴，说："晦气，你知道这筷子落地意味着什么吗?"他边说边瞪着眼睛："落地即落第，考试落第，名落孙山，倒霉啊！我第一次来大陆投资，真不吉利。"服务员吓得不知所措，不巧又将桌边的小碗打碎在地。众人看到这里，纷纷指责服务员……就在这时，餐厅领班走了过来，拿起桌上的筷子，双手递上去，嘴里发出一阵欢快的笑声："啊，吴老先生，筷子落地，筷落，就是快乐，就是快快乐乐。""这碗——"领班边思索，边瞥了一眼旁边的服务员，示意她赶快打扫碎碗。服务员顿时领悟，忙着收拾。"碗碎了，这也是好事成双，我们中国有句老话——岁岁平安，这是吉祥的兆头，应该恭喜您才是呀！您老这次回大陆投资，一定快乐，一定平安。"刚才还愁容满面的吴老先生一听这话，顿时转怒为喜，马上向服务员要了一瓶葡萄酒，亲自为领班和自己各斟了满满一杯，站起来笑着说："小姐，你说得真好！借你的吉言和口才，我们大家快乐和平安，为我的投资成功，来，干一杯！"

分析：优秀的餐厅员工，要善于应变。敏捷的思路，伶俐的口齿，往往是突发事件中反败为胜的首要条件。

6. 推销能力

餐厅产品的生产、销售及客人消费几乎是同步进行的，且具有无形性的特点，所以要求餐厅员工必须根据客人的爱好、习惯及消费能力灵活掌握推销，以尽力提高客人的消费水平，提高餐厅的经济效益。

二、树立正确的服务意识

服务意识是指从事服务行业的人员从事服务工作的高度自觉性，它不是一般意义上的服务意识，它是对传统服务意识基本概念的全面升华和外延的全面拓展。它是对服务员工的职责、义务、规范、标准、要求的认识，它要求员工时刻保持客人在自己心中的真诚感。

作为餐厅员工要用良好的服务意识取得客人的好感和信任，以便双方从一开始接触就能建立起友善的关系。树立正确的服务意识有助于员工在工作中真正做到主动、热情、耐心、周到，为服务增辉添色。为此，餐厅人员必须端正态度，认真培养，以便为客人提供一流的服务。

(一)服务意识的宗旨

1. 主动

主动服务是根据客人的需求心理，采取有针对性的、积极的、超前的、有预见性的服务。主动服务是服务行业一切服务的基础，是满足客人消费心理的首要条件。主动服务就是要服务在客人开口之前。只有当员工把自己的情感投入到服务工作的一招一式、一人一事中，真正把客人当作有血有肉的人，真正从心里理解、关心客人，服务才能主动，才更有人情味，也才能体现一流的服务水平。

餐厅员工要牢固树立"顾客第一，服务第一"的专业意识，在服务工作中应时时处处为客人着想，表现出一种主动、积极的情绪，主动发掘客人要求，并及时地予以解决，做到眼勤、口勤、手勤、脚勤、心勤。

【案例 2-1-5】位于某高档餐厅内，宾客甚多。某桌坐着 3 位就餐客人，其中两位是李医生夫妇，还有一位是李医生 20 年未遇的老同学刘经理。由于故人相逢，话谈很投机，不知不觉两个小时过去了。毕竟都是年近半百的中年人，胃口大大不如学生时代了。李医生为尽地主之谊，一口气点了八个菜，三道凉菜，五道热菜，还有酒水。3 人都几近“饱和”状态。李医生夫妇看桌上还剩有不少好菜，不免有点惋惜。负责这个区的服务小姐接待很得体，脸上自始至终都挂着甜甜的微笑，处处流露出受过正规训练的素质。此刻她见 3 位客人已有离席之意，便准备好账单，随时听候招呼。果然，李医生向她招手了。账很快便结清了，服务小姐转身送来找回的钱时手里多了一样东西：一个精美的盒子，里面有若干食品袋。李医生夫妇不解此意，正要开口询问，服务小姐已经轻声细语地说道：“请问，剩下的菜是否要装在袋中带走？”3 位客人感到十分新鲜，不觉接过盒子看起来。方方正正的盒子，不大不小，两只拎带仿佛鸟儿的一对翅膀，只见盒子上面还有两行书法工整挺拔的题字：“拎走剩余饭菜，留下勤俭美德。”这优美的书法，配以餐厅的装潢布置，给客人以一种高雅文化的享受。李医生便问服务员，是谁写得这手好字，服务员告诉他们，这是农庄总经理亲自题的字。总经理是个书法迷，甚有功底，连盒子都是他亲自精心设计的。“我们不能辜负总经理先生的一片心意。来，把剩菜倒进袋中，明天还能美美吃一顿！”豪爽的李医生说着便装了起来。

分析：“打包”在国外是很平常的事。但此餐厅的服务员主动向客人提出打包，这在国内企业中并不多见。通过服务员道出了客人羞于开口的话，这正是企业经营者熟悉服务心理的表现。员工能够主动献上这个盒子，反映了企业站在客人立场上，提供主动服务的精神。就凭这一招，客人便会慕名而来。从另一方面分析，企业不能光顾经济效益而置社会效益于不顾。在高星级饭店，有些人热衷于奢侈，一味追求排场，明知吃不完，盘子偏要堆成山，在社会上产生很坏的影响。此餐厅提倡勤俭美德，是一件很有意义的事情。

2. 热情

热情服务是指员工出自对自己职业的热爱，对客人心理的理解和关心，因而富有同情心，发自内心地满腔热情地为客人提供优质的服务。在服务中表现为精神饱满，热情好客，动作迅速，满面春风。衡量服务态度的根本标准在于员工是否具有热情解决客人要求的意识和能力。餐厅员工要热爱本职工作，像对待亲人一样为客人服务，做到面带微笑、语言亲切、精神饱满、诚恳待人，处处热情待客。

3. 耐心

在为不同类型客人服务时，餐厅员工要有耐心，不急躁、不厌烦，态度和蔼。要善于揣摩客人的消费心理，对于他们提出的所有问题，都应耐心解答，百问不厌；并能虚心听取客人的意见和建议，对事情不推诿；与客人发生矛盾时，应尊重客人，并有较强的自律能力，做到心平气和耐心说服。

4. 周到

周到服务是指在服务内容上，想得细致入微，处处以方便客人、体贴客人为宗旨，切实帮助客人排忧解难。周到的服务更多的是体现在细微的个性化服务上，高于规范化服务，更主动、灵活、细微周到。在对客服务中，员工要自始至终的站在客人的角度去提供服务，满足客人一切正当的需求，提供的服务项目要全、要周到，不放弃任何为客人服务的机会。

(二)树立几种正确的服务意识

1. 顾客就是上帝

尽管近年来我国服务行业的服务水平有了大幅度的提高,但客人与饭店之间的矛盾仍然存在。究其原因固然是多方面的,但“客人就是上帝”、“客人永远是对的”等一些口号所造成的对客人的不良影响不能不说是一个主要原因。另一方面则易造成员工的自卑心理。而实际上,“顾客就是上帝”这句话包括三层含义:

第一,顾客到饭店是为了购买产品的,不是来找麻烦的,不应把他当成“讨厌的家伙”;

第二,顾客最了解自己的需求、爱好,这恰恰是商家需要搜集的信息,只要是正当的、合理的都应予以满足;

第三,由于顾客之间的“同质性”,失去一位顾客就可能失去一大片市场。

作为餐厅员工必须自觉维护企业形象,须知树誉千日,毁誉一时。员工必须从自身做起,自觉维护好企业形象,要通过一言一行,一举一动,去树立和传播企业的良好形象,做到有损企业形象的话不说,有损企业形象的事不做。

“顾客就是上帝”实际上就是把客人放在首位,把追求客人的满意当作服务活动的宗旨,其关键在于“读懂”客人。只有充分理解客人的角色特征,掌握客人的心理特点,提供令客人舒适和舒心的服务,才能打动客人的心而赢得客人的认可。员工只有确立以“顾客就是上帝”作为自己的行为准则,才能热情、主动地为顾客解决实际问题,提供体贴、周到、富有人情味的服务。一旦养成良好的职业习惯,“顾客就是上帝”这一思想就会习惯性的在工作中表现出来。

【案例 2-1-6】大华公司的王经理正在某饭店宴会厅大宴宾朋。这时服务员小李开始上加过温的花雕酒,她先往王经理酒杯中放上一颗话梅,正要倒酒,不料王经理用手挡住酒杯说:“小姐,你的操作方法不对,喝话梅泡的黄酒,应该先倒酒后放话梅。”小李一愣,心想:“先放话梅再倒酒,这是餐馆的一贯做法,从未有人提出异议,现在既然这位先生提出异议,先倒酒后放话梅也未尝不可,就依客人的要求办吧。”于是她说了声:“对不起”,便用夹子取出话梅,倒上酒,再把话梅放进去;并按同样的方法为其他客人服务。王经理这才表示满意。上菜时,上来一道滑炒虾仁,王经理随即邀同桌趁热动筷,自己带头品尝,刚尝一口,不觉眉头一皱,脱口说道:“这虾仁味道太淡了。”小李听后,便对客人说:“这样吧,我马上拿到厨房去请厨师加工一下”,说完便把虾仁端进厨房,交给掌勺的厨师。厨师长得知后又立即把经理请来,向他汇报了此事,并顺便说了倒黄酒的事。经理和厨师长仔细品尝了滑炒虾仁,都认为咸淡适中,是严格按照标准烹制的。经理分析,可能客人的口味偏咸,再联想客人的挑剔,判断出这位客人爱面子,好炫耀,特别希望在大庭广众面前自我表现一番。于是他让厨师长稍稍放了点盐回炒一下,请小李端出去,并嘱咐她加强注意。小李把滑炒虾仁端上餐桌,对王经理说道:“先生,对不起,刚才确实淡一点,现在加咸了,请品尝。”王经理当即先尝了一口,含笑点头道:“这还差不多。”小李顿时松了口气……从此后,王经理便成了这家餐馆的常客。

分析:案例中,客人投诉酒菜,哪怕是并无什么道理,餐厅服务员从不做任何辩解,马上按客人的要求去做,彻底把“对”、“理”让给客人,给客人面子,让客人满意。正因为如此,吸引客人成为了回头客。这就是彻底把客人奉为“上帝”所应得的丰厚回报。

2. 服务无小事

作为餐厅工作人员,必须明确企业的服务程序、规范和标准,按要求提供服务。要认识到,服务没小事，一些看来微不足道的事，可能对客人十分重要，可能会影响客人对我们企业的评价。因此，对待服务工作必须持十分认真的态度，尽量把每一件事做好。

事实证明：许多成功的企业都是无一例外地因为做好了小事而成大器的。进入了服务行业，我们就必须经历这样一个痛苦的过程：从立志做大事到甘于做小事；如果把小事做到最好，一不小心可能就能成为大事；但如果小事也做不好，却很有可能成为你不想发生的大事。

服务无小事，如果企业能够洞悉“小事”并提供相应的服务，就会获得更多的客人。要想抓住顾客的心，就要注重细致入微的服务。可见从细微之处打动客人，为客人提供一份方便的做法，会使企业的形象深入人心，也使宾客对企业信任有加，从而对其产品最终形成青睐。

有些小事可能顾客并不在乎，有些需求可能连顾客本人都没有意识到。但如果服务企业和员工能够洞悉这些需求并满足他们，不仅仅能给顾客更多的满意，更大的惊喜，企业对赢利的期望，员工对发展的期望，都可以在这些小事中得到实现。

【案例 2-1-7】北京某四星级宾馆。几位西装革履的先生在宴会厅门口交谈，似乎在等同伴。他们一面交谈，一面开始吸烟，其中一位客人开始东张西望。来回忙碌的服务员不少，但没有人注意到客人有什么需求。实习生小李看到客人手里的烟，马上意识到客人在找掸烟灰的地方。小李马上拿起一个烟缸给几位客人送过去。客人非常高兴，向经理称赞了小李这种热情、细致、周到的服务。

分析：这虽是非常小的一件事，但却准确及时地为客人提供了针对性很强的服务，体现了服务员应具备的服务意识。“服务无小事”，我们要在工作中细心揣摩，善于从小事入手，小事见真情。

3. 安全意识

安全就是生产力，没有安全就没有一切。作为餐厅服务的企业，安全问题也同样重要。任何一个环节上出现失误或误差，都可能导致很严重的后果。安全工作要注重落实力度。试想，如果操作程序规范，防范意识到位，有些失误或损失是可以避免的。安全意识体现在以下几个方面：

(1)完善制度上的漏洞。在管理制度的运行中，常常会出现未预料的问题。这就要求管理者要勤于现场督导检查，及时跟踪反馈并做好有效完善，以确保执行过程中的准确无误，给员工的操作不留隐患。

(2)严格岗位操作程序。严格的、标准的、规范的操作程序对于企业日常管理工作是至关重要的。为了使操作达到要求的标准，企业的各个部门要一起共同指导，帮助员工形成正确的、良好的工作习惯。

(3)有针对性地抓好安全意识培训。安全工作，人人有责，必须让员工树立安全意识，特别是对紧急事件、突发事件要举一反三地进行培训，提高员工的识别能力及敏锐的反应能力。

4. 服从意识

餐厅服务管理通常都很强调标准化的经营方式和行为准则，强调行动一致、下级服从上级，实行由上而下的垂直式管理。因此，从服从组织原则和整体工作安排的角度出发，员工即使对某些工作或问题有意见或看法，但只要不违反法律和伦理道德，员工必须先从全局出发，服从上级安排，认真履行职责，以保证工作的顺利进行。之后，讲清理由，请示上级调整，不能我行我素，不服从上级安排。因此，服从意识实质上是指员工一进入工作环境，便能自然地产生一种自觉遵守组织原则和自觉接受任务安排的意识，并能产生积极的行为，是组织纪律在员工头脑中的反应。

服从意识体现在：一方面，餐厅服务企业可以说是一个半军事化的组织，从业员工应像军人一样以服从上司的命令为天职；另一方面，它又是一个以客人为中心的服务性企业，因而也要求员工服从客人，尽量满足客人正当而合理的需求。

5.协作意识

餐厅服务是为客人提供一种包括吃、住、行、游、娱、购等内容的综合性服务。它是一个大舞台，每位员工都是演员，扮演着不同的角色。要想获得演出的成功，必须依靠全体人员的配合与协调。

对于企业来说，服务不是某一部门或某一个人做好就能完成的，而是需要所有岗位员工的共同努力和相互支持才能达到预期目标。因此，餐厅服务质量主要体现在各个环节上、各项细节中，任何一点“微不足道”的过失都会反映出企业产品质量的缺陷。协作意识的基本含义是：同事之间，部门之间，上下级之间，要相互理解，相互支持，顾全大局，积极合作，提高企业的服务质量，共同实现企业的经营管理目标。

为此，企业员工要认识到：共同目标的实现，需要每一位员工的努力和相互的支持。只有互利互让，发扬奉献精神，才能确保企业拥有很强的竞争实力。

6.创新意识

作为餐厅服务工作人员，除了扎实地掌握好服务的规范化、标准化以外，在服务工作中还要因人、因时、因地做好个性化服务，特殊服务，超值服务。在工作中要有创新意识，不能死搬教条和书本知识，创新是延伸服务和发展服务的生命。餐厅员工需要有变革和创新意识，去创造新的服务、新的文化、新的经营、新的营销理念，一言蔽之，即充分应用知识去变革、去创新。

创新是企业求生存、求发展，延长经营生命周期的灵魂。为此，一定要树立“破旧立新”的思想。“破旧”就是破除制约企业发展的旧观念、旧思维、旧方法、旧技术；“立新”就是根据市场经济的需求，树立新观念、新思维，创建新制度、新方法，学习和掌握新技术。企业领导要有创新意识，对日常管理、工作计划、经营策略、营销手段等方面都要有新的举措。更重要的是，员工在工作中要有创新精神，尤其是在对客服务中，要努力做到“客人的需要就是企业努力的方向，客人的满意就是企业工作的目标”。企业需要的员工必须是有知识，有锐气，有创新意识，能用脑对客服务的优秀人员，而不是只会机械待客的服务生。

【知识链接 2-1-2】

有缘人农庄：餐厅代客保管剩酒

有缘人餐厅有一个沿用了多年的传统服务项目即代客保管剩酒。客人来餐厅就餐，没有喝完的酒带回去显得太小气，而且也非常麻烦。不带走又是一种浪费，尤其是那些昂贵珍稀的名酒，左右为难。细心的餐厅人发现这些顾客的不便之后觉得餐厅应当主动为客人排忧解难，让客人进店买酒订菜没有后顾之忧，同时也借此增强餐厅的吸引力，促进酒水销售。于是新客来店买酒时，店员就会告诉他多买点也没关系，这次喝不完，餐厅可以无偿替其保管，客人下次随便什么时候来喝都没关系。顾客酒足饭饱后，如果瓶中还有剩酒，店员就会履行诺言替顾客保管起来，陈列在一个精致的玻璃柜里，位置十分引人注目。瓶颈上吊有一个制作精美的小卡片，上面标明主人的身份。当顾客离店时，店员会赠给顾客一件小礼物，它类似戒指，像手表一样可以戴在手上，也可以像胸饰品一样别在衣服上。这件小礼品的作用不可小视。首先，它可以像我们在银行存款的存折，是下次领酒的凭证；其次，它还起到了提醒顾客别忘了在餐厅里还有剩酒的作用，不少顾客就是在它的提示下频频光顾的。

受到保管剩酒成功的启示，该餐厅又进一步推出了代客保管碗碟。常言道病从口入，在外就餐的人最担忧的就是餐厅的卫生状况。饮食如果不卫生，就容易传染疾病。尽管大多数餐厅都配置了清洁消毒设备。但珍惜健康的顾客还是不放心，不喜欢用别人用过的碗碟、筷子等，于是餐厅又为一些常客保管碗碟。对于就餐次数多的客人，餐厅还会提供一套专用餐具。于是，在餐厅里，当你听到不绝于耳的上我的那瓶酒，用我自己的碗筷时，你也就不以为奇了。

7. 角色意识

服务行业的辛苦相信有目共睹，有道是客人吃着我看着、客人闲着我忙着、客人乐着我候着、客人发火我忍着，这是餐厅工作环境真实的写照。作为服务员，一方面要面对客人的脸色，尽量去迎合需求，甚至苛刻的个人嗜癖；另一方面有企业严格的规定和标准要求，随时接受上级检查监督，约束行为。面对这种问题，建立角色意识是支撑服务业的关键。

服务品质的体现是多方面的，其中最关键的就是角色意识。行业服务的特殊性造就了角色位置的倾斜，虽然说在人格尊严上讲究任何人都是平等的，但现实角色位置不容置疑。服务行业尊崇客人为“上帝”，要求以“顾客至上”为宗旨，这普遍反映着一个事实，服务和享受服务两者之间完全不同的角色定位，这种定位概念需要加以灌输，必须建立意识、尽到职责，一如舞台中所扮演的不同角色。鉴于服务与被服务者之间这种无法平等的角色关系，宽宏、体谅、大度是员工应具备的心理素质，进入角色，让客人满意就是餐厅的责任。角色意识要求餐厅员工在其工作中要明确自己的职责，待人接物要按照行业规则去做。

【案例 2-1-8】前邮政大臣野田圣子，曾是日本内阁中最年轻、也是唯一的女性内阁成员。然而她的事业起点却是从喝厕所水开始的。野田圣子的第一份工作是在日本的帝国饭店当一名白领丽人，在受训期间负责清洁厕所的工作，每天都要把马桶抹得光洁如新才算合格。可是自出生以来，她从来没有做过如此粗重的工作，因此第一天伸手触及马桶的一刻，几乎呕吐，甚至在上班不到一个月便开始讨厌这项工作。有一天，一名与野田圣子一起工作的前辈在抹完马桶后居然伸手盛了满满一杯厕所水，并在她面前一饮而尽，理由是向她证明经她清理过的马桶干净得可以饮用。此时的野田圣子才发现自己的工作态度有问题，根本没资格在社会上肩负起任何责任。于是，她对自己说：“就算一生要洗厕所，也要做个洗厕所最出色的人。”结果在训练课的最后一天，当她抹完马桶后，也毅然喝下一杯厕所水，并且这次经历成为她日后做人、处事的力量源泉。

分析：角色就是指某一个人在某一位置上发挥某种作用，完成某项任务的意思。作为餐厅的员工，无论是高级管理者，还是普通服务员，所扮演的都是服务角色。作为现实生活中的一个社会人，一生中可能会扮演多种角色，但各种角色的转换实现并不是一件容易的事情。无论是谁，只要一到餐厅上班就都充当了服务的角色。野田圣子堪称你我的表率。只有丢掉面子，端正态度，真正进入服务角色的正常状态，才能担负起工作的重任。

8.“没有服务质量就没有双重效益”意识

所有管理者和员工都明白质量就是生命，质量就是效益。服务质量好，企业受益多，社会整体效果好，企业才能生存和发展。餐厅员工思想上要纠正“抓质量是管理者的事”的错误认识，确立提高服务质量是企业全体员工应尽职责的观念，形成整个企业上下都来关心服务质量的良好风气。“没有服务质量就没有双重效益”服务意识的树立，对于搞好企业经营管理具有重要的意义。

【案例 2-1-9】世界著名的巴黎希尔顿饭店曾经发生过这样一件事。一位来自美国的女士在此预定了一个豪华套间，刚刚抵店后就出门拜客去了。这位女士身上穿的套装、手上提的皮包、脚上穿的皮鞋、头上戴的礼帽皆为红色。这一明显偏好，被饭店公关部经理发现了，女士刚一出门，他就吩咐服务员重新布置房间。待女士回来后，发现整个房间从地毯、沙发、灯罩、窗帘，到各种小装饰物，无一不是以红色为基调，与女士穿戴的颜色相映成趣。这位女士心领神会，异常高兴，于是写了一张支票，付了一万美元的“小费”。

分析：这件事例说明，希尔顿饭店注重细微服务，懂得顾客的心理。这样不仅为企业带来了经济效益，更重要的是给客人留下了深刻的印象，从而有益于企业的长远发展。希尔顿饭店细致周到的服务为其赢得了声誉，也获得了利润。

三、餐厅员工应具备的职业素养

职业素养是人类在社会活动中需要遵守的行为规范。职业素养包括四个方面：职业道德、职业思想（意识）、职业行为习惯和职业技能。前三项是职业素养中最根基的部分，而职业技能是支撑职业人生的表象内容。

对于星级饭店餐饮部来说，员工的人力供给经常处于流动性的缺口状态。很多时候，即使是初中文化程度的服务员，能足量招齐已属不易。文化水平低、形象不突出、个体素质差异大，是餐饮部面临的共同难题。通过以下八项基本素质训练，可以有效改善餐厅员工的精神面貌，快速提升员工的基本素质。

（一）自信

一个著名的企业家曾经说过，一个优秀的人才，他的自信力，恒久不衰。一个人要自信，就要克服自卑，树立自信。人生的航船由每个人自己掌舵，鼓起自信的风帆，千帆竞渡，抵达成功的彼岸。很多事实证明，自信是大多数人所共同具备的品质，也是一个人获得成功的重要因素。餐厅员工一定要充满自信，因为人生需要自信，自信让人成功。

自信的训练方法：将学生每 8 人分为一组，每组人员围站一圈，圈内设座椅一把。学生逐一站到座椅上，以最大声音喊诵某饭店餐饮部的制度或服务礼仪等内容，每人 20 分钟，直至能够自如地在人前讲述自己的信念和经历为止。

（二）倾听

苏格拉底曾说过：“自然赋予我们人类一张嘴，两只耳朵，也就是让我们多听少说。”注意倾听是给人留下良好印象的有效方式之一。心理观察显示：人们喜欢善于听者甚于善于说者。

倾听时，需要注意：一是倾听的态度必须诚恳，使用目光接触和恰当的面部表情，表示有倾听的意愿和兴趣；二是多听少说，避免中途打断对方讲话；三是在倾听过程中，对于不同意见和想法，采取换位思考的方法，接纳对方的意见；四是善于表示同情与理解，控制情绪；五是适时恰当地提出问题以显示自己在专心倾听，必要时要将重要的内容记录下来。

倾听的训练方法：现在发给每人 100 万元，请根据自己的实际情况，制定一个投资计划，投资计划要合情合理，切实可行。教师针对每个人的投资计划，与学生共同讨论投资、财富、信念、道德、积累等问题。训练结束后,请学生根据自己的理解撰写训练笔记,字数不得低于600字,要有真情实感。

(三)合作力

缺少合作是饭店餐饮部员工队伍最常见的不良现象。合作力训练以团队目标为号令,齐心协力,同进同退,能够极大地锻炼员工的团队精神,为做好服务工作奠定良好基础。

训练合作力的方法:两队服务员在队长带领下进行指定健美操练习,全队互帮互学,共同进步,杜绝掉队现象。能够做完整健美操为合格,先达到目标为优胜者,后达到目标为失败者。胜出者可就地休息3分钟,失败者须罚做一组8个俯卧撑或自选其他运动项目,如钻桌子等。值得一提的是,合作力训练易懂难精,且容易出现相互指责的现象,学员要克制情绪。

【案例2-1-10】一位在某家饭店入住多日的客人,在离店的前一天,偶遇进店时送他的行李员。二人打过招呼后,行李员询问他住宿情况。客人直率地表示,饭店各部门的服务都比较好,但是对中餐厅的某道菜不是很满意。当晚这位客人再来中餐厅用餐,中餐厅经理专门准备了这道菜请客人免费品尝。原来,客人说者无心,但行李员听者有意。待客人离开后,他马上将此事告知了中餐厅经理。客人听明事情的原委,非常高兴,他没有想到随便说说的事,饭店却如此重视。客人真诚地说:"这件小事充分体现贵饭店员工的素质及对客人负责的程度。"几天后,这位客人的秘书打来预订电话,将下半年公司的所有会议都放在该饭店举行。秘书还说,在饭店下榻的这位客人是他们集团公司的总经理,他回到公司后,高度赞扬了饭店员工的素质,并决定将会议从另一家商务饭店更改到这家饭店。几乎不费吹灰之力,饭店就得到了一笔可观的收入。

分析:宾客对饭店服务质量评价是一种完整的总体评价,只要一个细节或环节出现差错,就会招致客人的不悦。只有每个员工都负有一份满足客人需要的责任感,努力做好本职工作,保证各部门、各环节都不出任何差错,各岗位互相衔接、互相配合,才能使客人享受到满意的服务。

(四)克制力

在对顾客进行的一项调查中,顾客们认为自己尊严受到侵犯的首要原因,竟然是与服务员们的争辩。的确,顾客们有时候需要的不是别的,仅仅是有个人能过来听他们发发牢骚。没错,现在的顾客的确是越来越难"伺候"了,他们动辄投诉,甚至以媒体曝光相威胁,似乎他们是最委屈的。作为餐厅员工,只能调整心态,信奉"顾客永远是对的",克制自己,为宾客提供更加优质的服务。因此,餐厅员工要掌握应对客人的技巧和方法,调整心态,反复练习。

训练克制力的方法:学生围成一圈,每人分别独自进入圈内,以服务员或餐厅经理身份为顾客解答疑问,其他人以顾客身份刁难发问,且态度凶悍,蛮不讲理。这项训练无须明确胜负,扮演服务员一方只要做到仔细倾听、亲切微笑、耐心解答、恰当赞美即为合格,不得争辩。

【案例2-1-11】某五星级饭店的西餐厅,一位穿着拖鞋的住店客人想要进来用餐。餐厅服务员看到后,语气委婉地请其着装整齐后再来。但客人不干,当即双方发生争执。餐厅主管立即上前调解,希望客人回房更衣。不料客人急了,突然冲到主管面前,一把抓住该主管的脖领,一边大声叫骂,还用力将其推至门边。顿时,气氛紧张起来。但制服散乱、十分狼狈的主管并没有生气,她只是用手整理了几下弄皱的制服,仍很有礼貌地劝解客人回房更衣。客人见此情景也不好意思了，赶紧回房。客人穿戴整齐之后，重新来餐厅进餐。进门时正巧又碰到这位主管，顾客以为会出现很尴尬的场面，但餐厅主管却立即主动为他服务，说道："刚才给您添麻烦了，对不起！"这使客人非常感动，随后向餐厅投递了一封表扬信。

分析：进高级饭店，客人需衣冠整齐，这是国际惯例。而客人不遵守饭店规定，还对餐厅主管采取无礼举动，这是一般人难以容忍的。餐厅主管始终以礼貌的态度对待客人，坚持把"对"让给客人，给客人面子，使客人受到尊重，这一点非常值得我们学习。作为一名优秀的餐饮人员，必须能够承受工作中的委屈和压力。

（五）洞察力

每天就餐的顾客来自四面八方，性别、国籍、职业、年龄、教育程度、职务、宗教信仰等存在差异，其需求自然也不尽相同。因此，餐厅员工要善于观察周围的环境及领会顾客的心理活动和需求，即一名优秀餐厅服务员要有敏锐的观察能力。

"眼观六路，耳听八方"、"看人下菜碟"，说的就是服务员的基本功。服务员要知喜怒，看主从，分贵贱，识高下，定多寡，谈笑之间，一切了然于胸。有经验的餐厅员工，从宾客进门的第一眼中，就能判断出点取菜品的档次和品种，顺势推荐，恰到好处。"洞察力"与员工的人生经历有关，讲究的是"悟性"。只有反复练习、分类归纳，才能提升餐厅员工的洞察力，更好地对客服务。

训练洞察力的方法：将学生带到某饭店的商品部大厅，自由组合，让他们从顾客衣着、服饰、语言、行为、同伴等细节判断顾客的身份、价值取向和消费特点，提升学生的洞察力。

【案例 2-1-12】某饭店午餐时间，一位客人招呼服务员，"小姐，请给我倒一杯白开水好吗？"服务员微笑回答："好的，请稍等，这就给您送过来。"服务员迅速为客人送到餐桌上，这位客人看到自己要的白开水，从口袋里拿出一包药，摸了摸水杯，皱了皱眉头。服务员发现客人的细微动作后，立即主动询问客人："给您的杯里加些冰块降温好吗？"客人立即高兴地说："好的，太谢谢了。"服务员很快给客人拿来冰块放入杯中，水温立即降下来，客人及时吃了药。客人临走时，写了表扬信，对这位服务员的服务表示感谢。

分析：案例中的服务员在服务中善于观察客人的体态语言，发现客人皱眉的细微动作后，就主动询问客人，受到了客人的赞扬。这种敏锐的观察力、热情细心的工作作风是值得我们学习的。

（六）表现力

从某种程度上说，服务员是在特定舞台上表演的演员。服务员为客人提供的服务是通过仪态、声音、语言来体现的。同一件事情，由不同的服务员来处理，效果可能会截然不同。语言是传达情感、态度、观点的工具，是服务中的重要组成部分，员工的内在素质需要通过恰当的语言来表达和彰显。

训练表现力的方法：让学生每人背诵三段幽默短信、三首抒情诗歌，轮流在全体同学面前声情并茂地朗诵，要赋予感染力。

（七）记忆力

服务员必须要学会记住别人的名字。每个人内心中最宝贵的东西是什么？是他自己的名字！现代饭店的营销专家十分推崇"姓名辨认"，认为餐厅员工如在第二次或第三次见到客人时，便能在先生或女士之前冠以姓氏会使客人感到异常亲切，这是一种人情味很浓的服务。因此，餐厅员工只有在实践中不断总结经验，使自己具备较强的记忆能力，牢记时间、人名、客人的特征等信息。

训练记忆力的方法：为每一个学生起一个名字，在训练课堂上公布后，要求学生记忆其他人的名字，默写在纸上，记忆多的为胜利者。可逐步添加每人的背景材料，如身份、口味、消费特点等资料。

(八)责任心

在宾客的心目中，服务员应该是善解人意、温良贤顺的万能天使。因此，责任心的培养至关重要。要在看似与己无关的一些事情上，通过服务员细腻轻柔的工作，为顾客们提供尽善尽美的服务。

训练责任心的方法：每位学生通过自己观察，找出同学需要解决的 5 件事，并悄悄地为同学提供帮助。结束后写出训练笔记，逐项记录事情的原委、动机、过程及结果。

四、餐饮部的岗位职责

各个饭店由于其经营规模和经营业务、组织机构不同，所以各饭店的岗位设置也有所不同，下面是餐饮部的主要岗位设置及其岗位职责：

(一)餐饮部总监

(1)全面负责饭店餐饮部的日常运营管理；结合客源市场，了解宾客需求，带领团队做好筹划和菜单设计工作，及时开发符合宾客需求的餐饮产品，确保经营目标的实现。

(2)根据饭店发展战略经营管理的需要，负责建立完善各项餐饮管理制度和餐饮服务工作的方针、政策、程序及服务规范。

(3)编制饭店餐饮月度、季度、年度工作计划和预算，并做好组织、督导和控制工作。

(4)审核餐饮采购预算，严格控制餐饮成本，评估餐饮供应商、货物和服务的标价，商议价格和采购条款，督促下属按照采购程序和规范购买原料和存货。

(5)监督执行食品质量、卫生与安全标准，确保菜品质量，不断提升餐饮服务品质。

(6)与人事部配合招聘、挑选、奖励、处罚、晋升、调动、开除餐饮部员工，并负责组织餐饮部员工的业务和卫生知识的培训工作。

(7)亲自组织、安排大型团队就餐和重要宴会，负责 VIP 客人的迎送，处理客人的重要投诉。

(8)参加每日总经理工作例会，主持每日餐饮部例会。

(二)餐厅经理

(1)全面负责饭店餐饮部的经营和日常管理，具体落实各项工作计划和安排，按时按质完成各项工作任务。还需负责厨房的出品质量，菜品更新等问题。

(2)负责员工的政治学习和专业技术学习，带领员工严格遵守饭店有关规章制度，增强服务意识，提高餐饮质量，不断开发更新菜肴、点心品种并提高其质量。

(3)实行专人定岗，按劳计酬的原则，合理利用和有效管理人、财、物并最大限度使用，激励职工搞好本职工作。

(4)了解市场行情，掌握经营盈亏情况，发现问题及时妥善解决处理。

(5)以身作则、求实进取、团结协作、关心职工,坚持每周开好工作例会,每月召开员工会。

(6)协助餐饮总监对经营规模发展方向、布局进行可行性分析,及时制订切实可行的经营策略。

(三)行政总厨

(1)根据饭店各餐厅的特点和要求,制定各餐厅的菜单和厨房菜谱。

(2)制定各厨房的制作规程及岗位责任制,确保厨房工作的正常进行。

(3)根据各厨房原料使用情况和库存量,制订原材料订购计划,控制原料的进货质量。

(4)负责签批原料出库单及填写厨房原料使用报表,经常检查原材料库存情况,以防变质、短缺。

(5)确保合理使用原材料,控制菜品的式样、规格、数量和质量,减少损耗,降低成本。

(6)巡视检查各厨房工作情况,合理安排人力及技术力量,统筹各个工作环节。

(7)检查各厨房设备运转情况和厨具、用具的使用情况,制订年度订购计划。

(8)根据不同季节和重大节日,组织特色食品节,推出时令菜肴,增加品种,扩大销售。

(9)听取客人意见,了解销售情况,不断改进,提高食品质量。

(10)每日检查厨房卫生,把好食品卫生关,贯彻执行食品卫生法规和厨房卫生制度。

(11)负责保证并不断提高食品质量和餐饮特色、指挥大型和重要宴会的烹调工作,制定菜单,对菜品质量进行现场把关,重要客人可亲手操作。

(12)定期实施厨师技术培训,组织厨师学习新技术和先进经验,定期或不定期对厨师技术进行考核。

(四)餐厅主管

(1)了解餐厅的预订情况,明确工作内容。

(2)检查餐前的准备工作及传菜员的服务用品是否齐备。

(3)开餐中,带领传菜员按服务标准和程序及时准确地为客人上菜。

(4)及时将前台客人用餐情况向厨房报告,将厨房的缺菜情况传达至前台。

(5)做好传菜人员的在岗培训工作。

(6)餐后做好交接班,检查所负责区域内的设备、设施及卫生状况。

(7)监督饭菜质量,对有质量问题的成品,有权暂停服务,并及时汇报。

(8)检查点菜时间,督促、调节上菜速度。

(9)开餐中,根据客人就餐情况及时调整传菜员的内部分工和补位。

(五)餐厅领班

(1)严格要求自己,起带头模范作用;按质、按量、按时完成上级分配的各项任务;对待下属热心帮助,耐心辅导,做好现场的培训指导。

(2)负责检查员工的仪容仪表、行为举止,抓好员工纪律、服务态度;掌握本班员工的思想动态和业务能力。

(3)熟悉菜单、酒水单,积极做好推销,领导本班员工做好餐前准备工作,分项检查,发现问题能够及时纠正。

(4)掌握当天预订工作,做好工作安排,开餐后注意观察客人的用餐情况,随时满足客人的用餐要求;遇到重要客人和服务员人手不够时,要亲自提供服务。

(5)检查餐厅设备、设施的运转状况以及门、电器开关等情况，做好安全和节电工作。

(6)组织好班前班后会，做好交接班，填写工作日志。

(7)做好本班员工的考勤工作。

(六)迎宾员

(1)掌握当天预订和餐桌安排情况，熟练掌握电话预订技巧。

(2)热情地欢迎客人；熟知餐厅所有的餐位和容量，在满足客人的要求下，合理安排就餐餐位。

(3)经常和预订服务台联系落实宾客预订情况。

(4)熟记常客及 VIP 客人姓名。

(5)回答客人提出有关饭店部门营业时间、设施情况等信息的咨询。

(6)及时处理餐厅客满等紧急情况。

(7)统计用餐人数，做好营业登记。

(8)完成领班交办的其他工作事宜。

(9)平均分配客人到不同的区域，平衡工作量。

(10)在餐厅繁忙的情况下，应协助楼面做好服务工作。

(七)餐厅值台服务员

(1)服从上级管理，认真完成上级交给的各项工作任务。

(2)严格执行部门的工作制度，按照部门的服务标准、规范和程序为客人服务。

(3)熟悉菜单、酒单，为客人做好推销工作。

(4)头脑灵活，反应敏捷，随时满足客人提出的服务需求。

(5)了解饭店的服务设施及价格，全方位为客人提供优质服务。

(6)积极参加培训和训练，不断提高服务技能和技巧，提高服务质量。

(7)做好区域内的环境卫生工作。

(8)热爱集体，搞好团结，树立团队精神，协助其他员工做好服务工作。

(八)传菜员

(1)服从上级管理，严格按照餐厅制定的服务标准，操作规范和服务程序为客人提供优质服务。

(2)仔细审阅菜单，严格按照上菜程序、准确及时地将菜品从厨房端送至客人餐桌上；上菜时注意托盘要托稳，汤汁不溢不洒，取菜时不拖不压。

(3)行动敏捷，头脑清晰。

(4)搞好个人卫生，餐后做好收尾和环境卫生工作。

(5)积极参加培训，不断提高服务技能和技巧，进一步提升自己的业务能力。

(6)协助服务员撤回脏餐具。

(九)酒水员

酒水员是餐厅酒吧员工。其岗位职责是：

(1)按照酒水工作规程和质量要求，做好酒水的申购、领取、发放及储存等工作。

(2)酒水进出时，负责填写和核实票据，核准数量，保证手续完备，保证账物相符。

(3)负责定期清点盘查储存量，确保数量准确、符合储存要求。

(4)接受酒水订单,为酒吧或餐厅宾客准备鸡尾酒及其他酒水。

(5)掌握各种酒品的特性及服务知识,开发新的鸡尾酒,搞好销售。

(6)熟悉酒吧所有用具的使用;熟悉各类酒水的名称、价格、产地、饮用方法等,熟悉酒水保管的知识;调制鸡尾酒和制作果盘。

(7)与餐厅保持联系,保证为宾客提供良好的酒水服务,妥善保管宾客存放在酒吧的烈性酒。

(8)保持酒吧周围环境及仓库干净整洁,注意温度和通风;保持酒吧各项用具的清洁;保养吧台内设备,如有损坏,及时报修。

(9)每日工作结束后,做好清理补充工作;做好销售报表;做好空废瓶罐的回收工作,减少浪费。

(十)收银员

(1)负责餐厅收款业务,在收款结账时迅速、准确、无差错。

(2)掌握现金、支票、外汇支票、信用卡、签单等的结账方法和程序。

(3)遇到疑难账务,要耐心向宾客解释或虚心请教餐厅经理;加强与餐厅的协调,及时处理收银工作中出现的问题。

(4)熟练地使用电脑及 POS 机;严格履行财务手续,每天进行现金盘点,发现问题及时报告,做到账款相符。

(5)工作时如需要暂时离开岗位,应注意钱款安全,随时锁好收款机和钱柜。

(6)熟悉餐厅各类酒、菜、饮料的价目;了解餐厅服务的一般知识。

(7)每天营业结束,统计当天营业收入,填写餐厅营业日报表,当天收入应当天上交财务部。

(8)保存好所有账单并交财务部以备核查;保证所有账单联号,一张不缺。

(十一)宴会预订员

(1)在宴会预订的办公区域做好各类宴会、团队用餐及大型活动等的预订及安排工作。

(2)礼貌地接待每批预订的客人,详细填写宴会预订客情表。遇有重要的宴会,应请经理一起参加洽谈。

(3)根据宴会预订的详细记录和要求,编制宴会通知单及客情通知单,分发至有关部门。

(4)抄写或打印当日宴会菜单。

(5)进行市场调配,掌握市场动态,提出销售建议,进行宣传促销,开拓客源市场。

(6)建立菜谱档案和宴会客史档案。

餐厅员工的岗位职责不是一成不变的,应结合餐厅的经营、规模、人员配备等自身特点而设置,并根据情况的变化而适当变更。

◆工作任务单 2-1

1. 讨论题

(1)根据餐饮人员的素质要求,结合自身情况对照分析自己还应在哪些方面进行改进。

(2)如何做好餐饮服务的创新?

(3)除了书中介绍的服务意识外,作为餐厅工作人员还应树立哪些服务意识?

2. 案例分析

因工作需要，赵先生准备在某农庄长住一年。由于该农庄没有单人间，赵先生于是便租用了一间标准间。一周后，赵先生觉得自己一个人住在标准间挺不舒服，床太小，两张床又占地方，就向客房部李经理提出能否给他换张大床，李经理认为客人的要求是合理的，就专门购置了大床，满足了赵先生的需求。又一周后，赵先生找到李经理，提出能否给他的房间多加一个衣柜，因为赵先生一年四季的衣服在壁橱里根本放不下，于是，李经理就与赵先生商量："您看可以把衣服寄放在饭店洗衣房的布草间里吗？"但赵先生不同意，他说："每次穿衣时都要与你们联系，岂不麻烦死啦！"李经理认为赵先生也有道理，就给他专门添置了衣柜。再一周后，赵先生又找到李经理，要求长借一块烫衣板和一只熨斗，他说："每次我刚借来熨斗，你们的服务员就来催问我什么时候还，我总想在自己最方便的时候熨衣服。"李经理想了想，就对赵先生说："我会通知服务员满足您的要求。"赵先生离开后，李经理就在嘟哝："那么麻烦的客人，还不如不接！"

思考：

(1)是赵先生麻烦，还是李经理没做好？为什么？

(2)开展"假如我是一位顾客"的换位思考活动，谈谈如何构建良好的宾客关系？

3. 技能训练

(1)自学餐厅优秀员工的事迹，收集照片并撰写学习案例，学习成果分享。

(2)根据餐饮部主要岗位职责，结合自己的个性与特点，给自己写一份初步的职业规划书。

(3)分组进行职业素养训练，内容涉及：自信、倾听、合作力、克制力、洞察力、表现力、记忆力、责任心八项。

任务二 餐厅员工职业形象塑造

◉情景导入

正值吃午饭时间，一位老太太独自来餐厅就餐。小王热情迎客，客人刚一坐下，就马上斟上绿茶。可老太太却生硬地说："我又没有告诉你，你怎么知道我要绿茶，告诉你，我喜欢喝红茶。"小王听后，客气而又礼貌地说道："这是餐厅特意为您准备的，餐前喝绿茶可以清火开胃，尤其适合老年人。如果您喜欢红茶，我马上单独为您送来。"老夫人脸色稍缓下来，矜持地点点头，顺手接过菜单，开始点菜。"喂，水晶虾仁怎么这么贵？"老夫人斜着眼看着服务员，"有些什么特点吗？"小王面带微笑解释说："我们进的虾仁都有严格的规定，一斤120粒，水晶虾仁有四个特点，弹性足，脆度大，透明度强，亮度高。其实我们这道菜肴利润并不高，主要是用来为饭店创牌子的拳头产品。""有什么蔬菜啊？"老夫人又说了，"现在蔬菜太老了，我不要。"小王马上顺水推舟："对，现在的蔬菜是咬不动，不过我们餐厅今天有炸得很软的油焖茄子，菜单上没有，是今天的时令菜，您运气真好，尝一尝吧？"你很会讲话啊。"老夫人动心了。于是客人享受了美味的午餐，临走时还很愉快地向小王致谢。

试问：作为一名餐饮部员工，如何塑造专业形象呢？

◆任务分析

餐厅员工良好的职业形象不仅会给宾客留下良好的印象，提高服务质量，而且可以提升餐厅的形象，为饭店带来良好的经济收益，促进饭店的发展。餐厅员工的职业形象包括多种因素，如礼节礼貌、仪容仪表、行为举止、知识结构、品德修养、沟通能力等。因此，为了确保餐厅经营和服务工作的标准化、规范化和制度化，餐厅员工应自觉地加强自身的礼貌修养，刻苦学习科学文化知识，掌握一定的旅游接待常识和服务技能。

◆任务要求

知识要求：

1. 了解礼貌服务的内涵；
2. 掌握称呼礼节、问候礼节、应答礼节、迎送礼节和操作礼节；
3. 明确餐饮人员的仪表仪容知识。

能力要求：能够按照星级饭店餐饮服务礼仪的要求，对客服务。

素质要求：礼貌待客，争做餐饮礼仪大使。

◆相关知识

一、礼貌服务的内涵

礼节是人们在日常生活中，特别是在交际场合中，相互问候、致意、祝愿、慰问以及给予必要协助与照料的惯用形式。礼节是礼貌的具体表现，如点头致意、握手等。

礼貌是一个人在待人接物时的外在表现，它是通过仪表、仪容、仪态以及语言和动作等来体现的。礼貌是人与人之间在接触交往中，互相表示敬重和友好的行为。它体现了时代的风尚与人们的道德品质，体现了人们的文化层次和文明程度。

作为一名饭店餐饮部的工作人员，必须做到：讲究礼节礼貌要有分寸，不卑不亢，落落大方，既不失礼，又讲原则。言词行为不给人以低声下气，人格低下的感觉。

(一)站立服务

站立服务是体现服务员自身素养的一个方面，是体现服务员仪态美的起点和基础。为了体现对宾客的尊重，体现服务与被服务的关系，餐厅员工在工作中应坚持站立服务。

(二)微笑服务

微笑服务，是一个人内心真诚的外露，它可以创造难以估量的财富。正如一位哲人所说：“微笑，它不花费什么，但却创造了许多成果。它丰富了那些接受的人，而又不使给予的人变得贫瘠。它在一刹那间产生，却给人留下永恒的记忆”。

微笑服务是一种力量，它不但可以产生良好的经济效益，而且还可以创造无价的社会效益，使其口碑良好，声誉俱佳。在服务市场竞争激烈的情况下，要想使自己占有一席之地，优质服务是至关重要的。而发自内心的微笑，又是其中的关键。

【案例 2-2-1】某家饭店的中餐厅里，宾客满堂。突然，一位服务员跑去向餐厅经理汇报，说客人投诉海鲜菜中的蛤蜊不新鲜，吃起来有异味。这位餐厅经理自信颇有处理问题的本领和经验。于是不慌不忙地向投诉客人走去。一看，哟，那不是老顾客李主任吗！他不禁心中有了底，于是迎上前去一阵寒暄："李主任，今天是什么风把您吹来了，听服务员说您老觉得蛤蜊不大对胃口……"李主任打断他说："并非对不对胃口，而是我请来的台湾省客商尝了蛤蜊以后马上讲这道菜大家千万不能吃，有异味、变质了，吃了非出毛病不可！我是东道主，自然要向你们提意见。"餐厅经理接着面带微笑地解释道："蛤蜊不是活鲜货，虽然味道有些不纯正，但吃了不会要紧的，希望您和其余的客人谅解包涵。"不料此时，在座的那位台湾省客商突然站起来，用手指指着餐厅经理的鼻子大骂起来，意思是，你还笑得出，我们拉肚子怎么办？你应该负责任，不光是为我们配药、支付治疗费而已。这突如其来的兴师问罪，使餐厅经理一下子怔住了！他脸上的微笑变成了哭笑不得。到了这步田地，他思考着如何下台阶呢？他在想，总不能让客人误会刚才我面带微笑的用意吧，又何况微笑服务是饭店员工首先应该做到的。于是他仍旧微笑着准备再作一些解释。不料，这次的微笑更加惹起那位台湾省客商的恼火，甚至流露出想动手的架势，幸亏李主任及时拉拉餐厅经理的衣角，示意他赶快离开现场，否则简直难以收场了。

分析：餐厅经理应该一视同仁，诚恳虚心地接受任何一位客人的意见。如果能站在客人李主任的角度，考虑其处境或考虑到客人吃不到新鲜的蛤蜊以后，可能会产生的种种后果，那么那种僵局可能不会出现。因此，作为饭店餐饮工作人员要懂得：在不同的场合，微笑也要有分寸。

（三）敬语服务

在对客服务中，要使用敬语，表现出对客人的敬意，如"请"。"请"可以单独使用，也可以与其他词语搭配使用，并伴以恰当的手势。如请宾客入座，可以边做手势边说"请"。通常在请求别人做某事时、关切或安抚他人时、希望得到别人谅解时，都要做到"请"字当头。

敬语服务的基本要求：语言语调悦耳清晰，语言内容准确充实，语气诚恳亲切，讲好普通话，语言表达恰到好处。

（四）真诚服务

真诚服务就是在与客人交往时，必须做到诚心待人，心口如一。待人真诚的人会很快得到别人的信任。餐厅人员对待客人要诚心诚意，把宾客的事当成自己的事，使宾客有亲切感、信任感。诚心诚意贵在持之以恒，只有长期坚持不懈，才能树立良好的口碑。

二、体现在语言上的礼节

（一）称呼礼节

称呼礼节是指日常服务中和客人打交道时所用的称谓，我们接待的对象来自不同的国家和地区，各民族语言不同、风俗习惯也存在差异，所以称呼要因人而异。在餐厅服务中，恰当的称呼，既反映了宾主之间的相互关系，又显示出员工的良好修养和风度。一句恰如其分的称呼，还可以拉近宾主之间的距离和关系。

1. 正确、适当的称呼

它不仅反映着自身的教养、对对方尊重的程度，甚至还体现着双方关系达到的程度和社会风尚。务必注意：一是要合乎常规，二是要入乡随俗这两点。

餐厅员工在称呼客人时，要力求亲切、自然、准确、合理。如对男性客人可称"先生"，在知道客人的姓名时，最好称"××先生"；对已婚的女性客人可称"夫人"；对不知道已婚或未婚的女性客人,可称“女士”;对有学位的客人可称“博士先生”或“××博士先生”;对有军衔的客人可称“××先生”,如“上尉先生”;对相当于部长以上的官员,特别是国外宾客,可在称呼后面加上“阁下”两字以示尊重,如“部长先生阁下”或“大使先生阁下”;以宾客的职务、职称相称,如“张经理”、“李局长”。

国际交往中,因为国情、民族、宗教、文化背景的不同,称呼就显得千差万别。一是要掌握一般性规律,二是要注意国别差异。如在英国、美国、加拿大、澳大利亚、新西兰等讲英语的国家里,姓名一般由两个部分构成,通常名字在前,姓氏在后。

2.称呼的禁忌

在使用称呼时,一定要避免下面几种失敬的做法:

(1)无称呼　不称谓对方就直接谈话,是非常失礼的行为,如“哎”等。

(2)错误的称呼　常见的错误称呼无非就是误读或是误会。误读也就是念错姓名。为了避免这种情况的发生,对于不认识的字,事先要有所准备;如果是临时遇到,就要谦虚请教。误会,主要是对被称呼的年纪、辈分、婚否以及与其他人的关系作出了错误判断。如将未婚妇女称为“夫人”,就属于误会。

(3)使用庸俗的称呼　有些称呼在工作场合不适合使用。如“兄弟”、“哥们儿”等一类的称呼,虽然听起来亲切,但显得档次不高。

(4)称呼外号　对于关系一般的,不要自作主张给对方起外号,更不能用道听途说来的外号去称呼对方。也不能随便拿别人的姓名乱开玩笑。

(二)问候礼节

问候礼节是指服务接待人员在工作中根据时间、场合和对象用不同的礼貌语言向宾客表示问候和关心,问候语言要亲切、简练、规范。

1.问候要及时

及时问候客人,能在第一时间向客人表达欢迎之意,令客人留下良好的印象。在饭店工作中,服务员应该主动向客人表示问候。具体来讲,问候的时机有四个方面:一是主动为客人服务时;二是与客人目光接触或客人经过自己的服务区时;三是客人准备求助于自己时;四是向客人道别或为客人送行时。

2.问候要发自内心

只有发自内心,你的语言才最富感情和魅力,客人才能真正感觉到你的热情。问候时不仅语言要亲切,而且要简练规范,既表达出热情待客又不占用客人太多的时间。问候时,还要面带笑容,鞠躬或点头行礼。

3.问候要灵活

问候客人应根据时间、场合灵活地向客人打招呼。如一天中根据不同的时刻,遇见宾客可分别说“早上好”、“下午好”、“晚上好”。当宾客适逢生日或其他喜庆之日,获悉后应及时主动地表示祝贺,可以说“祝您生日快乐”、“祝你们新婚愉快”等。当西方传统节日来临之际,我们要向宾客表示节日的祝贺。如“祝您圣诞快乐”、“感恩节好”等。根据工作情况的需要,在使用上述问候的同时,最好紧接上一些礼貌服务用语,这样就会使对方倍觉自然和亲切,如“早上好,先生。请问您吃些什么?”

4.问候语禁忌

使用问候语,应该注意不同的国家和民族有不同的礼节用语,不能滥用。“你吃过饭了吗?”“你上哪儿去啊?”这类中国人当作问候的话是不宜对外宾使用的,这些话会使他们产生误解。对乘坐飞机的宾客不应说“一路顺风”,而应该说“一路平安”。

(三)应答礼节

应答礼节是指员工在服务客人时,回应客人的召唤及答复客人询问时的礼节。规范的应答礼节应注意:

1. 注意仪态,站立应答

与客人谈话时,应保持站立姿势,和客人距离适中,最好保持一步半的距离。站立时,态度诚恳、和蔼可亲。面对客人,必要时可借助表情和手势来沟通和加深理解。

2. 尊重客人,认真聆听

与客人谈话时,应本着实事求是的原则,不要随便答复自己不清楚或不知道的事情,对服务范围以外和自己无把握办到的事情,不应该轻易许诺。客人讲话如没有听清楚时,可以再请客人讲一遍,但不能有急躁或厌烦的表情。谈话的内容,一般谈与工作有关的事情,不应涉及有关客人的婚姻状况、宗教信仰、年龄等隐私。

3. 尽量采用肯定的问答用语

在对客服务中,回答客人的询问,不要轻易说“不行”、“不知道”等否定语,应尽量给对方肯定的回答。这样,客人会感受到你服务的热情。如想拒绝客人的请求或制止客人的错误行为,也宜采用婉转的方式来表达否定的意思。

三、体现在行为举止上的礼节

1. 迎送礼节

迎送礼节是指服务接待人员在迎送宾客时的礼节。它反映了接待人员对客人的热情以及服务的规格。餐厅员工在迎送客人时的基本要求是:迎客走在前,送客走在后;客过要让路,同走不抢道。

2. 操作礼节

操作礼节主要是指员工在日常工作中的礼节。员工在日常工作中要着装整洁,注意仪表,举止大方,态度和蔼。工作期间,不大声喧哗,不开玩笑,保持环境安静。在为客人服务时,不出现不文雅的举止,如吸烟、修指甲、剔牙、抠鼻、抓痒、挠头发、打哈欠、伸懒腰、吃东西等。

四、仪容、仪表、仪态礼仪

现代社会餐饮服务业日益发展,人们与餐饮业的联系越来越多,对服务水平的要求越来越高,餐饮业的服务礼仪是服务质量、服务态度的直接表现,其中餐厅服务水平更是餐饮业服务水平的缩影,讲究礼仪更为重要。

仪表即人的外表,包括容貌、服饰、姿态、个人卫生等方面,是一个人精神面貌的外观体现。仪容指人的容貌,是仪表的重要组成部分。在饭店服务中,每个服务人员的仪表仪容不仅反映了个人的精神面貌,同时也代表着饭店的形象。

(一)仪容

1. 容貌

(1)头发梳理整洁,前不齐眉,侧不盖耳,后不过领。男服务员不得留鬓角、胡须;女服务员如留长发，应用统一样式的发卡把头发盘起，不擦浓味发油，发型美观大方。

(2)按餐厅要求，上班不佩戴项链、手镯、戒指、耳环等贵重饰物。

(3)容貌要清洁保持干净。上班时，女士应化淡妆；男士应修面。

(4)男服务员坚持每天刮胡子，还要注意细节。如注意鼻毛的长度，不要让它"探头探脑"。

2. 个人卫生

(1)口腔卫生　班前忌喝酒，忌吃生葱、生蒜、韭菜等有浓烈异味的食品，以免口腔产生异味，影响对客服务。

(2)手部卫生　餐厅服务接待工作大部分操作都是用手的。手的清洁不仅反映着员工良好的个人卫生习惯，也反映着餐厅的服务水平。为此，接待人员平时应勤洗手，保持双手的清洁。同时，还要注意不留长指甲或涂有色指甲油。

(3)身体卫生　为保持身体卫生，应做到"四勤"，即勤洗手、洗澡；勤理发、修面；勤换洗衣服；勤修剪指甲。

(二)着装

(1)按规定着装，工服要洗涤干净，熨烫平整，纽扣要齐全并扣好，不得卷起袖子，特别注意领口和袖口的洁净。每天上班时，服务员应细心检查制服上是否有菜汁、油渍，衣裤是否漏缝或破边。同时，服务员不得随意修改制服。

(2)领带、领花系戴端正，佩戴好自己的工号牌。

(3)鞋袜整齐，穿餐厅指定鞋子，袜口不宜短于裤、裙脚。通常男员工袜子的颜色应跟鞋子的颜色和谐，以黑色最为普遍。女员工应穿着与肤色相近的丝袜。

服务员每日上班前要做到检查自己的仪容仪表。不要在餐厅有客人的地方照镜子、化妆和梳头，整理仪表要到指定的工作间。

【案例 2-2-2】一天，黄先生与两位好友小聚，来到某知名酒店。接待他们的是一位五官清秀的服务员，接待服务工作做得很好，可是她面无血色，显得无精打采。黄先生一看到她就觉得心情欠佳，仔细留意才发现，这位服务员没有化工作淡妆，在餐厅昏黄的灯光下显得病态十足。上菜时，黄先生又突然看到传菜员涂的指甲油缺了一块，其第一个反应就是"不知是不是掉我的菜里了"。但为了不惊扰其他客人用餐，黄先生没有将其怀疑说出。用餐结束后，黄先生唤柜台服务员结账，而服务员却一直对着反光玻璃墙面修饰妆容，丝毫未注意到客人需要。自此以后，黄先生再也没去过这家酒店。

分析：在个人职业形象塑造中，仪容是重中之重。它反映着一个人的精神面貌、朝气和活力，是传达给接触对象感官最直接、最生动的第一信息。它既可以使人看上去精神焕发，也可以使人看上去无精打采。本案例中的服务员既没有化淡妆上岗，又没能及时修补残缺妆容，更违背了修饰避人的原则，所以不知不觉中丢失了客源并损坏了酒店形象、损害了酒店利益。

(三)仪态

餐厅员工的站姿应是端庄、挺拔，体现出优美和典雅。坐姿要端正，表现出坐的高贵和娴雅。步态应轻盈、稳健。一般要靠右行走，不能走中间，不可跑步，不可与客人抢道。接待客人时，手势的运用要规范和适度，谈话中手势不宜过多，动作不宜过大。如为客人指点方向时应正确采用"直臂式"，请客人进入时应用"横摆式"等。同时，需要注意手势运用时要和面部表情及身体各部分协调配合，以免显得僵硬，给客人造成不必要的误解。

【案例 2-2-3】政治家的体态语言，具有超凡的魅力，有时甚至会造成深远的影响。周恩来总理的仪表、风度，更为中外政治家们所景仰。尼克松在他的回忆录中曾这样描写过周总理的交谈姿势："他经常靠在椅背上，用富有表现力的手势来增强谈话效果；当要扩大谈话范围，或是从中得出一般性结论时，他经常用手在面前一挥；在争论有了结论时，他又会把双手放在一起，十指相对；在会议中，他对一些俏皮话暗自发笑；在闲聊时，他又变得轻松自如，有时会对善意的玩笑发出朗朗的笑声。"可见，周总理那富有表现力的各种手势、笑语，给尼克松留下十分深刻的印象。周恩来的举止大大提升了中国在国际上的形象。

分析：一个人的行为举止能够反映出他的修养和气质，它是人们心灵的外衣。为此，作为窗口行业的饭店员工应时时注意自己的行为举止，以便更好地对客服务。

(四)总体要求

在餐厅服务中，对于每位工作人员来说，有关仪容仪表仪态的总体要求是：

容貌端正，举止大方；
态度和蔼，待人诚恳；
端庄稳重，不卑不亢；
服饰庄重，整洁挺括；
打扮得体，淡妆素抹；
训练有素，言行恰当。

◈工作任务单 2-2

1. 讨论题

(1)为什么要把服务员培养成为"绅士和淑女"？

(2)结合实际，谈谈餐饮服务员在仪表、仪容、仪态方面有哪些具体要求。

2. 案例分析

某餐厅晚间开餐生意火暴，小王忙得手脚不停，直到闭餐时间，才稍有空闲。这时，小王看到一位先生与女士正坐在那儿聊天，盘子里的菜已没有多少了，小王以为客人不吃了，便想撤去盘子，为客人提供更好的谈话环境。于是小王说："如果您不吃了，我可以把盘子拿掉吗？"谁知客人一听非常生气，以为是赶他们走。小王连声道歉，客人才消气，不久离开了餐厅。试分析案例中服务员的语言。

3. 技能训练

(1)称呼礼仪训练　2 人一组，分组演示称呼礼仪。要求：称呼时，要主动热情、适当大方；称呼用语要得体，根据称呼对象的特征，选择适当的称谓；尊重称呼对象，注意称呼的顺序和称呼内容的正确性。

(2)仪态训练　先由教师讲解演示正确的站姿、走姿、坐姿、蹲姿、手势、表情；组织学生分组进行仪态展示；学生评价，教师点评。

项目三　餐饮服务技能

学习目标

通过本项目的学习，使学生详细了解并掌握餐厅员工必须掌握的有关托盘、斟酒、餐巾折花、摆台、上菜、分菜、撤换餐用具等相关理论知识，并熟练进行各项技能的操作，以便达到餐厅员工的上岗要求。

任务一　托盘端托

◈情景导入

某饭店宴会大厅正在举行欢迎记者午宴，百余名客人在互相交谈，舒缓的背景音乐响起。突然，实习生小刘一不小心，将托盘上的饮料碰倒，饮料全部洒在了邻近的一位女士身上。该女士被这突如其来的事情吓得发出了一声尖叫："啊呀！"响声惊动了百余名客人，大家目光一齐投向她。该女士显得无比尴尬。小刘吓得手足无措，脸色煞白。客人从尴尬到气愤，抱怨不停："你们是怎么搞的，我的衣服被弄湿了，叫我怎么出去啊？第一次到你们酒店来就碰上这样的事，真倒霉"。最终，顾客提出投诉。

那么如何才能避免和减少发生此类事故，熟练使用托盘服务呢？

◈任务分析

托盘操作是每位餐厅服务员必须掌握的一项基本技能。在服务过程中，根据工作需要运用各种托盘装运、递送各种物品，不仅能够减轻劳动强度，提高服务工作效率，另外也体现了文明、礼貌的职业服务风范。所以，正确的托盘操作对于提高餐厅服务质量和餐厅服务水平具有至关重要的作用。

◈任务要求

知识要求：

1. 了解托盘的种类和用途；

2. 掌握托盘的操作程序；

3. 熟悉托盘端托的注意事项。

能力要求：

1. 根据物品的不同，使用不同的托盘进行运送；

2. 熟练使用托盘，进行端托服务。

素质要求：养成正确使用托盘的良好习惯。

◈相关知识

一、托盘的种类及用途

(一)托盘的种类

1. 按制作材料分

(1)木质托盘　这种托盘用木做坯,外表用油漆进行彩绘。一般较为笨重,除了在一些特色餐厅使用外,现代各餐厅较少使用。

(2)金属托盘　铜质托盘、铝质托盘、不锈钢托盘、银质托盘、金质托盘等。金、银托盘一般均采用铜质金属做胎,外镀金或银,较为高档,一般在一些特色餐厅或豪华餐厅使用,或者在一些 VIP 接待中使用。其他金属类托盘使用较为广泛,特别是不锈钢托盘在中档餐厅中使用普遍。

(3)塑料托盘　这类托盘均采用防滑工艺处理,价格低廉,耐磨、便宜。

(4)胶木托盘　这类托盘采用防滑工艺处理,使用较为普遍,具有轻便、防滑、防腐、耐用的优点。相比塑料托盘而言,胶木托盘更坚固、结实和美观。

2. 按规格的大小分

按照托盘用途,可分为大、中、小 3 种规格的长方托盘和圆托盘。圆托盘的直径大于 36 cm 的为大圆托盘;直径在 32～36 cm 之间的为中圆托盘;直径在 20～32 cm 的为小圆托盘。

长方托盘则按面积与圆托盘相近者计,亦分大、中、小 3 种。

(二)托盘的用途

(1)大方托盘、中方托盘　传菜、托送酒水和搬运盘碟、展示菜品等较重的物品。

(2)中圆托盘　一般用于摆台、酒水服务、撤换餐碟和换烟缸等。

(3)小圆托盘、小方形托盘　运送饮料和餐桌上的小器皿、湿巾、账单、收款,递送信件或高档酒品等。

(4)异形托盘　主要用于特殊的鸡尾酒会或其他庆典活动,西餐中的咖啡厅、酒吧等应用比较多,而中餐较少使用。

二、端托与托盘使用

端托服务大体分两种:一种是徒手端托,另一种是托盘端托。

(一)徒手端托

餐厅席间服务中,往往需要服务人员用手直接将客人所需物品或食品端送至客人面前。使用金、银器皿将菜肴直接送至餐台上时,往往采用徒手端托的方法进行服务。由于金、银器皿和所端物品较贵重,在端托时应采用双手捧托的方法。

在端托菜肴食品盛器时,当盛器与托盘尺寸相同或大于托盘的情况下,也应采用徒手端托的方法进行端托服务。使用托盘端托不容易卸盘的物品、菜点时,也要使用徒手端托。

【知识链接 3-1-1】

端盘的方法

端盘,主要用于西餐上菜和撤盘。端盘时,要求服务人员上身要垂直,两臂自然放松,一般均用左手单手端盘,右手腾出做其他工作。端盘是在客人面前完成的,具有表演性、技艺高、难度大的特点。

(1)单手端一个盘(或碗)的方法:食指、中指、无名指勾托盘(碗)底边棱,拇指跷起稳压盘边。

(2)单手端两盘的方法:先用食指勾托盘底,拇指跷起稳压盘边,端起第一盘,然后再用无名指托住另一个,中指护在其边、食指压住使其平稳。

(3)单手端托三盘的方法:左后食指和拇指自然平伸,先将第一盘的边沿插入左手虎口(盘子的重心落在虎口以外),盘底托住第二盘,再将第一盘的边沿下部,压住第二盘的盘边,并将第二盘边沿紧靠掌心,最后,用中指托住第三盘,先将第二盘的边沿下部及食指根部压住第三盘的盘边。这样,即可使三只盘子均稳固牢靠。

(4)单手端四只以上的盘碗,便需在端三盘的基础上,依靠腕力和手臂,将第四只以上的盘碗交错搭靠,沿手臂逐渐重叠上去。需要注意的是,重叠时只可盘底搭盘边,切忌盘底角碰在饭菜上,污染了食品。

(5)双手端盘,所端之物应在稍右前或稍左前方,在第三、四颗衣扣位,食指、中指、无名指勾托盘(碗)底边棱,拇指跷起稳压盘边;上身要垂直,两臂自然放松,这样既不会影响视线,也可以保证基本的清洁卫生。

(二)托盘端托

根据所送物品重量的不同,使用托盘有轻托和重托两种方式。物品重量在 5 kg 以内一般采用轻托方式,物品重量在 5 kg 以上者,采用重托方式。

轻托又称胸前托,适宜端托体积较小、重量轻的物品。轻托服务操作时,技术要求高。因为所托物品越轻,端托操作时,托盘越容易发飘从而不易端托平稳。因此,在轻托服务操作时准备工作非常重要。

重托又称肩上托,是指对较大且重的物品的端托。重托操作需要餐厅服务员有一定的臂力和技巧。

无论是轻托还是重托端托服务,都有理盘、装盘、托盘三大步骤。每个步骤均应按服务规范中的卫生要求去做。

三、托盘的操作

(一)轻托的操作方法

1.理盘

根据需要选择合适的托盘,将托盘洗净、擦干,垫上一块经过消毒的专用盘巾(胶木托盘防滑可不垫),洒些清水,以防滑动。

2.装盘

根据物品的形状、重量、体积和使用的先后次序合理装盘,同时必须遵循安全稳妥、便于托送、便于取用的原则。一般来说，在数种物品同时装盘时，重物、高物放在托盘的里档，轻物、低物放在托盘的外档；先取用的物品在上、在前，后取用的物品在下、在后。用长条形托盘时，码放的物品应并排摆放，横竖成行；用圆形托盘时，码放的物品可呈圆形。托运酒水时，商标朝外，显示给客人。

3.起托

端盘的操作要领是：左手臂自然弯曲呈90°，掌心向上，五指分开稍弯曲，使掌心微呈凹形；用五指指端和手掌根部“六个力点”托住盘底，利用五指的弹性控制盘面的平稳；将托盘平托于胸前，略低于胸部，基本在第二、三颗衣扣之间，盘面重心稍向里侧，保持平衡，利用左手手腕灵活转向。

起托时，身体呈站立姿势站在与托盘保持一定距离的台前，左脚向前迈一步，身体向左前方倾斜，左手放到与托盘同样的平面上，用右手将托盘慢慢移至左手上，按托盘操作要领托住盘底。托稳后，用右手扶住托盘边缘起身，左脚撤回，调整好重心，松开右手放回体侧，身体呈站立姿势。

4.行走

行走时，头正肩平，两眼目视前方，上身挺直，脚步轻快而稳健，托盘随着步伐在胸前自然摆动，但幅度要小，以防菜汁、汤水等液体溢出；遇有障碍物时，应及时里压外摆，躲闪避让。托盘行走常用步伐如下：

(1)常步　步距均匀，快慢适当，形同日常走路。此步伐用于餐厅日常服务工作。

(2)快步　步履稳、快而动作协调。快步的步幅应稍大，步速应稍快，但不能跑，以免弄洒菜肴或影响菜形。快步主要用于端送需要热吃的菜肴，如锅巴肉片、铁板牛肉、松鼠鳜鱼等。端送火候菜或急需物品时，在保证菜不变形、汤不洒的前提下，以最快的速度走路。

(3)碎步　即小快步。步距小，步速快，行走时上身保持平稳。此步伐用于端送汤汁多的菜肴或重托物品。

(4)跑楼梯步　跑楼梯步是服务员端托菜品上楼时所使用的一种特殊步伐。它的要求是：身体略向前倾，重心前移，用较大的步距，一步跨两级台阶，一步紧跟一步，上升速度要快而均匀，巧妙利用惯性，省时省力。

(5)垫步　当需要侧身通过时，右脚侧一步，左脚跟一步，一步紧跟一步，用于通过狭窄的通道。有时服务人员上菜送饭到桌，也需要用垫步的方法。

(6)巧步　托盘行走时，突然走来宾客或遇到其他障碍，需要临时停止或放慢脚步，灵活躲闪，避免发生冲撞。这种步伐还可以用来防止运动中的盘面由于突然停止而使酒水、汤汁因惯性溢出。

5.卸盘与落托

在托盘行走过程中，如果需要取用盘内物品，称之为卸盘。卸盘时，用右手取走盘内所需物品，根据盘内物品的变化，而用左手手指的力量来调整托盘重心，从前后左右交替取用。

在托盘行走过程中，如需将托盘整个放到工作台上称之为落托。落托时，应左脚向前，用右手协助左手把托盘小心推至工作台面，放稳后按照从外到内的顺序取用盘内物品。

(二)重托的操作方法

1.理盘

由于重托常用于送菜、送汤和收拾碗碟,一般油腻较大,使用前必须清洁盘面并消毒,铺上洁净的专用盘巾(胶木防滑托盘可不垫),起到防油、防滑的作用。

2.装盘

托盘内的物品应分门别类码放均匀整齐,使物品的重量在盘中分布均匀,注意托盘内物品要按高矮大小摆放协调,切忌将物品无层次、无规律地混合摆放,以免造成餐具破损。装盘时还要注意物品与物品之间应该留有适当的间隔,以免端托行走时发生碰撞而产生声响,甚至造成物品破裂。在收拾台面餐具时,最好能将物品分门别类地装盘,切忌将所有物品不分大小、形状、种类混装在一个盘内。

3.起托

起托时,应先将托盘用右手协助拉出1/3,右手扶托盘将托盘托平,双脚分开呈“八”字形,双腿下蹲,略呈骑马蹲裆势,腰部略向前弯曲。左手五指分开,用整个手掌托住托盘的底部,手掌移动找到托盘的重心。掌握好重心后,用右手协助左手向上用力将盘慢慢托起,在托起的同时,左手和托盘向上向左旋转过程中送至左肩外上方。起托时,要做到盘底不搁肩、盘前不靠嘴、盘后不靠发。

4.行走

行走时,表情轻松自然,步伐不宜过大、过急,盘面应始终保持平衡平稳,防止汤水外溢。行走时,右臂自然下垂,随身体自然摆动,或扶住托盘前内角,随时准备防止他人的碰撞,保持身体平稳。

5.落托

落托时,左脚向前迈一步,用右手扶住托盘边缘,左手向右转动手腕,同时托盘向右旋转,待盘面从左肩移至与台面平行时,再用左臂和右手将托盘推至台面。落托结束后,应及时将盘内物品整理好,并擦净盘面以备后用。

四、端托服务应注意的问题

(一)端托姿势正确

端托姿势的正确与否直接影响服务人员服务动作美观的效果。端托时,要做到站稳、端平、托举到位、高矮适中。

(二)端托卫生

菜肴的卫生也是餐厅服务员在端托时所必须要注意到的问题。轻托时,餐厅服务员应使自己的口鼻部位远离所托物品,也不可将所托物品置于胸下。端托中需要讲话时,应将托盘托至身体的左外侧,避开自己的正前位。重托时,餐厅服务员要做到姿势正确,托举到位,尽量使所托物品远离自己的颈部。

(三)端托安全

(1)端托时,左手端托,右手下垂。除了起托和落台时右手扶托外,禁止右手扶托。右手扶托危害有三点：一是不雅观，二是遮挡行走视线，三是容易造成端托失误。

(2)端托时，目光应平视前方，切勿只盯托盘。端托需拿托盘内所托物品时，应做到进出有序，确保所托物品的平衡。

(3)需用托盘垫布时，垫布放在托盘正中，四角下垂应相等。

【知识链接 3-1-2】

托盘操作的要求

托盘操作过程中，要做到平、稳、松。

平：托运物品时，保持盘面平稳，掌握好重心，以免汤汁外溢；托盘行走时应做到肩平、盘平，动作要协调。

稳：装盘时，各种物品摆放要合理稳妥，还要根据自身体力和臂力量力而行，不可勉强超负荷托运。托盘行走时，要做到肩不倾斜，身体不摇晃，转动灵活，从而给人稳重踏实的感觉。

松：单手擎托时，上身正直，表情自然、轻松，不给人以吃力感。

◈工作任务单 3-1

1. 简答题

(1)饭店餐厅常见的托盘有哪些？其规格分别是什么？

(2)简述轻托的操作要领。

(3)端托服务应注意的问题有哪些？

2. 讨论题

(1)如何对不同材质的托盘进行保养？

(2)在练习过程中，请你就托盘使用的小技巧谈谈个人看法。

3. 案例分析

某四星级酒店客人使用现金结账。如果是值台服务员，该如何正确使用托盘，为客人提供结账服务？

4. 技能练习

(1)静止托盘练习。可利用空的饮料瓶装上水来进行，主要检查操作姿势是否正确，同时要锻炼臂部基本承托力量，反复练习直到托盘平稳为止，站立要做到平稳、轻松。

(2)行进托盘练习。开始可采用空的饮料瓶装上水来进行练习，几种常见步伐都要掌握。基本掌握后可以用装满水的汤碗、水杯等代替饮料瓶练习，行走要做到平稳、轻松。

任务二　斟酒服务

◈情景导入

一天，某高级餐厅来了几位客人，他们点了一瓶高档红葡萄酒。实习生刘莉到吧台取了酒之后，突然发现自己随身携带的开瓶器不见了，于是她连忙请吧员打开了酒瓶。可是当她准备为客人斟倒时，客人坚持认为酒是别桌客人退掉的，要求刘莉重新取一瓶未开封的酒。

请问：客人的要求合理吗？如何为客人提供专业化的斟酒服务呢？

◈任务分析

给顾客斟倒酒水或饮料是餐厅服务员的重要工作内容之一。餐厅服务员给顾客斟酒时，斟酒操作动作要正确、迅速、优美、规范，这样才会给顾客留下美好的印象。餐厅服务员娴熟的斟酒技术及热忱周到的服务，会使就餐的顾客得到精神上的享受与满足，同时还可以增添热烈友好的气氛。

◈任务要求

知识要求：

1. 了解斟酒前的准备工作；
2. 掌握斟酒的方式、方法；
3. 掌握斟酒时机与顺序；
4. 熟悉斟酒的注意事项。

能力要求：熟练为客人提供斟酒服务。

素质要求：具有表演意识，展现餐厅服务员娴熟、优雅的斟酒技艺。

◈相关知识

一、斟酒准备工作

斟酒前的准备工作是斟酒服务的基础，所以要做好以下多项准备工作。

（一）酒水的准备

1. 检查酒水

开餐前，各种酒水应当事先备齐。检查酒水质量，如发现瓶子破裂或有悬浮物、沉淀物应及时调换。然后用干净的消毒布巾将酒瓶擦拭干净，特别要注意瓶口位置；随后将酒瓶分类摆放在酒水服务台或酒水车上，注意里高外低，商标朝外，摆放整齐。

【知识链接 3-2-1】

酒品种类的准备

餐厅经营的酒品种类一般有常规品种和特殊品种两大类。常规品种是八大名酒及市场畅销的品种，特殊品种则是根据餐厅经营的风味特点而配用的酒品。餐厅经营的酒品应放在较明显的位置，以方便顾客选用。放酒的货柜要精美，酒品的摆放要讲究造型艺术，并明码标价，以便促销。

2. 酒水预处理

酒水准备工作还包括对酒水温度的处理。服务员需了解餐厅常用酒水的最佳饮用温度，控制最佳饮用温度,获取更好的饮用效果。

【知识链接 3-2-2】

酒水的冰镇与温热

(1)冰镇　根据季节和酒水的品质不同,有些酒饮用前需要降温才能达到一个较好的饮用要求。例如,白葡萄酒饮用的最佳温度为 8～12℃,啤酒的最佳饮用温度为 4～8℃,香槟和有汽葡萄酒的最佳饮用温度为 4～8℃。降温的方法分为冷藏和用冰桶降温两种。冷藏是将酒水放入冰箱冷藏室缓慢降温;冰桶降温是将酒水插入有冰块的冰桶里,一般 10 分钟左右,即可达到冰镇的效果。

(2)温热　某些酒品(如中国黄酒、加饭酒、日本清酒、白兰地酒)在饮用前要将酒的温度升高,口感才能更加浓郁醇厚。升温的方法有多种,如水烫、火烤、燃烧、注入、用手温热等。水烫是把酒倒入温酒壶,然后放入热水中升温。火烤是将酒倒入耐热器皿中,放在火上升温。燃烧是将酒倒入杯后,将杯放在酒精内,点燃酒精升温。注入是将滚烫的饮料和酒液混合使酒液升温的一种方法。水烫是使用最安全、最常用的一种方法。

(二)酒具的准备

酒具是斟酒服务的必备用品。餐厅应该准备的酒具种类、规格要与其经营的酒品种类相配。一般常备酒具有:水杯、红酒杯、白酒杯、香槟杯、啤酒杯、黄酒碗及冰酒桶、温酒壶、酒篮、酒钻、开酒器等。这些酒具应放在餐厅随时可以取到的地方,无论客人选中哪款酒品,服务员都能及时将适用的酒杯送到客人面前。由于不同酒品的风味和色泽各不相同,使用一只杯子连饮几种酒,就会使酒失去了各自特色,因此餐厅应准备多种酒杯,使酒水服务更方便、周到。

(三)示瓶

示瓶是斟酒服务的第一道程序,它标志着服务操作的开始。示瓶是向客人展示所点的酒水,这样做的目的有四个:一是对客人表示尊重;二是请客人确定所点酒水无误;三是征询客人开酒瓶及斟酒的时间,以免出错;四是促进酒水的销售。

整瓶酒,特别是比较贵重的酒,斟酒前要出示给客人,请其过目。示瓶的方法是:服务员用右手握住酒瓶的颈部,左手用一块餐巾托住瓶底,将酒瓶上的商标朝向宾客请其确认。

(四)开瓶

酒水瓶罐的封口常见的有皇冠瓶盖、易拉环、软木制成的瓶塞和旋转瓶盖等。开瓶是指开启酒品瓶塞和瓶盖的方法。普通酒水开启瓶盖比较容易,但葡萄酒和香槟酒的开启应掌握正确的方法。

开酒器分为两大类:一是专门开启木塞瓶的螺丝拔,也叫酒钻;二是专门用于开启酒盖的扳手,也叫酒起子。目前,酒钻和酒起子的式样很多,选用的原则是开启方便和耐用。

1. 葡萄酒开瓶方法

(1)服务员先用洁净的餐巾把酒瓶包上。

(2)切掉瓶口部位的锡纸,并揩擦干净。

(3)用开酒钻的螺旋锥转入瓶塞，将瓶塞慢慢拔开，再用餐巾将瓶口擦干净。

(4)在开瓶过程中，动作要轻，以免摇动酒瓶时将瓶底的酒渣泛起，影响酒味。开瓶前，应持瓶向宾客展示。开瓶后把软木塞递给点酒者鉴别。

2. 香槟酒的开瓶方法

(1)撕开铝箔封套。

(2)左手大拇指紧压塞顶，右手扭开固定在瓶塞外的铁丝。

(3)将瓶身倾斜约 60°，但瓶口不要朝向宾客。

(4)左手慢慢旋转瓶身的同时，用右手握住瓶塞轻轻向外拔，靠瓶内的压力和手拔的力量将瓶塞取出。

(5)瓶塞取出后，再保持酒瓶倾斜数秒，防止酒液溢出。

(6)注意控制软木塞拔出(弹出)的声响，越安静越好。

3. 烈性酒开瓶方法

烈性酒的封瓶方式及其开瓶方法有两种：

(1)如果酒瓶是塑料盖或外部包有一层塑料膜，开瓶时先用火柴将塑料膜烧溶取下，然后旋转开盖即可。

(2)如果酒瓶是金属盖，瓶盖下部常有一圈断点，开瓶时用力拧盖，使断点断裂，便可开盖；如遇有断点太坚固，难于拧裂的，可先用小刀将断点划裂，然后再旋开盖。

4. 罐装酒开罐方法

(1)开启时只要拉起罐顶部的小金属环即可。服务者在开启易拉罐时，应将开口方向朝外，不能对着客人，并以手握遮，以示礼貌。

(2)开启前要避免摇晃。

二、斟酒姿势

斟酒姿势是指斟酒服务时，服务人员持酒瓶的手法、站立、行走及为宾客向酒杯中斟酒时的动作。斟酒姿势的优美来源于服务员广博的酒品知识、文化修养和表演才能，要做到优美娴熟。

斟酒前，用干净的布巾将瓶口擦净。从冰桶里取出的酒瓶，应先用布巾擦拭干净，然后进行包垫。其方法是：用一块 50 cm×50 cm 见方的餐巾折叠六折呈条状，将冰过的酒瓶底部放在条状餐巾的中间，将对等的两侧餐巾折上，手应握住酒瓶的包布，注意将酒瓶上的商标全部暴露在外，以便让客人确认。斟一般酒时，左手持一块折成小方形的餐巾，右手握瓶，即可进行斟酒服务。

(一)持瓶姿势

持瓶姿势正确是斟酒准确、规范的关键。正确的持瓶姿势应是：右手叉开拇指，并拢四指，掌心贴于瓶身中部、酒瓶商标的另一方，四指用力均匀，使酒瓶握稳在手中。采用这种持瓶方法，可避免酒液晃动，防止手颤。

(二)斟酒时的用力

双臂以肩为轴，小臂用力运用腕子的活动将酒斟至杯中。腕力用的活，斟酒时握瓶及倾倒的角度的控制就感到自如；腕力用得巧，斟酒时酒液流出的量就准确。斟酒及起瓶均应利用腕子的旋转来掌握。斟酒时忌讳大臂用力及大臂与身体之间角度过大，角度过大会影响顾客的视线并迫使客人躲闪。

（三）斟酒时的站位

斟酒服务时，服务员应站在客人的右侧身后。规范的站位是：服务员的右腿在前，插站在两位客人的座椅中间，脚掌落地，左腿在后，左脚尖着地呈后蹬势，使身体向右呈略斜式。服务员面向客人，右手持瓶进行斟酒。每斟满一杯酒更换位置时，做到进退有序。退时先使左脚掌落地后，右腿撤回与左腿并齐，使身体恢复原状。再次斟酒时，左脚先向前跨一步，后脚跟上跨半步，形成规律性的进退，使斟酒服务的整体过程潇洒大方。服务员斟酒时，忌讳将身体贴靠客人，但也不要离得太远，更不可一次为左右两位客人斟酒，也就是说不可反手斟酒。

斟酒服务的姿势、站位都是有规律性的，但是，斟酒的方法、时机、方式往往需要掌握一定的灵活性。

三、斟酒服务要求

（一）斟酒方法

斟酒方法一般有两种：一种是托盘斟酒，另一种是徒手斟酒。

1. 托盘斟酒

托盘斟酒即服务员将顾客选定的酒水放于托盘内，左手端托，右手根据顾客的需要取送酒水依次进行斟倒的一种方法。此种方法多用于客人人数较多，以及酒水品种较多的情况。

2. 徒手斟酒

徒手斟酒即服务员左手持布巾，右手握酒瓶，将顾客选定的酒水依次斟入客人的杯中，然后用左手布巾将瓶口擦拭干净的一种斟酒方法。此种方法多用于零点点餐服务，以及顾客选用酒水较单一的情况。

（二）斟酒方式

斟酒的基本方式有两种：一种叫桌斟，另一种叫捧斟。

1. 桌斟

桌斟在桌上完成。服务员站在客人右后侧，右脚在前，左脚在后，右手握住瓶子的下半部，酒标面向顾客，以食指控制流速，顺着杯壁倒。待满后，向外旋转瓶身（90°～180°）抬起瓶口，使最后一滴酒随着瓶身的转动流入瓶中或滴落在酒杯中。此种方法又分为托盘斟酒和徒手斟酒，是餐厅斟酒最常用的一种方法。

2. 捧斟

捧斟是指餐厅服务员站立在客人右后侧，右手握瓶，左手将客人酒杯握在手中，再向杯内斟酒，然后将斟上酒的酒杯放在宾客的右手处。捧斟的动作要求是轻、稳、准、优雅大方，多用于非冰镇酒品。

（三）斟酒量

斟酒量应视酒品的种类而定，同时各种酒品饮用时使用的杯具不同，斟酒标准也不尽相同。

(1)中餐在斟倒酒水时,一般以八分满为宜,以示对宾客的尊重。

(2)西餐斟酒不宜太满,红葡萄酒的斟倒量一般斟至杯的 1/2,白葡萄酒一般斟至杯的 2/3 为宜。

(3)斟倒啤酒时,应分两次进行,以泡沫不溢为准。较为标准的啤酒杯上都印有酒液和泡沫的分界刻度,以便为服务员能更好地掌握斟倒啤酒的量,以酒水过半,泡沫不溢为准。

(4)斟香槟酒时,应将酒瓶用服务巾包好,先向杯中斟倒 1/3 的酒液,待泡沫退去后,再往杯中续斟至杯的 2/3 处为宜。也有些饭店在斟倒香槟酒时,先将酒液斟到杯的 1/2 处,等泡沫退去后,再往杯中续斟至杯的 2/3 处。

(5)中西餐饮料均斟八分满。

四、斟酒时机与顺序

(一)斟酒时机

斟酒时机是指宴会斟酒的两个不同阶段:一个是宴会前的斟酒,另一个是指宴会进行中的斟酒。如果顾客点用白酒、红葡萄酒、啤酒时,在宴会开始前 5 分钟之内将红葡萄酒和白酒斟入每位宾客杯中。斟好以上两种酒后就可请客人入座,待客人入座后,再依次斟啤酒。如用冰镇的酒或加温的酒,则应在宴会开始后上第一道热菜前依次为宾客斟至杯中。宴会进行中的斟酒,应在客人干杯前后及时为宾客添斟,每上一道新菜后要添斟,客人杯中酒液不足一半时也要添酒。客人互相敬酒时要为敬酒宾客及时添酒。

(二)斟酒顺序

1. 中餐斟酒顺序

宾客入座后,服务员及时询问客人是否先喝些啤酒、矿泉水等饮料。在一般场合,服务员可先为一桌的长者斟酒;对于一对夫妇,应先为女士斟酒。若是宴会,则应在开始前 10 分钟左右将烈性酒和葡萄酒斟好。宴会斟酒的顺序是:从主宾开始,按男主宾、女主宾、再主人的顺序顺时针方向依次进行。如果是两位服务员同时服务,则一位从主宾开始,另一位从副主宾开始,按顺时针方向依次进行。

2. 西餐宴会的斟酒顺序

西餐宴会用酒较多,不同的菜肴配不同的酒水,吃什么菜配什么酒,应先斟酒后上菜。其顺序为:女主宾、女宾、女主人、男主宾、男宾、男主人,妇女处于绝对优先的地位。重要外交场合,特别是国宴,先从男主宾开始。斟酒过程也采用顺时针方向依次渐进。

但是,在实际服务中,往往由于宴会的规格不同、服务的对象不同、民族风俗习惯不同,加之国籍不同,因此斟酒顺序也应灵活多样。为亚洲地区顾客斟酒服务时,如主宾是男士,则应先斟男主宾位,再斟女宾位,对主人及其他宾客则可沿顺时针方向绕台依次进行斟酒服务即可,或视客人要求,先为来宾斟倒,最后为主人斟倒,以此更加表示主人对来宾的尊重。如为欧美客人斟酒服务时,则应先斟女主宾位,再斟男主宾位。

顾客用餐选用了不同种类的酒水时,应按酒水的不同进行排序,如顾客选用了白酒、红葡萄酒、啤酒,这时,斟酒的顺序则应是:在客人入座前,先为顾客斟好红葡萄酒,再斟白酒,待顾客入座后方可斟啤酒。

【知识链接 3-2-3】

西餐宴会酒菜搭配

(1)上冷盘或海味菜前，斟倒烈性酒，用烈性酒杯。

(2)上汤前，斟倒雪利酒，用雪利酒杯。

(3)上鱼前，斟倒白葡萄酒，用白葡萄酒杯。

(4)上副菜前，斟倒红葡萄酒，用红葡萄酒杯。

(5)上主菜前，斟倒香槟，用香槟杯。

(6)上甜点前，斟倒甜食酒，用葡萄酒杯。

(7)上水果或奶酪前，一般不上酒。

(8)上咖啡前，斟倒利口酒或白兰地酒，用利口酒杯或白兰地酒杯。

五、斟酒注意事项

(1)斟酒时，瓶口不可搭在酒杯口上，相距 1～2 cm 为宜，以防止将杯口碰破或将酒杯碰倒；但也不要将瓶拿得过高，以免将酒水溅出杯外。

(2)服务员要将酒徐徐倒入杯中，当斟至酒量适度时停一下，并旋转瓶身，抬起瓶口，使最后一滴酒随着瓶身的转动流入瓶中或滴落在酒杯中。

(3)斟酒时要控制好斟酒的速度。瓶内酒量越少，流速越快，酒流速过快容易冲出杯外。因此，服务员要做到随时注意瓶内酒量的变化情况，以适当的倾斜度控制酒液流出速度。

(4)斟啤酒时，因泡沫较多，极易沿杯壁溢出杯外，所以斟啤酒速度要慢些，也可分两次斟或使啤酒沿着杯的内壁流入杯内。

(5)由于操作不慎而将酒杯碰翻时，应向宾客表示歉意，并立即将酒杯扶起，检查有无破损。如有破损，要立即更换。若无破损，服务员应迅速将一块干净餐巾铺在酒迹上，然后将酒杯放回原处，重新斟酒。

(6)当宾客杯中酒水少于 1/3 时，应征询客人的意见，及时续添酒水。

(7)凡需使用冰桶的酒，当从冰桶取出酒瓶后，应以一块服务巾包住瓶身，以免瓶外水滴弄脏台布或宾客的衣物；使用酒篮的红葡萄酒的瓶颈下，应垫一块布巾或餐巾纸。

(8)在宴会上，主宾通常都要讲话。在讲话结束时，双方都要举杯祝酒。因此，在讲话开始前，服务员要将酒水斟齐，以免祝酒时杯中无酒。

(9)讲话结束时，负责主桌服务的服务员要将讲话者的酒水送上，以供祝酒之用。

(10)主宾讲话时，服务员要停止一切操作，站在适当的位置。

◈工作任务单 3-2

1. 简答题

(1)请问哪些酒适宜加热？又有哪些酒适宜冰镇？

(2)西餐用酒与菜点如何进行搭配？

(3)斟酒时，应注意的问题有哪些？

2. 讨论题

(1)谈谈对饭店开瓶费的理解。

(2)在练习过程中,请你就斟酒的小技巧谈谈个人看法。

3. 案例分析

(1)我国领导人为了会见韩国领导人举行一场盛大的宴请,宴席开餐前5分钟,服务员按要求先将客人的白酒、红酒斟入杯中。客人入座后,开始频频地举杯相互祝贺……作为服务员的您这时该怎么做?

(2)2001年6月,上海浦东某外方管理的大酒店内,中国与中亚五国多边签字仪式结束。六国首脑手握装满香槟酒的商用香槟杯相互碰杯祝贺,细心的电视观众会发现,他们碰杯时动作显得有些拘谨,杯与杯相接触时,首脑们小心翼翼的。试分析这是为什么?如果您是这场宴会的主管,该怎么做?

4. 技能训练

(1)酒水的冰镇与加热

操作标准:准确掌握酒水冰镇与加热的方法。要求:动作规范、熟练。

(2)酒水的开瓶

操作标准:准确掌握不同酒水的开瓶方法。要求:动作规范、熟练。

(3)斟酒

①斟白酒时,要求在2分钟内完成10位客人的斟酒工作,做到斟酒均匀(八分满),不滴不洒,注意酒水商标的展示及手持瓶的位置。

②斟红葡萄酒时,要求在2分钟内完成10位客人的斟酒工作,做到斟酒均匀(1/2杯)、不滴不洒,注意酒水商标的展示及手持瓶的位置。

任务三　餐巾折花

情景导入

某日,一个英国VIP团抵达某饭店。餐厅服务员在折叠餐巾时,为了表示对客人的欢迎和尊重,选用了孔雀开屏的花型。殊不知,客人不但不领情反而跑到大堂经理处去投诉。

请问这些客人为什么会投诉?如果你是这位餐厅服务员应该怎么办?

任务分析

餐巾折花是餐厅服务员的一项基本功,许多饭店都把它作为提高服务质量的重要内容。因此,一名优秀的餐厅员工必须掌握这项技艺。

任务要求

知识要求:

1. 了解餐巾花的作用、种类;

2. 掌握餐巾花型的选择、摆设;

3. 明确折叠餐巾的注意事项;

4. 掌握餐巾折花的基本折叠方法及基本技巧。

能力要求：

1. 熟练操作餐巾折花的基本技法；

2. 餐巾折叠花型美观，线条清晰，一次成型；

3. 熟练进行 20 种盘花、20 种杯花、5 种环花的操作。

素质要求：餐巾折花能够体现卫生和艺术原则，并富有创造性的态度。

◈相关知识

一、餐巾概述

(一)什么是餐巾

餐巾又称口布、茶布、席布等，它一般为正方形，边长 45～65 cm。餐巾折花是通过叠、折、卷、穿、攥、翻、拉、掰、捏等操作技法，将干净、平整、无破损的餐巾折成一定的形状插入杯中或摆在餐碟中，供客人欣赏和使用。

(二)餐巾的种类

1. 按餐巾的质地分

(1)纯棉织品　此类餐巾吸水性强、去污力强；浆熨后挺括，易折成型，造型效果好，但折叠一次，效果才最佳；手感柔软，但清洗麻烦，洗净后需上浆、熨烫。

(2)棉麻织品　质地较硬，不用上浆也能保持挺括。

(3)化纤织品　颜色亮丽、透明感强；富有弹性，比较平整，如一次造型不成，可以二次造型，不用浆烫，使用方便。可塑性不如棉织品和棉麻织品好；易清洗，但吸水性差，去污力不如棉织品；手感不好。

(4)纸质餐巾　成本低，更换方便；尽管也能循环再利用，但不够环保；有时给人以非正式、低档的感觉。

2. 按餐巾的颜色分

(1)白色餐巾　应用最广，给人以清洁、卫生、典雅、文静之感。它可以调节人的视觉平衡，可以安定人的情绪。但白色餐巾不耐脏，且对环境的装饰性不够。

(2)冷色调餐巾　给人以平静、舒适的感觉。冷色调主要包括浅绿、浅蓝、中灰等。如湖蓝色餐巾，在夏天能给客人以凉爽、舒适之感。

(3)暖色调餐巾　给人以兴奋、热烈、富丽堂皇、鲜艳醒目的感觉，主要包括大红色、粉红色、橘黄色、淡紫色等。如大红、粉红餐巾给人以庄重热烈的感觉。橘黄、鹅黄色餐巾给人以高贵典雅的感觉。

(4)条纹餐巾　给人清爽、新奇等感觉，改变一般的餐厅用具印象，一般在零点餐厅、西餐厅应用多一些。

【案例 3-3-1】早就听说青岛的某星级酒店服务周到细致，人性化服务很有特色。张先生特意将欢迎北京客户的宴会安排在这家酒店。众人入座问位开茶后，服务员托送酒水，一一为客人斟倒，细心的张先生看到服务员在整洁的托盘内垫了一块干净的浅色盘巾，心中暗想：看看这块干净的餐巾就知道今天的选择是正确的。品尝过凉菜后，客人们对菜肴的色、香、味都很满意。热菜上桌前，服务员用托盘对餐台进行了简单的整理，但服务员用托盘撤换骨碟时，张先生留意到托盘里的浅色餐巾被换成了一块深色餐巾，同样干净整洁。这引起了张先生的好奇，他仔细观察后发现，服务员在上菜、上酒、上新骨碟时均使用浅色盘巾的托盘，而在撤客人使用过的盘碟、烟缸等物品时都会使用深色盘巾的托盘。张先生把这一发现告诉了大家，大家都对这种人性化的服务方式大加赞赏，对服务员的服务十分满意。张先生看到大家如此尽兴，非常高兴，心想：以后请客就定这了。

分析：一块小小的盘巾，其颜色的变化，反映了不同的服务程序，这一细节深深打动了客人。它体现了餐厅服务的细致入微和人性化，得到了客人的认可和好评。客人就是酒店最好的宣传员，几块小盘巾将为酒店带来良好的口碑，并不断增添像张先生一样的回头客。

3. 按餐巾的规格分

餐巾规格的大小在不同的地区不尽相同，根据实际使用效果，45～50 cm 见方的餐巾折叠造型、实际使用较为普遍适宜。

4. 按餐巾的边缘形状分

餐巾边缘有平直形和波浪曲线或花边两种类型。

(三)餐巾的作用

1. 餐巾是餐饮服务中的卫生用品

宾客用餐时，餐厅服务员将大餐巾可折起(一般对折)折口向外平铺在腿上，小餐巾可伸开直接铺在腿上，不可将餐巾挂在胸前。餐巾可用来擦嘴或防止汤汁、酒水弄脏衣物。拭嘴时需用餐巾反折的内侧的上端，并用其内侧来擦嘴。不应用餐巾的正面来擦拭，把餐巾的正面弄脏，是不礼貌的行为。绝对不可用来擦脸部或擦刀叉、碗碟等。若餐巾很脏，可以请侍者重新更换一条。在用餐期间与人交谈之前，先用餐巾轻轻地揩一下嘴。另外，由于在中餐厅用餐的客人没有将餐巾铺在大腿上的习惯，所以现在许多中餐厅采用把餐巾压在餐盘底下进餐的做法，这样也能起到避免汤汁菜汁滴落客人身上的作用，但是这样的做法容易带动餐巾从而使餐盘滑落。

2. 餐巾可以装饰美化餐台

不同的餐巾花型，蕴含着不同的宴会主题。形状各异的餐巾花，摆放在餐台上，既美化了餐台，又增添了庄重热烈的气氛，给人以美的享受。

3. 餐巾花型可以烘托就餐气氛

如用餐巾折成喜鹊、和平鸽等花型表示欢快、和平、友好，给人以诚悦之感；折出比翼齐飞、心心相印的花型送给一对新人，可以表示出永结同心、百年好合的美好祝愿；在老年人面前摆放“寿桃”、“仙鹤”等折花表示长寿，会使老人特别高兴。

4. 餐巾花型的摆放可标出主宾的席位

在折餐巾花时应选择好主宾的花型，主人花型高度应高于其他花型高度以示尊贵。

二、餐巾折花的造型种类

各种各样的餐巾花，形形色色、千奇百怪、栩栩如生，现在比较成熟的、简洁的、容易折叠的餐巾花有近百种，经常使用的有五六十种。

(一)按摆放方式划分

1. 杯花

属中式花型,需要插入杯中才能完成造型,出杯后花型即散。由于在折叠过程中,需要对口布进行多次折、攥等,因此使用时平整性较差;又由于插杯过程中容易造成污染,因此目前杯花使用日益渐少。

2. 盘花

属西式花型,花型成型后不会自行散开,可放于盘中或其他盛器及桌面上。因盘花简洁大方,美观适用,所以盘花呈发展趋势,将逐渐取代杯花在中餐的地位。

【知识链接 3-3-2】

环　　花

将餐巾平整卷好或折叠成造型,套在餐巾环内,称环花。一般而言它是盘花中比较特殊的一类,往往使用餐巾环,通常是创意餐台设计中必不可少的餐巾花型。餐巾环也称为餐巾扣,有瓷制、银制、象牙、塑料、骨制的等。此外餐巾环也可用色彩鲜明、对比感强的丝带或丝穗带代替,将餐巾卷成造型,中央系成蝴蝶结状,然后配以鲜花。

餐巾环花通常放置在装饰盘或餐盘上,特点是简洁、雅致、出其不意。常常应用在大型宴会和重大的接待中,给人别致的感受,特别是其餐巾扣的材质、造型、色彩、做工等,对于餐台环境的营造具有独特的功能。

【知识链接 3-3-3】

餐巾折花发展新趋势

(1)线条简洁明快挺括　因为这类花型折叠所需要的时间短、速度快,而且这种花型散开后,餐巾褶皱少,实用方便。

(2)趋向盘花　因为杯花是用手将花插入杯中的,所以折花之前要严格消毒。用盘花可减少手握杯的环节,满足宾客清洁卫生的心理。因此,餐巾折花逐渐向盘花方向发展。

(二)按餐巾花外观造型划分

1. 植物类

主要模仿植物的花、叶、茎、果实等,是餐巾花中最重要的一类。

(1)花　模仿月季、荷花、梅花、牡丹、玫瑰、水仙、鸡冠花等。

(2)叶　模仿荷叶等。

(3)茎　模仿竹笋等。

(4)果实　模仿玉米等。

2. 动物类

动物类花型包括鱼、虫、鸟、兽。其中以飞禽为主,如白鹤、孔雀、鸵鸟等。动物类造型,有的取其整体,有的取其特征,形态逼真,生动活泼。如孔雀、凤凰、鸽子、鸳鸯、仙鹤、海鸥等飞禽造型;白兔、松鼠等走兽造型;金鱼、对虾、海螺等海洋生物造型;蝴蝶、蜻蜓等昆虫造型。

3. 实物类

实物类花型是指模仿日常生活用品中各种实物形态折叠而成，如花篮、领带、折扇、风帆、帽子等。

三、餐巾折花造型的选择

1. 根据宴会的规模选择花型

大型宴会可选择简洁、统一的花型。每桌可选主位花和来宾花两种花型，每个台面的花型应有所不同，显得多姿多彩。如果是 1～2 桌的小型宴会，可以在一桌上使用各种不同的花型，也可以 2～3 种花型相间搭配，形成既多样又协调的布局。

2. 根据宴会主题和选用菜单选择花型

在宴会中使用餐巾折花，不仅要根据宴会主题选择合适的花型，同时还要根据菜单的内容选择不同种类的花型，以增加宴会的热烈气氛。

3. 根据季节选择花型

餐巾折花花型选择富有时令的花型以突出季节的特色，也可有意地选择象征一个美好季节的一套花型。例如，夏天举行的宴会，就要多选用荷花、玉兰花等适应季节变化的花型；冬季举行的宴会，可选用冬笋、梅花、仙人掌、企鹅等花型。用台面上的花型反映出季节的特色，给人一种真实感。

4. 根据宗教信仰选择花型

如果是信仰佛教，不要叠动物造型，宜叠植物、实物造型。如果客人信仰伊斯兰教，不能折猪的造型，甚至连相似的造型也不要折。

5. 根据宾客风俗习惯选择花型

餐巾折花花型应根据客人的风俗习惯选择。例如，美国人喜欢山茶花，忌讳蝙蝠图案；日本人喜爱樱花，忌讳荷花、梅花；法国人喜欢百合花，讨厌仙鹤；英国人喜欢蔷薇花、红玫瑰花，忌讳大象，把孔雀看成是祸鸟等。

6. 根据宾主席位选择花型

宴会主人席位上的花称为主花。主花一般选用品种名贵、折叠细致、美观醒目的花，达到突出主人的目的。

总之，要根据宴会主题设计折叠不同的餐巾花。折餐巾花时要灵活掌握，力求简便、快捷、整齐、美观大方。

四、餐巾折花摆放的要求

餐巾折花是一项艺术创作，它可以烘托宴会的气氛，增添宴会的艺术效果。因此，餐厅服务员要掌握餐巾折花摆放的要求。

1. 主花要摆插在主位

主花摆在主位，一般的餐巾花摆在其他宾客席上，但要高低均匀，错落有致，达到一种视觉艺术的美。

2. 餐巾折花将观赏面朝向宾客

餐巾折花插入杯后，都有一个最佳观赏面，应注意朝向客人摆放。适合正面观赏的餐巾折花，如孔雀开屏、白鹤、和平鸽等，要将头部朝向客人；适合侧面观赏的餐巾折花，如金鱼、三尾鸟等，要将头部朝向右侧，选择一个最佳观赏的角度摆放。

3. 相似花型错开摆放

在一个台面上，摆放不同品种花型时，形状相似的花型要错开，对称摆放。

4. 恰当掌握杯花的深度

恰当掌握插入杯中餐巾折花的深度，通常应插入杯中 1/3 的位置。插杯时，应保持花型完整不散形，杯内的餐巾也应线条清楚、整齐，要慢慢顺势插入，不能乱插乱塞或硬性塞入。插入后整理成型，摆正摆稳，使之挺立。

5. 摆放距离均匀

各种餐巾花之间的间距要均匀，做到花不遮餐具，不妨碍服务操作。

餐巾花具有实用和观赏两种属性。餐厅服务员要认真掌握餐巾折花的折叠方法，做到技术性和艺术性相结合，达到台面的完整和谐。

五、餐巾折花注意事项

(1)选择好餐巾，餐巾要干净、熨烫平整、无破损，并根据用餐的具体情况选定餐巾。

(2)在折花操作前，要洗净双手。操作中不能用嘴咬或牙叼餐巾，也不要多说话，以防唾沫玷污餐巾。

(3)折花操作时，要在干净的工作台或托盘上操作，并准备好辅助工具。

(4)折花时，要姿态正确，手法灵活，用力得当，角度要算准，折褶要均匀，力争一次折成。折花要正确使用叠、折、卷、穿、攥、翻、拉、掰、捏等 9 种方法。

(5)折花要简单美观，拆用方便，造型生动，形象逼真。

(6)尊敬各来源国客人的习俗，尊重他们的爱好和忌讳。

【知识链接 3-3-4】

餐巾的洗烫要求

先将餐巾用清水洗净，沥去水，放入浆液中上浆。浆液要求厚薄适当。太厚了，浆好的餐巾会发硬；太薄了，则浆后不挺括。一般 30 块餐巾用一汤勺淀粉、500 mL 左右的冷水搅拌均匀即可。浆好的餐巾晾至八成干再熨烫，也可先晒干，熨烫时再喷少许水。熨烫时，餐巾的四角要理好拉挺，熨斗要用力均匀，熨烫得平整，不能倾斜，否则折叠时会影响对称。

六、餐巾折花的基本技法

餐巾折花尽管品种繁多，千姿百态，使人眼花缭乱，但无论哪一种花型，哪一种方法，都有其共同的操作要领和技法，概括起来可分为叠、折、卷、穿、攥、翻、拉、掰、捏九种。餐厅服务员应反复练习，达到技艺娴熟，运用自如。

1. 叠

叠是最基本的餐巾折花手法，几乎所有的造型都要使用。叠就是将餐巾一折为二，二折为四，或折成三角形、长方形、菱形、梯形、锯齿形等形状。叠有折叠、分叠两种。

关键提示：叠时要熟悉造型，看准角度一次叠成。如有反复，会留下折痕，从而影响花型的挺括、美观。

2. 折

折是打褶时运用的一种手法。折就是将餐巾叠面折成褶裥的形状，使花形层次丰富、紧凑、美观。打褶时，用双手的拇指和食指分别捏住餐巾两头的第一个褶裥，两个大拇指相对成一线，指面向外。再用两手中指接住餐巾，并控制好下一个褶裥的距离。拇指、食指的指面握紧餐巾向前推折至中指外，用食指将推折的褶裥挡住，中指腾出去控制下一个褶裥的距离，三个手指如此互相配合。

折可分为直线折和斜线折两种方法，两头一样大小的用直线折，一头大一头小或折半圆形或圆弧形的用斜线折。折的要领是折出的褶裥均匀整齐。

关键提示：折裥时，工作台面要干净光滑，否则推折时会发涩，影响效果，还会破坏餐巾。折时注意用拇指、食指紧紧握裥向前推，用中指控制间距，不能向后拉折，否则不能很好地控制折裥距离的大小。

3. 卷

卷是用大拇指、食指、中指三个手指相互配合，将餐巾卷成圆筒状。卷分直卷和螺旋卷。直卷有单头卷、双头卷、平头卷，直卷要求餐巾两头一定要卷平。螺旋卷分两种，一种是先将餐巾折叠成三角形，餐巾边参差不齐；另一种是将餐巾一头固定，卷另一头，或一头多卷，另一头少卷，使卷筒一头大，一头小。不管是直卷还是螺旋卷，餐巾都要卷得紧凑、挺括，否则会因松软无力、弯曲变形而影响造型。

关键提示：螺旋卷时要注意使用技巧，会用拇指控制卷的速度和卷筒粗细。

4. 穿

将餐巾先折好后攥在左手掌心内，用筷子一头穿进餐巾的褶缝里，另一头顶在自己身上，然后用右手的大拇指和食指将筷子上的餐巾一点一点向后拨，直至把筷子穿出餐巾为止。穿好后先把餐巾花插入杯子内，然后再把筷子抽掉，否则容易松散。根据需要，一般只穿1～2根筷子。

关键提示：穿时注意左手攥住餐巾，不要散型。穿好的褶裥要平、直、细小、均匀。

5. 攥

攥是为了使叠出的餐巾花半成品不易脱落走样，一般是用左手攥住餐巾的中部或下部，然后再用右手操作其他部位。攥在手中的部分不能松散。

关键提示：攥在手中的部分应攥紧，不能因为右手的操作而松散或散型。

6. 翻

翻大都用于折花鸟造型。操作时，一手拿餐巾，一手将下垂的餐巾翻起一只角，翻成花卉或鸟的头颈、翅膀、尾等形状。翻花叶时，要注意叶子对称，大小一致，距离相等。翻鸟的翅膀、尾巴或头颈时，一定要翻挺，不要软折。

关键提示：翻时注意叶子对称，大小适宜，距离相等，形象逼真，自然美观。

7. 拉

拉一般在餐巾花半成形时进行，把半成形的餐巾花攥在左手中，用右手拉出一只角或几只角来。拉的要领是大小比例适当，造型挺括。

关键提示：拉时一定要注意用力均匀，不要猛拉，否则会破坏花的造型。

8. 掰

将餐巾做好的褶用左手一层一层掰出层次，呈花蕾状。掰时不要用力过大，以免松散。掰的要领是层次分明，间距均匀。

关键提示：大小距离要适当，用力要均匀。

9. 捏

捏主要用于折鸟的头部造型。操作时先将餐巾的一角拉挺做颈部，然后用一只手的大拇指、食指、中指三个指头捏住鸟颈的顶端，食指向下，将巾角尖端向里压下，用中指与拇指将压下的巾角捏出尖嘴状，作为鸟头。捏的要领是棱角分明，头顶角、嘴尖角到位。

关键提示：捏鸟头时，其大小形状要根据鸟体、鸟翅而定，比例合适。

若能熟练掌握和运用这九种基本技法，经常模仿、练习、创新，再加上丰富的想象力，就能随心所欲地折出许多美丽动人的餐巾花来。

七、餐巾折花赏析

(一)准备工作

(1)操作前，服务员要将双手消毒洗净，检查餐巾有无破损和油渍等。

(2)将操作台洗净消毒擦干，或在经过消毒的托盘中进行。

(3)准备好折花所需的物品，如托盘、盘碟、筷子等，符合卫生要求。

(4)了解客人的风俗习惯和生活禁忌，慎重选用花型。

(二)餐巾折花图例

1. 餐巾袋(图 3-3-1)

餐巾袋折叠的方法：

(1)对折两层，上层再向下折；

(2)面层底边向上折 1/3；

(3)翻转；

(4)右翼向左折；

(5)左翼向右折并插入右袋中；

(6)翻转；

(7)完成，袋中可以放餐具。

2. 帆船(图 3-3-2)

帆船折叠的方法：

(1)对折两层再折成四层；

(2)折成八层三角形；

(3)左右两角折向中线；

(4)翻转；

(5)左上两角下折；

(6)上下对折；

(7)将中间四片布拉出成帆；

(8)调整成帆船形，完成。

图 3-3-1　餐巾袋

图 3-3-2　帆船

3. 风车(图 3-3-3)

风车折叠的方法：

(1)四个角向中心汇齐；

(2)左右向中线对折；

(3)上下向中线对折；

(4)捏住第二层两个角向外拉；

(5)与(4)相同；

(6)左上角向上拉,右下角向下拉；

(7)完成。

4. 雅洁(图 3-3-4)

雅洁折叠的方法：

(1)对折成三角形,再折成正方形；

(2)翻转；

(3)下角向上折；

(4)翻转；

(5)左右对折；

图 3-3-3　风车

图 3-3-4　雅洁

(6)翻转；

(7)完成。

5. 蝴蝶(图 3-3-5)

蝴蝶折叠的方法：

(1)对折成两层,再折成四层三角形；

(2)左右两个角向后折；

(3)上两层向左右掀开；

(4)顶角向下折并插入缝中；

(5)翻转；

(6)捏起中部；

(7)翻转；

(8)完成。

6. 牛角帽(图 3-3-6)

牛角帽折叠的方法：

(1)对折成三角形；

(2)左右两角向下折成正方形；

(3)下边两角向上折；

(4)下角单层向上折并翻转；

(5)左右向中心汇齐；

(6)下角向上角折；

(7)前后两片小三角向下折,完成。

图 3-3-5　蝴蝶

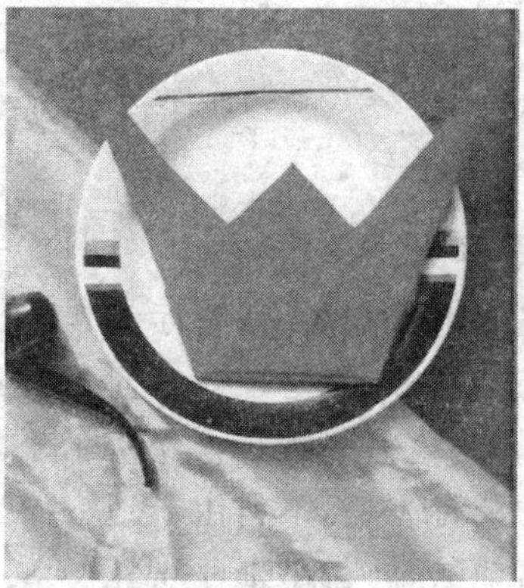

图 3-3-6　牛角帽

工作任务单 3-3

1. 简答题

(1)餐巾折花的作用。

(2)餐巾折花的种类。

(3)餐巾折花花型如何选择？

(4)餐巾折花基本技法有哪些？其中“叠”的技法是怎样的？

2.讨论题

(1)为什么现代餐饮服务更倾向使用盘花？

(2)在练习过程中，请你就餐巾折花技能谈谈个人看法。

(3)如何做到餐巾花与餐台的环境保持一致，并为之增色？

(4)查阅不同国家或民族的风俗习惯，看看他们都有哪些不喜欢的物品，而不让他们出现在我们的餐巾折花里。

(5)设计 60 岁、66 岁、80 岁、99 岁四种寿宴的餐巾折花，要求是符合传统寿宴的礼制，又不失时代感。

3.案例分析

某五星级酒店的多功能厅将为赵文昌先生与李莉女士举办盛大的婚礼，李莉女士 28 岁，是回民，赵先生 30 岁，在一家外企做高管。如果您是宴会部的主管，请您为此次婚宴设计餐巾花。

4.技能训练

(1)练习餐巾折花的基本手法：叠、折、卷、穿、攥、翻、拉、捏、掰。

(2)杯花的折叠。在规定时间内，折叠 20 种不同的杯花，并按中餐正式宴会摆放餐巾花。要求：从主人位开始逐一报花名，并介绍每一种花的应用范围和含义；花型逼真、造型优美、摆放达标。

(3)盘花和环花的折叠。在规定时间内，折叠 20 种不同的盘花和 5 种环花。要求：花型逼真、造型优美、摆放达标。

任务四 铺 台 布

◈情景导入

正值用餐高峰，某餐厅人声鼎沸，用餐的客人一拨接着一拨。餐厅服务员忙着招呼客人，上菜、结账、翻台……这时，实习生小李看到大家都很忙碌，也过来帮忙。只见一桌客人刚起身离开，另一拨客人就落了坐。小李忙着收台，擦净桌面后，开始铺台布。她采用了撒网式的铺台方法，不料由于地方窄小，台布竟罩在了等候用餐客人的身上，“啊”的一声，惊扰了其他的客人，小李吓得竟惊在了那里……可见，铺台布这项技能对于餐厅员工来说也是相当重要的。

你了解台布吗？你会铺台布吗？今天我们一起走进课堂，共同学习铺台布的知识吧！

◈任务分析

台布是餐厅摆台所必备的物品之一。台布的规格及色泽的选择，应与餐台的大小、餐厅的风格协调一致。铺台布为宾客提供一个舒适的就餐场所，也是餐厅服务工作中的基本要求。铺台布的要点：一是美观，二是实用。铺台布的准确性有利于后面各项物品的定位，因此要加强该项技能的训练。

◈任务要求

知识要求：

1. 了解台布的种类和铺设前的准备工作；

2. 掌握台布的铺设方法；

3. 熟练掌握铺台布服务的程序；

4. 明确铺台布的注意事项。

能力要求：

1. 认真掌握餐桌台布的铺置技巧；

2. 掌握台布的铺法，能够正确迅速地将台布一次铺好。

素质要求：注意餐桌铺台的细节表现及注意事项，培养学生规范化服务意识。

◈相关知识

一、选择餐台

选择餐台，是中、西餐摆台服务的第一道工序。选择餐台的原则是：一要了解不同餐台的形状与规格，二要根据客人就餐人数选择大小适宜的餐台。

（一）中餐餐台

中餐餐台常见的有圆台和方台两种。

1. 圆台

圆台的规格大小不同，其直径有 150 cm、160 cm、170 cm、180 cm、200 cm、220 cm、240 cm、260 cm 等。圆台的底台或台架高度一般为 80 cm。由于每次用餐客人的人数不同，因此在选用餐台时，应根据客人的就餐人数选择大小适宜的餐台。通常情况下，4 位客人一般选择直径 120 cm 的餐台，6 人台是 140 cm，8 人台是 160 cm，10 人台是 180 cm，12 人台是 200 cm，14 人台是 220 cm，16 人台是 240 cm，18～20 人台是 260 cm。

2. 方台

餐厅的方台其规格有 90 cm×90 cm、100 cm×100 cm 和 110 cm×110 cm 三种。一般情况下，1～2 位客人适宜选用 90 cm×90 cm 的方台，3～4 位客人适宜选用 100 cm×100 cm 的方台。如果是正式宴会，4 位客人适宜选用 110 cm×110 cm 的方台。

（二）西餐餐台

选用西餐餐台时，应根据用餐形式不同、规格不同、人数不等选用大小、形状不同的餐台。西餐餐台有长方形餐台、正方形餐台、一字形餐台、U 字形餐台、马蹄形餐台、T 字形餐台、E 字形餐台、梳子形餐台等。如 1～2 位客人一般选用方形餐台，3～8 位客人则可根据客人的人数选择大小适宜的长方形餐台，9～10 位客人一般可选用一字形餐台，11 人以上可根据客人的就餐规格、形式要求及具体人数选择适宜的不同形状的餐台。

二、台布的种类与规格

（一）台布的种类

餐厅通常会使用亚麻布、棉或其他材质的台布。台布的铺设，给人一种豪华、柔和、宁静之感，且让餐厅感觉起来较有水准。在餐厅中，有许多不同尺寸及形式的桌子及桌布，而且洗烫过后也有多种不同的折叠方式。

按台布的颜色分，有黄色、红色、绿色、白色、粉色等，大多数餐厅常使用白色台布。选择台布的颜色，要与餐厅的风格、装饰、环境相协调。

按台布的形状分，有圆形台布、正方形台布、长方形台布、异形台布等。正方形常用于方台或圆台，长方形则多用于西餐各种不同的餐台，圆形台布主要用于中餐圆台。

按台布花型图案分，有提花、散花、团花、工艺绣花等，其中提花图案台布使用较多。

按台布的质地分，有化纤台布、塑料台布、纯棉台布、绒质台布等，其中纯棉台布吸湿，因此使用较多。

台布的规格及色泽的选择，应与餐台的大小、餐厅的风格协调一致。

(二)台布的规格

台布的规格大小有多种，经常使用的有 140 cm×140 cm、160 cm×160 cm、180 cm×180 cm、200 cm×200 cm、220 cm×220 cm、240 cm×240 cm、260 cm×260 cm 等的台布。

使用时应根据餐桌的大小选择适当规格的台布。如 140 cm×140 cm 的台布适用于 90 cm×90 cm 的方台上；160 cm×160 cm 的台布适用于 100 cm×100 cm、110 cm×110 cm 的方台上；180 cm×180 cm 的台布适用于直径 150 cm、直径 160 cm 的圆台上；200 cm×200 cm 的台布适用于直径 170 cm 的圆台上；220 cm×220 cm 的台布适用于直径 180 cm 或 200 cm 的圆台上；240 cm×240 cm 的台布适用于直径 220 cm 的圆台上；260 cm×260 cm 的台布适用于直径 240 cm 的圆台上。

除了方台布外，还有长方形台布，如 160 cm×200 cm、180 cm×300 cm 等不同规格。这类台布用于长方台及西餐各种餐台，可根据餐台的大小形状选用不同数量的台布，一块不够用时可随意拼接。在拼接时注意将接口处接压整齐。

三、台布铺设的准备工作

在铺台布之前，应该做好以下工作：

(1)铺台布之前，首先应将所需餐椅按就餐人数摆放于餐台的四周，使之呈三三两两的并列状。

(2)服务人员应将双手洗净，并对准备铺用的每块台布进行仔细的检查，发现有残破、油渍和皱褶的台布则不能继续使用。

(3)选择熨烫整洁的与餐桌大小相配套的桌布。

(4)应根据餐厅的装饰、布局确定席位。

(5)操作时，餐厅服务员应将副主人位餐椅拉开至右侧餐椅后边，餐厅服务员站立在副主人餐椅处，将选好的台布放于副主人处的餐台上。

铺台布时，双手将台布打开并提拿好，身体略向前倾，运用双臂的力量，将台布朝主人座位方向轻轻地抛抖出去。在抛抖过程中，做到用力得当，动作熟练，一次抖开并到位。

【知识链接 3-4-1】

台布的熨烫

清洗后的台布要熨烫，铺设好台布后，也要熨烫，一般使用便携式熨斗、台式熨斗进行熨烫。基本方法是：先熨烫台面，后熨烫下垂部分或裙布，熨烫下垂部分或裙布时，将其翻上台面从背面进行熨烫，然后把其放下，一般先从副主人位，按顺时针方向进行熨烫，在熨烫接口处要有一定的重叠；熨烫时注意熨烫的一般常识，不要出现明光等现象。

四、铺台布的方法

台布铺设是将台布舒适平整地铺在餐桌上的过程。各式各样的餐厅经营的类别与模式不同，选用的台布材质、造型、花色等方面都有所不同，不同的餐台可采取不同的铺设方法。

(一)圆台

圆台铺台布的常用方法有三种：

1. 推拉式

即用双手将台布打开后放至餐台上，将台布贴着餐台平行推出去再拉回来。这种铺法多用于零餐餐厅或较小的餐厅，或因有客人就座于餐台周围等候用餐时，或在地方窄小的情况下选用。

2. 抖铺式

即用双手将台布打开，平行打折后将台布提拿在双手中，身体呈正位站立式，利用双腕的力量，将台布向前一次性抖开并平铺于餐台上。这种铺台方法适合于较宽敞的餐厅或在周围没有客人就座的情况下进行。

3. 撒网式

即用双手将台布打开，平行打折，呈右脚在前、左脚在后的站立姿势，双手将打开的台布提拿起来至胸前，双臂与肩平行，上身向左转体，下肢不动并在右臂与身体回转时，台布斜着向前撒出去，将台布抛至前方时，上身转体回位并恢复至正位站立，这时台布应平铺于餐台上。抛撒时，动作应自然潇洒。这种铺台方法多用于宽大场地或技术比赛场合。

【知识链接 3-4-2】

铺　台　裙

除了用台布美化餐台外，中餐宴会还用各式桌裙对餐台做进一步的美化。桌裙的种类主要有三种类型，即波浪形、手风琴形和盒形。较为华丽的桌裙还附加不同类型的装饰布件，同时对椅子也加上配套的椅套，以显高贵、华丽、整洁、美观。

(1)围挂　台布铺好后，顺桌沿将台裙围在桌沿处的台布上，每隔 15 cm 用一个尼龙搭扣固定。台裙顶边需与桌沿保持平整，不得凸起或凹下。整理台裙，使四周下垂均匀整齐。

(2)接口　如使用两张台裙围台时，要保证接缝处无间隙，台裙接口不留在主位位置。

(二)方台和长台

西餐一般多用方台和长台。普通方台台布的铺设可以参照圆台台布的铺设方法。较长的餐台，台布一般由两个人合铺，需要几块台布拼铺在一起。服务员可以从餐台一端铺起，直到另一端。两个人分别站在餐台两侧铺设台布。铺设时，台布与台布之间的折缝要吻合，连成一线。铺好的台布要做到折缝居中，平挺无皱，两端和两侧下垂部分都对边相等。

(三)铺台布的注意事项

铺台布时，台布不能接触地面，台布中间折纹的交叉点应正好在餐台的中心处，台布的正面凸缝朝上，中心线直对正、副主人席位，四角呈直线下垂状，下垂部分距地面距离相等，铺好的台布应为平整无皱纹。铺好台布后，应将拉出的餐椅送回原位。

◆工作任务单 3-4

1. 简答题

(1)饭店餐厅台布的规格大小不等，普遍使用的是 140 cm、160 cm、180 cm、200 cm、220 cm、240 cm、260 cm 见方的台布。请问：如何根据餐桌的大小来选择适当规格的台布？

(2)怎样才能使台布铺得又快又好？哪种铺设方法更适合你？

(3)在练习过程中，请你就铺台布的小技巧谈谈个人看法。

2. 技能训练

(1)10 秒钟内完成一张餐台的铺台。

测试标准

项目	质量要求	分值	得分
站位	站立于副主人位	10	
铺台布	手法正确，自然	15	
	一次定位准确	15	
	台布正面向上，布面平整	5	
	台布中缝线对正主人位和副主人位	15	
	十字中点落在餐台圆心上	15	
	四角离地面距离相等	20	
	时间符合要求	5	

(2)练习台布的熨烫与折叠。

任务五　摆台服务

◆情景导入

小刘是某饭店中餐厅一名服务人员，她不但善于察言观色，而且还经常和同事一起讨论、研究餐饮服务中的一些细节问题，以提高自己的服务水平，让客人满意而归。但最近，她发现很多客人到餐厅坐下后的第一件事就是将面前的餐具往里面移，然后双手靠在餐桌上，点菜、喝茶,或者聊天。于是,在下午餐间休息时,小刘便对餐厅陈经理说:"经理,我有一个不成熟的建议,不知您想不想听?"陈经理饶有兴致地问:"是什么建议?快说来听听。"小刘便说:"我们酒店摆台时规定将骨碟摆放在距桌边 1.5 cm 的地方,这对客人似乎不是很方便。我最近也发现不少客人坐下后都是先将桌上的餐具往里移一下,然后再开始点菜。陈经理马上说:"小刘,这是一个非常好的建议,我会尽快向上级汇报,看看能否采用。"3 天后,陈经理在饭店餐饮部员工大会上宣布:"经上级批准,为了方便客人,我们餐厅的摆台将骨碟摆放在距桌边 1.5 cm 的定位改为 3 cm。这个改动是小刘提出来的,非常好,希望所有员工都向她学习。"从此以后,小刘在餐厅再也没有发现客人移餐具的现象了。目前,中餐摆台的很多做法和标准都是从西餐摆台中移植过来的,但到底是否符合中餐的用餐要求和中国人的用餐习惯,对此还缺乏深入的分析和研究。确实,现在餐厅中有些用品的摆放就没有考虑到客人的使用方便和中国人的生活习惯。

请问:如果考虑到客人的使用方便和中国人的生活习惯,餐厅应该如何摆台,需掌握哪些知识与技能呢?

◈任务分析

摆台是餐饮服务中要求比较高的基本技能,它直接影响到服务质量和餐厅的整体形象。摆台要求做到清洁卫生、整齐有序、各就各位、放置得当、方便就餐、配套齐全。这样既可以保证用餐环境的方便舒适,又可以给就餐的客人以良好的心境感受,创造一个温馨舒适的就餐环境。

◈任务要求

知识要求:

1. 熟练掌握中西餐便餐摆台和宴会摆台的程序;
2. 明确摆台的注意事项。

能力要求:熟练掌握摆台的方法、标准及程序,达到规范操作,技能娴熟。

素质要求:摆台操作姿态优美,托盘端托平稳,摆放餐具轻拿轻放。

◈相关知识

一、摆台概述

摆台是服务人员根据就餐人数和规格,将各种餐具规范有序地铺设到餐桌上的服务工作。各地区、各饭店的摆台方式大体相同,但有些饭店也会根据实际就餐情况规范自己的摆台方式,其最终的目的都是方便客人就餐和服务员的操作。

摆台包括布置餐桌、铺台布、安排席位、准备用具、摆放餐具、美化席面等。铺设后的餐台要求做到台形设计考究、合理,席位安置有序,符合传统习惯,小件餐具等的摆设配套、齐全、整齐一致,既方便用餐,又有利于席间服务,还要具有艺术性,所有物料用品需清洁卫生。

摆台在日常的餐饮工作中大致分为中餐摆台和西餐摆台,中西餐摆台又可以分为便餐摆台和宴会摆台。

【知识链接 3-5-1】

摆台要求与标准

(1)摆台要求　摆台操作前,应将双手进行清洗消毒,对所需的餐、饮用具进行完好率的检查,不得使用残破的餐、饮用具。

(2)摆台标准　餐、酒用具的摆放要相对集中,各种餐、酒用具要配套齐全;摆放时距离相等,图案、花纹要对正,做到整齐划一,符合规范标准;做到既清洁卫生,又有艺术性;既方便宾客使用,又便于服务人员操作。

二、中餐摆台

(一)摆台用具

摆台用具主要包括两大类:瓷器和玻璃器皿。

1. 瓷器

(1)餐碟(也称骨碟、渣盘)　餐碟是进餐中吃冷、热菜和放骨、刺等用的盘,一般选用直径15 cm左右的圆盘。

(2)衬盘(垫盘)　放在餐碟下面的衬盘,主要起美化台面的效果,一般高级宴会用得较多。其颜色和款式变化也较多,制作材料有金属、瓷器、水晶、有机玻璃等。

(3)汤碗　是用作盛汤或接吃带有汤汁的菜肴,一般选用直径为9～10 cm的小碗。高级和重要宴席汤碗放在镀金或银器碗托里。

(4)汤勺　有瓷制的小汤勺,也有金属制的长柄勺。长柄勺主要用作公用勺,摆放在筷架上备用。小汤勺用作盛汤、吃甜点或带有汤汁的菜肴,一般摆放在汤碗或味碟里。

(5)味碟　味碟用于盛放辣酱、酱油、醋、姜汁、芥末等调味品,一般选用直径为7～10 cm的小碟。

(6)筷架　筷架的作用是将筷子前端架起,避免与桌面接触,保证卫生。筷架有瓷制品,也有金属制品、木制品等,其形态不一,经过改良后的筷架还可放置长柄汤勺,又叫做筷子公羹架。

(7)香巾碟　放置热毛巾的小碟子。香巾碟有瓷制的、水晶的、金属的、竹制的等,形态不一,造型各异。

2. 玻璃器皿

主要指酒具,包括烈性酒杯、甜酒杯、黄酒杯、饮料杯等。

3. 其他餐具

如台布、牙签、筷子、餐巾等物品。

(二)中餐便餐摆台

中餐便餐有两种形式,一种是包餐,另一种是零点。包餐标准固定、人数固定、餐桌固定,一般是10人一桌,座位无主次之分。零点则不固定桌次,由客人任选座位,入座后按菜单点菜。便餐摆台分早餐摆台和午晚餐摆台两种。

1. 摆台前的准备

(1)洗净双手。

(2)领取各类餐具、台布、桌裙等。

(3)用干净的布巾擦亮餐具和各种玻璃器皿，要求无任何破损、污迹、水迹、手印等。

(4)检查台布是否干净，是否有皱褶、破洞、油迹、霉迹等，对不符合要求的应进行调换。

(5)折餐巾花。

2.铺台布

铺台布时，服务员站在主位一侧，用双手将台布抖开铺在桌面上。台布正面向上，中心线对准主位、副主位，十字中心点居于餐桌正中心，台布四角下垂分布均匀。若是圆台布则台布边缘距地面相等。铺好的台布应舒展平整，同一餐厅所有餐桌台布的折缝要横竖统一，然后再将转圈和转盘放于中心点上。

3.摆餐具

(1)早餐摆台　中式早餐摆台比较简单，一般是将骨碟摆在座位正中，距桌边约 1 cm。汤碗或小饭碗摆在骨碟左侧。筷子装在筷套内摆在骨碟的右侧。汤勺摆在汤碗内，勺把朝向同一方向(图 3-5-1)。

(2)午、晚餐摆台　午、晚餐摆台与早餐摆台基本相同，只是在餐碟前面加放一个水杯，将叠好的餐巾花摆在餐碟内或插放在水杯中。摆放时，要求桌面上各种餐具、用具摆放有条理，整齐、一致、美观大方(图 3-5-2)。

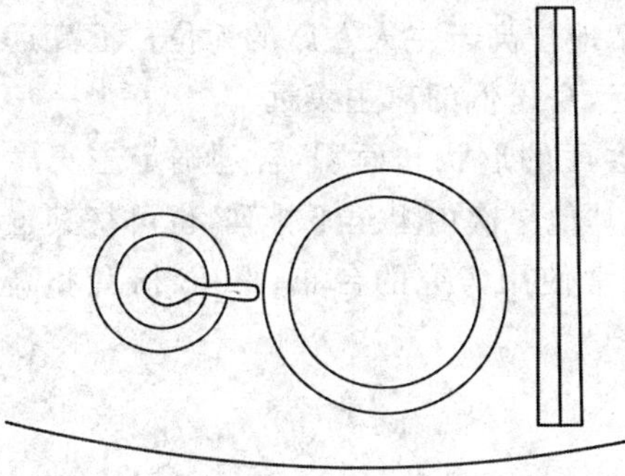

图 3-5-1　中餐早餐摆台

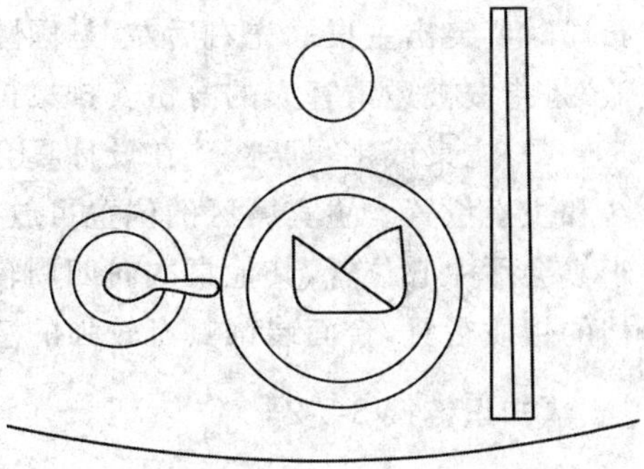

图 3-5-2　中餐午、晚餐摆台

(3)粤菜零点摆台　粤菜是我国很有影响的菜系之一，全国各大城市的粤菜酒楼也比比皆是。粤菜零点摆台与一般午、晚餐摆台有所不同，其摆台方法是：骨碟摆放在座位正中，距桌边约 1 cm。筷子装在筷套内摆在骨碟右侧。骨碟左前方摆放小汤碗，碗中放小汤勺，勺柄朝向同一方向(或左或右)。骨碟右前方摆放味碟。味碟与汤碗的上方，同时也是骨碟与转盘中心点连线上摆放水杯。筷子右边放茶盘和茶杯，杯柄朝右。餐巾花放在骨碟中(图 3-5-3)。

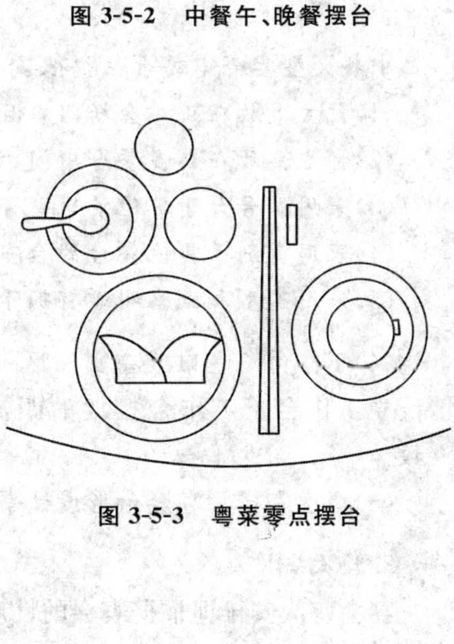

图 3-5-3　粤菜零点摆台

虽然国内各地区和菜系习惯各不相同，各企业的服务规范各异，摆台方法也不尽相同，但从总体上看，基本摆法是大同小异的。

4. 中餐便餐摆台注意事项

(1)集体用餐或几位客人共同进餐时，应摆放公用筷架，供主人为宾客派菜和其他人取菜用。

(2)公筷、公勺放在公用筷架上，摆在个人用餐餐具上方或转台上。

(3)调羹可放入口汤碗或调味碟内。

(4)餐桌上使用的瓶花，其高度应以不妨碍客人视线为宜。

(5)消毒筷子应用筷套封装。

(三)中餐宴会摆台

1. 合理布局

合理布局是指饭店根据客人宴会主题、人数、接待规格、习惯禁忌、特别要求以及宴会厅的结构、形状、面积、空间、光线、设备等情况所设计的宴会餐桌排列组合的总体形状和布局。宴会餐桌设计布局的要求是：合理利用宴会厅的固有条件，表现主办人的意图，体现宴会的规格标准，烘托宴会的气氛，便于客人就餐和服务员席间服务。

(1)餐桌与餐椅　中餐宴会10人标准餐台一般使用直径180 cm的圆桌。宴会餐桌标准占地面积一般每桌10～12 m^2，桌与桌之间纵距一般为2 m，横距一般为1.5 m。

(2)台形布局　一般采取“中心第一，先右后左，近高远低”的原则安排。“中心第一”是指布局时要突出主桌；“先右后左”是国际惯例，即主人的右席地位高于主人左席的地位；“近高远低”是指按被邀请客人的身份安排桌位，身份高的离主桌近，身份低的离主桌远。

(3)主桌或主宾席区　在设计宴会台形时，要根据宴会厅的形状和面积，合理确定主宾席区和主桌位置。主宾席区的位置可放在宴会厅上首位置，其他桌次由上至下排列，也可将其置于宴会厅中心位置，其他桌次向四周辐射排列。主桌上通常使用考究的台布、桌裙、椅套和高档的银质餐具，台面装饰具有较强的感染力。

【知识链接3-5-2】

确 认 主 桌

中餐大型宴会中餐台往往很多，为突出主桌，根据宴会主题和会场情况可采用以下方法：

(1)把主桌放在正对会场门口且显眼的位置。

(2)把主桌放在众多餐台中间。

(3)采用型号大于其他餐台型号的餐台作为主桌。

(4)采用有别于其他餐台的台布来装饰主桌。

(5)采用造型和风格明显有别于其他餐台的餐台插花来装饰主桌。

(4)工作台　主桌或主宾席区一般设有专门的工作台，其余各桌依照服务区域的划分酌情设立工作台。工作台摆放的距离要适当，便于操作，其装饰布置应与宴会厅气氛协调一致。

(5)桌次安排　宴会台形设计平面效果应力求图案的错落有致和对称协调。

2. 座次安排

宴会座次安排即根据宴会的性质、主办单位或主人的特殊要求，根据出席宴会的宾客身份确定其相应的座位。座次安排必须符合礼仪规格，尊重风俗习惯，便于席间服务。

以 10 人一桌的正式宴会为例：主人通常坐在面向门能综观全局的位置，副主人与主人相对而坐；主人的右左两侧分别安排主宾和第二主宾，副主人的右左两侧分别安排第三、第四主宾，其他为陪同席。有时，主人的左侧是第三主宾，副主人的左侧是第四主宾。

多桌宴会主座次安排的重点是定主人位。以主桌主人位为基准点，各桌主人位的安排有两种方法：一种是各桌主人位置与主桌主人位置相同并朝向同一个方向；另一种是各桌主人位置与主桌主人位置遥相呼应。

座次的具体安排通常由座次卡体现。座次卡是根据饭店总体形象而设计出的精美的卡片，上面注明客人名字。字迹要求清楚、整齐。一般中方宴请则将中文写在上方，外文写在下方，反之亦然。大型宴会一般预先将客人座次打印在请柬上，以便客人抵达时能迅速找到自己的座位(图 3-5-4)。

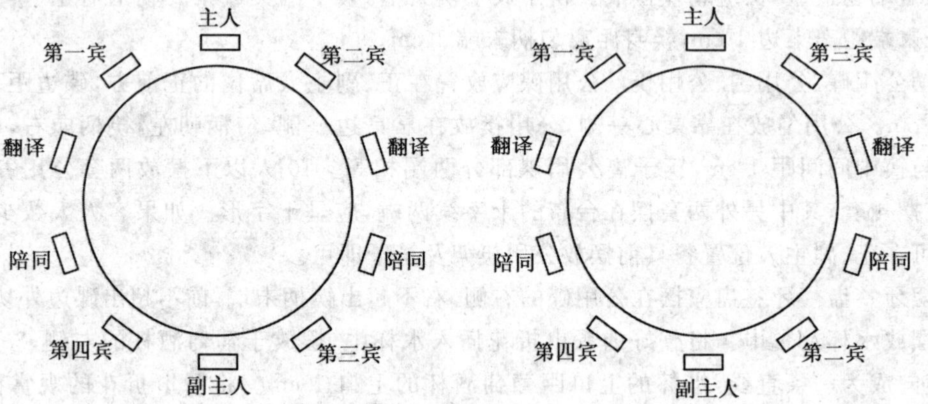

图 3-5-4　中餐宴会座次安排

【小提示 3-5-1】婚宴、寿宴的座次安排应根据中国传统的礼仪和风俗习惯，通常以“高位自上而下，自右而左，男左女右”为原则，这样既体现了“以右为上”的原则，同时男女搭配入座，还可以活跃气氛。

3. 摆台前的准备

与便餐摆台前的准备相同。

4. 铺台布、放转盘、围桌裙、配餐椅

(1)中餐宴会一般使用直径为 180 cm 的 10 人圆桌，台布选用 240 cm 的方台布或圆台布。

(2)玻璃转盘摆在桌面中央的转圈上，检查转盘是否能正常工作。

(3)规格较高的宴会还要在圆桌外沿围上桌裙。

(4)按宴会出席人数配齐餐椅，以 10 人为一桌，一般餐椅放置为三三、两两，即正、副主人侧各放 3 张餐椅，另两侧各放两张餐椅，椅背在一条直线上。

5. 摆餐具

(1)摆骨碟　将餐具码好放在垫好餐巾的托盘内，左手端托盘，右手摆放。从正主人位开始按照顺时针方向依次摆放。碟与碟之间距离相等，碟距桌边 1 cm。正、副主人位的骨碟应摆放于台布凸线的中心位置。

【小提示 3-5-2】骨碟的正确定位。10 个骨碟要均匀地分布在圆台面上,可以多找几个参照物,借助参照物来帮助定位。一是利用台布的折缝线来帮助定位;二是利用餐台鲜花及先摆放好的餐具协助定位。

(2)摆勺垫、瓷勺　勺垫摆在骨碟的正前方。勺垫边沿距骨碟边沿 1 cm,勺垫的中心置于骨碟的中心线上。瓷勺摆在勺垫的中央,勺柄朝右。

(3)摆酒具　葡萄酒杯杯柱应对正骨碟中心,葡萄酒杯底托边距勺垫边 1 cm;白酒杯摆在葡萄酒杯的右侧,杯口与杯口距离 1 cm。酒具的花纹要对正客人。摆放时,酒杯应扣放于托盘内。操作时,手取拿酒杯的杯座处,不能触碰杯口部位。

(4)摆筷架和筷子　筷架应放在骨碟的右侧,与勺垫的横向中心为一条线,注意造型、图案。如果是动物造型,头应朝左摆放。筷子放于筷架上,筷子图案或字要朝上对正(筷子套同样),筷子末端距离桌边 1 cm,筷身距离勺柄末端 1 cm。

(5)摆公用碟、公用勺、公用筷　公用碟应放置在正、副主人席位的正前方,碟边距葡萄酒杯底托 2 cm。公用勺放在靠桌心一侧,公用筷放在靠桌边一侧,勺柄朝左,筷柄向右,成为对称形,勺与筷中间间距 1 cm,筷子离公用碟部分两端相等。10 人以下摆放两套公用餐具,12 人以上应摆 4 套,其中另外两套摆在台布的十字线两端,应呈十字形。如果客人人数少,餐桌较小时,可在正、副主人位置餐具前摆放公用筷架及筷子即可。

(6)摆牙签盅　牙签盅应摆在公用碟的右侧,右不超出筷柄末端,前不超出碟边外切线。

(7)摆放水杯及餐巾　将叠好的餐巾折花插入水杯中,摆放于葡萄酒杯的左侧,3 套杯的中心应横向成为一条直线,水杯的上口距葡萄酒杯的上口 1 cm。将餐巾折花的观赏面朝向客人。

(8)摆餐椅　围椅从第一主人位开始按顺时针方向依次摆放,餐椅椅座边沿刚好靠近下垂台布为准,餐椅之间距离均等。

【知识链接 3-5-3】

摆　餐　椅

(1)摆法

4 人桌,正、副主位方向各摆两位。采取十字对称法。

6 人桌,正、副主位方向各摆 1 位,两边各摆 2 位。采用一字对中,左右对称法。

8 人桌,正、副主位方向各摆 2 位,两边各摆 2 位。采用十字对中,两两对称法。

10 人桌,正、副主位方向各摆 3 位,两边各摆 2 位。采用一字对中,左右对称法。

12 人桌,正、副主位方向各摆 3 位,两边各摆 3 位。采用十字对中,两两相间法。

(2)注意事项

一是整体的统一,即所有台椅都必须对齐;

二是注意椅与台的距离。椅子的座位边沿以刚好靠近下垂台布为准,椅子与椅子并排,椅背相连。

单桌宴会中,椅子的摆法如图 3-5-5 所示。

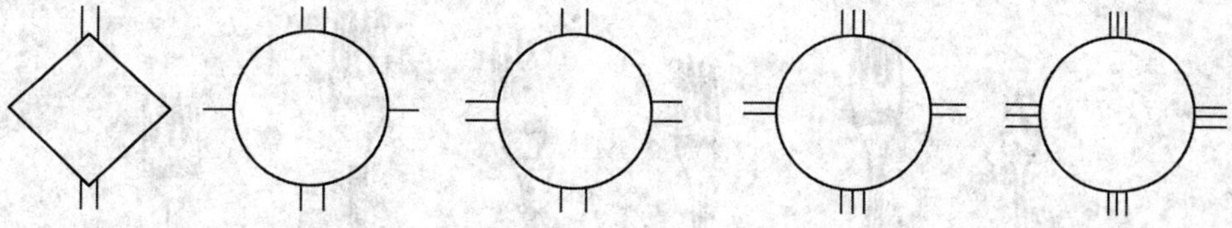

图 3-5-5 椅子的摆法

注："— "代表椅子所在位置。

(9)摆菜单、台号 一般 10 人以下摆放两张菜单，摆放于正、副主人位的左侧。平放时菜单底部距桌边 1 cm，立放时菜单开口处分别朝向正、副主人。12 人以上应摆放 4 张菜单，并呈"十"字形摆放。

大型宴会应摆放台号。台号一般摆放在每张餐台的下首，台号朝向宴会厅的入口处，使客人一进餐厅便能看到。

(10)摆插花 转台正中摆放插花或其他装饰品，以示摆台的结束。

【小提示 3-5-3】为提高服务效率，在摆放以上物品时，可以用托盘分 5 次端托。第一托：骨碟 10 个、勺垫 10 个、瓷勺 10 把。第二托：葡萄酒杯、白酒杯各 10 个。第三托：筷子架 10 个、筷子 12 双、公用餐碟(骨碟)2 个、公用勺 2 把、牙签盅 2 个。第四托：水杯 10 个(已插放好折叠成形的餐巾花)。第五托：牙签盅、菜单、台号、其他装饰物等。

6. 摆台后的检查工作

摆台后再次检查台面餐具有无遗漏、破损，餐具摆放是否符合规范，餐具是否清洁光亮，餐椅是否配齐。

三、西餐摆台

(一)西餐餐具认知

"工欲善其事，必先利其器"，服务员要想做好每日的服务工作，就必须对自己每天所接触的东西了如指掌。西餐餐具品种繁多，主要分为金属餐具、玻璃餐具、瓷器餐具和其他用具等。每种餐具用途各异，一般不能混用，下面就各种餐具作简要介绍。

1. 餐叉类

餐叉主要有不锈钢的、铝合金的或银质的几种。餐叉按照其大小、形状和用途又可分为正餐叉、鱼叉、甜品叉、海鲜叉、服务用叉等(图 3-5-6)。

(1)海鲜叉 又叫小号叉，主要用于吃海鲜类菜肴，也可用于吃小盘菜、点心和水果。

(2)鱼叉 又叫中号叉，比正餐叉稍小，叉齿薄而尖，与鱼刀共同使用，主要用于吃鱼等中盘菜，吃色拉和甜点时也可使用。

(3)蛋糕叉 主要用于食用蛋糕。

(4)甜点叉 也称作中叉，食用甜点、水果。

(5)正餐叉 又叫大号叉，主要用于吃大盘菜，也可作为分菜叉用。

(6)服务叉 又称派餐叉、分菜叉。一种大型的叉，全长约 24 cm，与服务匙搭配使用，主

图 3-5-6 餐叉

1. 海鲜叉 2. 鱼叉 3. 蛋糕叉 4. 甜点叉 5. 正餐叉 6. 服务叉

要用于桌边分菜服务。

2. 餐刀类

餐刀也是西餐中不可缺少的用具，材质有不锈钢、合金铝和银质的几种。餐刀按其形状大小及用途主要分为正餐刀、牛排刀、鱼刀、甜品刀、黄油刀、水果刀等(图 3-5-7)。

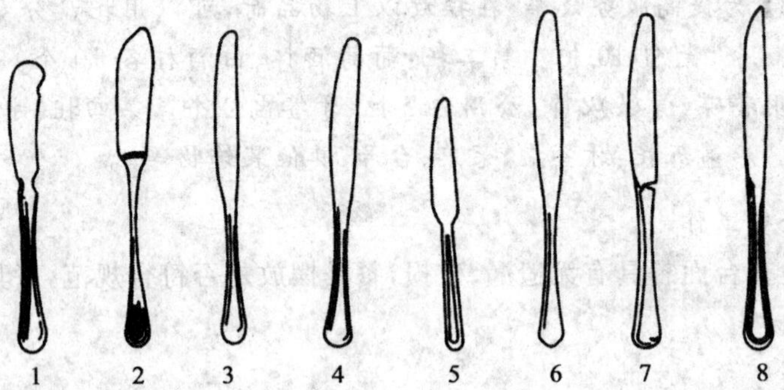

图 3-5-7 餐刀

1. 黄油刀 2. 鱼刀 3、4. 甜点刀 5. 水果刀 6、7. 正餐刀 8. 牛排刀

(1)黄油刀 一种小型号的餐刀，其用途是吃面包等点心时，分割黄油或其他果酱。

(2)鱼刀 一种小号刀，一般配鱼叉使用，主要用于吃鱼类菜肴和其他中盘菜品。

(3)正餐刀 又叫大号刀、主菜刀，全长约 20 cm，配合正餐叉一起使用，用于食用主菜时切割菜肴。

(4)牛排刀 一种刀身细长、刀片较薄的刀，比餐刀锋利，有明显的锯齿状刀刃，主要用于吃各种排菜，如牛排等。

3. 餐匙类

西餐匙按形状、大小和用途可分为冰茶匙、甜点匙、汤匙、茶匙、咖啡匙等(图 3-5-8)。

(1)清汤匙 又名汤勺，是一种大号匙，主要用于食用清汤、红汤等汤菜。

(2)甜点匙 用来食用布丁等各种甜点。

(3)小杯咖啡匙 一种精巧的小号匙，主要用于饮用小杯咖啡、牛奶和可可饮料。

(4)服务用匙 又可叫分勺、分匙，是一种大型匙，全长在 24cm 左右，主要用于分派各种汤菜。

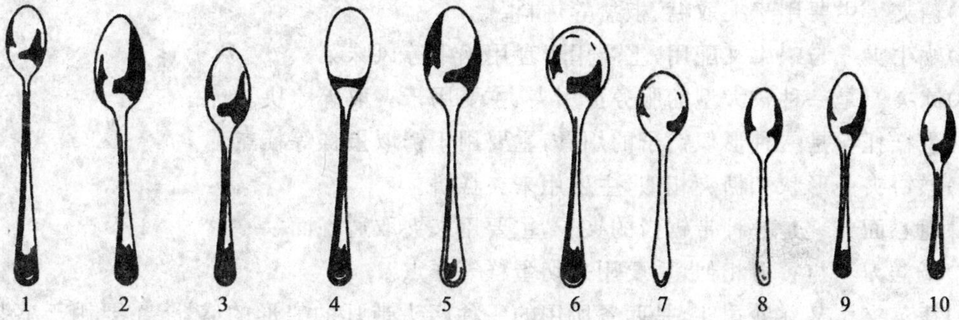

图 3-5-8　餐匙

1. 冰茶匙　2、3. 甜点匙　4. 法式调味汁匙　5. 大汤匙　6. 浓汤匙
7. 清汤匙　8. 茶匙　9. 咖啡匙　10. 小杯咖啡匙

(5)茶匙　搅拌茶、咖啡及杯装甜点，与糖匙搭配使用。

(6)冰淇淋匙　前端平齐的小勺，吃冰淇淋的专用匙。

(7)小杯咖啡匙　用于搅拌浓缩咖啡。

除上述常用的西餐餐具外，还有许多异形的专用的餐具和服务用具，如龙虾叉、牡蛎叉、蚝叉、蜗牛夹、龙虾签、蛋糕刀、切肉刀、剔骨钢刀、冰夹、糕饼夹、糖夹、通心面夹、蛋糕托匙(图 3-5-9)。

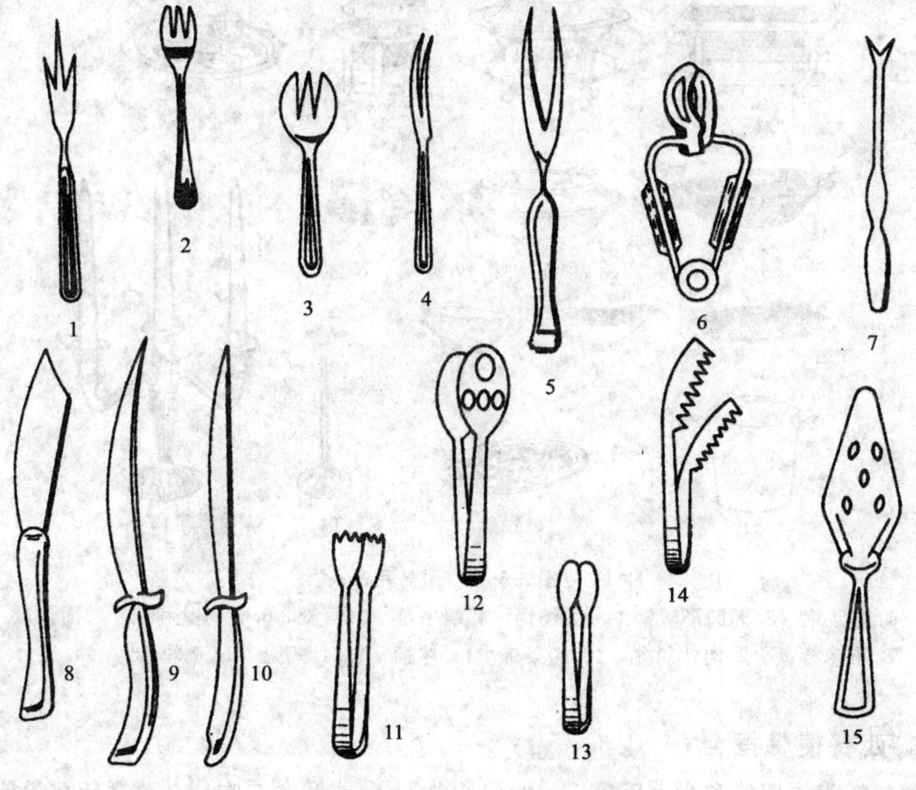

图 3-5-9　专用餐具及服务用具

1. 龙虾叉　2. 牡蛎叉　3. 蚝叉　4. 蜗牛叉　5. 切肉叉　6. 蜗牛夹钳　7. 龙虾签　8. 蛋糕刀
9. 切肉刀　10. 剔骨钢刀　11. 冰夹　12. 糕饼夹　13. 糖夹　14. 通心面夹　15. 蛋糕托匙

(1)糖夹　主要用于夹取糖、椒盐等佐料。

(2)蜗牛夹　与蜗牛叉配用,主要用于食用蜗牛等风味菜。

(3)冰夹　是一种较大型的服务员用夹,主要用于夹取碎冰块。

(4)蛋糕托　是一种形似铲子的用具,主要用于铲取蛋糕等糕点。

(5)糕饼夹　形状和糖夹相似,主要用来夹糕饼。

(6)通心面夹　是一种带锯齿的夹子,主要用来夹取通心面。

(7)蛋糕刀　与餐刀相似,主要用来切蛋糕等糕点。

(8)蔬菜夹　又称沙司斗,是西餐所用的一种两头带耳的船形的盛器,主要用于盛装蔬菜类的菜肴,为服务员派菜时所用。

(9)盅　形似糖缸又比糖缸小的盛器。西餐餐台上常用的盅器有果酱盅、蛋盅、盐盅、洗手盅以及白脱盅、糖盅等多种。果酱盅主要用于盛装各色果酱,蛋盅主要用于盛装煮鸡蛋,盐盅主要用于盛装椒盐等调料,洗手盅用于盛水供客人就餐时洗手用。常用的盅有瓷器和玻璃器两种,较高级的酒楼饭店也有银质的盅器。

(10)坚果捏碎器　主要用于食用核桃等各种坚果。

此外,还有一些体积较大的服务用品,如暖锅、汤锅、酒篮、面包篮、调味盅、鳄梨碗、蜗牛盘、牡蛎盘、玉米棒盘、冰桶及冰桶夹、烛台等(图 3-5-10)。

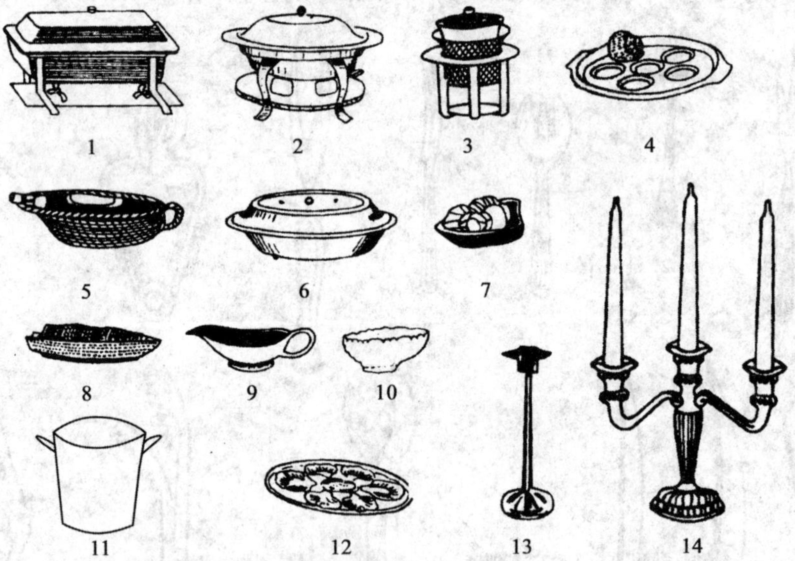

图 3-5-10　服务用品

1.方暖锅　2.椭圆形暖锅　3.大汤锅　4.蜗牛盘　5.酒篮　6.食物盆和盖　7.面包篮　8.玉米棒盘　9.肉汁船盆　10.鳄梨碗　11.冰桶　12.牡蛎盘　13.冰桶架　14.烛台

(二)西餐便餐摆台

西餐包括集体用餐和个人用餐。一般用长台、方台或圆台。吃什么菜摆什么餐具,喝什么饮料摆什么饮具。座位一般无主次之分。便餐摆台分为早餐摆台和午、晚餐摆台。其做法如下:

1. 铺台布

铺台布前，先在餐台上铺一块用毛毡或泡沫做的台垫，以避免餐具与台面碰撞，再在台垫上铺台布，台布的中线折缝与餐台中线吻合，四周下垂均匀。

2. 摆餐具

(1)早餐摆台　西餐早餐有美式早餐及欧陆式早餐，摆台一般都是前一天晚上布置好的，摆台方法略有差异，要求餐具清洁，无指纹，无污痕。

①摆餐盘(直径为 24 cm)　餐盘摆在席位正中，对准椅子中线，盘边距桌边 1 cm，折好的餐巾花摆在餐盘上。

②摆餐刀、餐叉、汤匙　餐盘右侧依次摆餐刀、汤匙，刀口朝盘，匙面朝上。餐盘左侧摆餐叉，叉齿朝上。刀叉距餐盘 1 cm，刀、叉、匙后端距桌边 1 cm。

③摆面包盘(直径为 15 cm)、黄油刀　面包盘摆在餐叉左侧，距餐叉和桌边各 1 cm。黄油刀刀口朝盘心，竖放在面包盘右侧。

④摆水杯　餐刀前方摆水杯，距刀尖 3 cm。

⑤摆咖啡杯具　咖啡碟摆在汤匙右侧，咖啡碟上摆咖啡杯和咖啡匙，杯把、匙把朝右。

⑥其他　调味盅、牙签筒、烟灰缸等摆在餐台靠中心的位置上。

(2)午、晚餐摆台　西餐午餐和晚餐的摆台方法一样。

①摆餐盘　餐盘摆在席位正中，对准椅子中线，盘边距桌边 1.5 cm。

②摆餐刀、餐叉、汤匙　从餐盘右侧由里向外依次摆餐刀、汤匙，刀口朝盘，匙面朝上。在餐盘左侧摆餐叉，叉齿朝上。

③摆面包盘、黄油刀　面包盘摆在餐叉左侧，黄油刀竖放在面包盘上右侧。

④摆茶匙、甜点叉　餐盘正上方平行横放茶匙和甜点叉。茶匙把朝右，叉把朝左。

⑤摆水杯　餐刀正上方 3 cm 处摆水杯。

⑥摆餐巾　餐巾叠好后放在餐盘中。

⑦摆胡椒盅、盐盅、烟灰缸　烟灰缸放在茶匙上方，胡椒盅、盐盅放在烟灰缸左侧。

(三)西餐宴会摆台

1. 座次安排

确定台型后，要按就餐人数安排座位。主人的座位应正对厅堂入口处，其视线能纵观全厅。

2. 铺台布

宴会长方台的台布需用数张台布拼铺而成，铺时一般由两人一组合作进行，顺序是从餐厅里往外进行，要让每张台布的接缝朝里，避免步入餐厅的客人看见。铺好的台布中线相接，成一条直线。台布两侧下垂部分美观整齐，两边均等。

3. 摆台程序和要领

西餐宴会的餐具是按照菜单摆放的，品种较多，一般摆法如下：

(1)摆餐盘　从主位开始按顺时针方向依次在每个席位上摆放餐盘。盘的图案或店徽要正对餐位，盘边距桌边 2 cm，盘间距离相等。

(2)摆刀叉　在餐盘的右侧从左向右依次摆正餐刀、鱼刀、汤匙、开胃品刀，刀口朝盘，匙面向上，刀柄、匙柄距桌沿 2 cm。餐盘左侧从右到左依次摆放主餐叉、鱼叉、开胃品叉，叉面朝上，叉柄距桌沿 2 cm。鱼刀、鱼叉要向前突出 4 cm。

(3)摆水果刀叉(或甜品叉)、甜品匙　在餐盘的正前方横摆甜品匙，匙柄朝右。甜品匙的前方平行摆放水果叉(或甜品叉)，叉柄朝左。水果叉的前方平行摆放水果刀，刀柄朝右。

(4)摆面包盘、黄油刀和黄油盘　开胃品叉的左侧摆放面包盘，面包盘中心与餐盘中心在一条线上，盘边距开胃品叉 1.5 cm，在面包盘上右侧边沿处竖放黄油刀，刀刃朝左。黄油盘摆放在黄油刀尖上方 3 cm 处。

(5)摆酒具　摆酒具时要拿酒具下端。杯子的大小，一般说来，以水杯较大、红葡萄酒杯次之、白葡萄酒杯最小。酒具一律摆在餐刀上方位置，在餐刀尖延长线上摆放白葡萄酒杯，以白葡萄酒杯为基准，在左上方 45°的位置依次摆放红葡萄酒杯和冰水杯，3 个杯子排成一行，杯身相距 1 cm。此顺序可以体现出杯子的大小，西餐进餐时，一般以饮用白葡萄酒开始，一般来讲，先使用的杯子应放在右侧最外端，顾客取用酒杯及服务员服务酒水时都比较方便，而且也较整齐美观。

(6)摆餐巾花　将叠好的盘花摆在餐盘正中。注意把不同式样，不同高度的餐巾花搭配摆放。

(7)摆放用具　盐瓶、胡椒瓶、牙签筒按 4 人一套摆放在餐台中线位置上。烟灰缸从主人右侧摆起，每两人摆一个，烟灰缸的上端与酒具平行。

(8)摆菜单　参加人数少时，每人摆一份菜单。人数较多时，可两个席位摆一份菜单，间隔摆放，但每桌不得少于两份。

(9)复查摆台　摆台结束后要进行全面检查，发现问题及时纠正。要达到全台看上去整齐、大方、舒适的效果。

四、摆台的注意事项

1. 台面的平稳

台面不平稳会导致可大可小的意外发生。为确保客人和员工的安全，在使用大台面板落台时，要看清楚是否平稳。如果出现一边大一边小的情况，要及时纠正，避免出现翻台。

2. 台面清洁

台面出现不清洁或有水时，往往会弄脏台布，这样一来，不但增加了洗熨费用，而且浪费了时间。

3. 椅子的整齐与清洁

椅子如不拉整齐，看起来不雅观和没有气派。若椅子有水或酱油之类的东西，当客人坐下来时，会弄脏衣服而令客人感到不满。

4. 铺桌布注意事项

铺桌布之前要检查桌布是否潮湿、有孔、有污渍等，发现以上情况时，应停止使用并马上返送布草间处理。铺桌布时，要留意台布的十字中心线是否在桌子中央处，桌布在台的四周是否高低平均。

5. 银器摆放注意事项

摆台前先把餐具一个一个擦干净，才可以摆放在台面上，发现变色的银器餐具应收集起来，交回管事部翻新。

6. 瓷器摆台注意事项

各类瓷器餐具在上台前应检查是否干净、完整和潮湿，有破损的餐具集中起来送管事部处理，保证不弄伤客人。

7. 水杯和酒杯注意事项

玻璃杯要确保没有任何缺口，同时要清洁光亮。

8. 餐巾卫生注意事项

餐巾要保持清洁。所以在餐巾上台前，一定要检查是否潮湿、干净、有孔和平整，发现问题时应交回布草房处理。

工作任务单 3-5

1. 简答题

(1)简述中餐便餐和宴会摆台标准。

(2)简述西餐宴会的摆台程序与标准。

(3)中餐摆台中怎样装盘更科学?

(4)西餐摆台与中餐摆台有什么不同之处?

2. 技能训练

(1)以寿宴为主题，制定一份中餐宴会摆台席面的设计方案。

(2)以婚宴为主题，制定一份西餐宴会摆台席面的设计方案。

(3)画出一份 10 人座中餐宴会的座次安排图，并在图中标明主人、副主人、主宾的位置。

(4)能够在 15 分钟之内，完成 10 人位的中餐宴会摆台。

测试标准

项目	分值	得分	项目	分值	得分
铺台布	5		摆三杯	5	
围台裙	5		摆公筷、公匙	5	
摆餐椅	5		摆牙签盅	5	
摆转盘	5		摆烟缸	5	
摆骨碟	5		摆菜单	5	
摆味碟	5		餐巾折花	5	
摆汤碗、汤匙	5		摆毛巾碟	5	
摆筷架	5		摆花瓶	5	
摆筷子	5		拉椅定位	5	
摆银匙	5		观察	5	

任务六　上 菜 服 务

情景导入

某饭店餐厅的餐桌旁坐着一对老夫妇，他们点了 3 个菜、1 个汤，正在等候上菜。当"铁板牛柳"端上来时，服务员将准备好的调味汁浇在铁板牛柳上，然后用餐巾纸和铁板盖盖住，只听见铁板里面吱吱作响，显然是温度很高。虽然牛柳上盖了餐巾纸和铁盖，调味汁仍顺着缝隙溅落在周围的桌布上，有几滴还飞落在女宾客的衣服上。“你怎么搞的，把汤汁都溅到我衣服上了，要是烫着人怎么办呀！再瞧这桌布，上面全都是油点，让我们怎么吃饭！”女宾客看到自己漂亮的衣服溅上了油点，十分恼火……

试问，上菜时应如何避免类似情况的发生呢？下边就跟我走进今天的课堂，好好学习如何做好上菜服务吧！

◈任务分析

上菜是餐厅对客服务的重要技能，其服务质量的高低对客人的心理影响很大。较高档的酒席上菜要求较高，对上菜程序、位置、服务节奏、菜肴台面图案等均有讲究。因此，餐厅服务员要熟练掌握上菜的程序和上菜方法。

◈任务要求

知识要求：

1. 掌握中餐上菜的基本要求；
2. 了解上菜的注意事项；
3. 熟悉并掌握菜盘的摆放；
4. 熟练掌握上菜的操作程序与操作要领、服务技巧。

能力要求：熟练操作上菜技能，做到熟练端托，运用自如。

素质要求：具有良好的思想品德，具有明确的职业理想。

◈相关知识

一、中餐上菜

(一)上菜的程序和规则

中国地方菜系很多，宴会的种类也很多，上菜的顺序因为各地风俗习惯的不同而有差异。如上点心的时间，各地方习惯不同，有的是在宴会中穿插上，有的是在宴会即将结束时上，有的是咸、甜点心一起上，也有的是分别上。上菜时这要根据宴会的类型、特点和需要，因人、因时、因事而定，但是又要按照中餐宴会相对固定的上菜程序来进行。

1. 上菜程序

一般中餐宴会上菜的程序是：第一道是凉菜或冷盘；第二道是开胃汤；第三道是头菜(一般为宴会的代表性的菜点)；第四道是主菜(较高贵的名菜)；第五道是一般热菜(数量较多，又可以细分为先熘爆炒菜，后烧烤菜，再素菜，最后鱼)；第六道是汤类；第七道是甜菜(随上点心)；最后在主食之后上水果。

2. 上菜规则

中餐宴会上菜的基本规则是：先冷后热、先菜后点、先咸后甜、先炒后烧、先荤后素、先干后汤、先清淡后肥厚、先优质后一般以及遵循一般的风俗习惯。如客人对上菜有特殊要求，应灵活掌握。

一般情况是边上菜边报菜名，后退一步远离餐桌后报菜名，回答客人提出的问题。上不同大类的菜肴之间，要更换骨碟、汤碗等餐具，配料碟，递送小毛巾（如果没有一次性小毛巾的话）和洗手盅、牙签等物品。

（二）上菜的时机和速度

为了保证菜点的质量（火候、色泽、温度等），使宾客吃得可口满意，服务员要能够恰到好处地掌握上菜的时机和速度。菜上的慢了，会造成菜点冷得过快；如果菜上的快了，会使宾客吃不好。上菜要做到恰到好处，必须了解宴会是否有讲话或祝酒。如果讲话，在什么时候讲，大致需要多长时间，从而可根据情况掌握上菜的节奏。另外，要及时与厨房沟通，将宴会讲话的情况和席间用餐的速度通知厨房，以便于掌握做菜。如果台面上的菜宾客还未食用或食用较慢，要通知厨房暂缓做下一道菜；如果宾客食用较快，就要通知厨房快出菜。凡两桌以上的宴会，上菜都要统一动作，保持步调一致。

（三）上菜位置

餐厅服务员在为宾客上菜时，应选择正确位置。中餐宴会上菜一般选在陪同和次要客人之间，或者副主人的右侧（有利于副主人向客人介绍菜肴），并始终保持在一个位置上。中餐便餐上菜，一般选择在比较宽敞一些的位置进行。一般切忌在老人和儿童、女士旁边上菜。

（四）上菜动作

餐厅服务员将菜肴放在托盘内端至桌前，左手托托盘，右腿在前，插站在两位客人的座椅间，左腿在后，侧身用右手上菜，把菜品送到转台上，报清菜品名称，然后按顺时针方向旋转一圈，等客人观赏完菜品后，转至主宾面前，让其品尝。上下一道菜品时，将前一道菜移到其他位置，将新菜放在主宾面前，残菜应随时撤下，但不要撤得太多，菜盘应及时调整，注意盘与盘之间的距离，保持桌面整洁、美观。

（五）上菜服务规范及安全要求

1.总体要求

桌上的菜品应按格局摆放好。要讲究造型艺术，尊重主宾，注意礼貌，方便食用。

2.上菜规范摆放的具体要求

（1）主菜肴的看面应正对主位，其他菜肴的看面要朝向四周。菜肴的看面，就是适宜观赏的一面，如整形有头的菜，像冷拼中孔雀开屏、喜鹊登梅等，其头部为看面。而头部被隐藏的菜肴，如烤鸭、八宝鸡等，其饱满的身子为看面。盅类菜其花纹刻的最精致的部分为看面。一般菜肴，其刀工精细、色泽好看的部分为看面。

（2）各种菜肴摆放时要讲究造型艺术，应根据菜品原材料的颜色、形状、口味、荤素、盛器、造型对称摆放。摆菜的原则是讲究造型、颜色搭配。

（3）如一桌有几批客人，各自的菜肴摆放要相对集中，相互之间要有一定的距离。上菜时，还应该核实菜单，以免发生差错。

（4）如果有的热菜使用的是长盘，其盘子要横向朝着客人。

（5）上热菜中的整鸡、整鸭、整鱼时，中国传统的习惯是"鸡不献头，鸭不献掌，鱼不献脊"；上鸡、鸭、鱼菜时，不要将鸡头、鸭掌、鱼背部对着主宾，而应当将鸡头与鸭头朝右边放置，将鱼腹对着主宾。

3.安全要求

餐厅服务员在席间服务中，要保证操作安全。

(1)在上各种菜肴时，应做到端平走稳，轻拿，轻放。

(2)上菜忌讳“推”、“墩”、“拉”、“拽”等，并应注意盘底、盘边要干净。

(3)上带汤汁的菜肴应双手送至餐桌上，以免洒在客人身上。

(4)上菜时，切不可从客人肩上、头顶越过，以免发生意外。

(5)上菜时，要注意上菜卫生，勿将大拇指等伸入菜盘内。

(六)特殊菜肴的上菜

(1)上拔丝菜，如拔丝香蕉、拔丝白薯、拔丝苹果、拔丝山芋等，它的服务要求是速度快，动作敏捷。服务时要托热水上，即用汤碗盛装热水，将装有拔丝菜的盘子搁在汤碗上用托盘端送上席，并跟凉开水数碗。托热水上拔丝菜，可防止糖汁凝固，保持拔丝菜的风味。

(2)如果有的热菜跟佐料、小料等，应同热菜一起上齐。如清蒸鱼配有姜醋汁，北京烤鸭配有葱、酱、饼等，在上菜时可略作说明。

(3)上易变形的炸爆炒菜，如高丽虾仁、炸虾球、油爆肚仁等，一出锅即须立即端上餐桌。上菜时要轻、稳，以保持菜的形状和风味。

(4)上有声响的菜，如锅巴海参、锅巴肉片、锅巴什锦，这些菜一出锅就要以最快速度端上台，随即把汤汁浇在锅巴上，使之发出响声。做这一系列动作要连贯，不能耽搁，否则此菜将失去应有效果。

(5)上炖类菜品，应将炖品上桌后再启盖，以保持炖品的原汁原味，并使菜品的香气在餐桌上散发。启盖后，将盖子翻转过来再移开，以免汤水滴落在客人身上。

(6)上有包装的菜肴，如叫花鸡、荷香鸡、纸包猪排，要先上台让客人观赏后，再拿到操作台上或当着客人的面去掉包装，以方便客人食用。

(7)生煸火锅上席方法，四生火锅、六生火锅、八生火锅、菊花火锅、毛肚火锅，均属生煸火锅一类。此类火锅现在一般燃固体酒精，其上席的操作方法和要求基本相同。

四生火锅上席的操作方法和要求是：将火锅拿到工作台后，在上席前掀开火锅盖，再检查一下菜的质量和卫生，然后用大汤瓢舀出适量的汤，盛于大汤碗内，以防止上席后加主、配料时汤汁溅出。

在四生碟中，稍许放一点料酒，轻轻晃动一下，使酒浸润碟底，以避免原料因干燥而粘在碟子上。这样做，上席后可顺利将原料拨进火锅。将火锅盖好上桌。上桌时，火锅下要放一个盛水的盘子，以防止烤焦台布。上桌摆稳后，先点燃锅底的酒精炉，后将锅盖揭起来。揭盖时要轻轻掀起，在火锅上面将锅盖翻转，以防止锅盖的水珠滴到桌面上，并用另一只手接在锅盖下面拿出桌外。

上四生碟：如果四生碟子是花色拼盘，须在上火锅前摆在桌上展出。如果是一般的拼碟，在上桌时摆在火锅四周即可。

加入四生原料：待火锅里的汤烧开后，先把配料放进火锅，如白菜、粉丝，再按各主料烹熟所需时间长短，依次用筷拨进火锅。难熟的先拨入，易熟的后拨入，随即用筷子搅散煮熟。

二、摆菜要求

(一)菜盘摆放的一般规则

尊重主宾、注意礼貌礼节、方便食用、讲究造型、协调摆放和用餐规范。

按照数量与形状的要求一般为:一中、二平、三角、四方、五梅花、六正六边形等,让桌面的菜盘位置始终形成一个美丽的图案。

【知识链接 3-6-1】

菜盘的摆放形状

一般是:两个菜可并排摆成横一字形;一菜一汤可摆成竖一字形,汤在前,菜在后;两菜一汤或三个菜,可摆成品字形,汤在上,菜在下;三菜一汤可以汤为圆心,菜沿汤内边摆成半圆形;四菜一汤,汤放中间,菜摆在四周;五菜一汤,以汤为圆心摆成梅花型;五菜以上都以汤或头菜或大拼盘为圆心,摆成圆形。

(二)具体要求

(1)摆放冷菜　冷菜分为主冷菜和一般冷菜。主冷菜如拼盘、工艺冷菜等应摆放在餐桌中央,并根据菜品的造型选择最佳的看面对准主位。主冷菜也可放在转盘上按照一般要求摆放,再转到主位处。一般冷菜在主冷菜的四周,注意荤素、颜色、口味的搭配摆放,盘与盘之间的距离相等。

(2)摆放热菜　热菜分为主菜和一般热菜。主菜应摆放在餐桌中央,并根据菜品的造型选择最佳的看面对准主位;或者放在转盘上按照一般要求摆放,转到主位处。高档菜品或有特殊风味的菜品要先摆放在主宾的位置上。其他一般热菜也应按口味、荤素、颜色、盛器、造型等对称或协调摆放。每上一道菜前,都须将餐桌上的菜品做位置上的调整与撤换,让台面始终保持整齐美观。

三、西餐上菜

(一)西餐上菜方式

西餐上菜服务方式有法式、俄式、英式、美式、意式等,各种服务方式既有相同的地方,也可根据各国不同的礼仪习俗有所不同。通常一些饭店将几种服务方式混合使用。

(二)上菜的顺序

西式午、晚餐不论是宴会还是便餐,大致由头盘、汤类、副菜、主菜、沙拉、甜点、咖啡或茶组成。

1. 头盘

西餐的第一道菜是头盘,也称为开胃品。开胃品的内容一般有冷头盘或热头盘之分,常见的品种有鱼子酱、鹅肝酱、焗蜗牛等。

2. 汤类

西餐的第二道菜就是汤。西餐的汤品味道浓郁,香味扑鼻,比较受大多数人的喜爱。

3.副菜

鱼类菜肴一般作为西餐的第三道菜,也称为副菜。品种包括各种淡、海水鱼类、贝类及软体动物类。

4.主菜

肉、禽类菜肴是西餐的第四道菜,也称为主菜。肉类菜肴的原料取自牛、羊、猪等各个部位的肉,其中最有代表性的是牛肉或牛排。

5.蔬菜类菜肴

蔬菜类菜肴可以安排在肉类菜肴之后,也可以与肉类菜肴同时上桌,所以可以算为一道菜,或称之为一种配菜。蔬菜类菜肴在西餐中称为沙拉。

6.甜品

西餐的甜品是主菜后食用的,可以算作是第六道菜。

7.咖啡或茶

西餐的最后一道是上饮料,咖啡或茶。

西餐上菜顺序的总原则是:先冷后热,最后是冷;从鲜美到甜味,从清淡至浓重,再到清淡;从生的到熟的。

(三)西餐上菜要求

(1)按顺序上菜,即面包、黄油、头盘、汤、副菜、主菜、甜品、咖啡、茶,不可颠倒次序。

(2)先斟酒后上菜。任何一道需要配饮酒类的菜品,在上桌之前均应先斟酒后上菜。

(3)上菜顺序,所有菜品上桌时均需遵循先女后男、先宾后主的顺序依次进行。上菜一般用右手从客人右侧进行。

(4)先撤后上。每道菜用完均需撤走用过的餐具(包括餐盘和刀、叉、勺等),然后再上新菜。但撤盘时需征得客人许可,还应注意客人刀叉的摆放。如客人将刀、叉呈八字形搭在餐盘两侧,表示客人还要食用,不可撤盘;如客人将刀、叉交叉或平行放在餐盘中,则表示不再食用,可以撤盘。

(5)上甜品前将主菜的餐具及盐、胡椒瓶、玻璃杯等撤去。甜点用毕,从客人右侧送上咖啡、茶,咖啡杯、茶杯放在垫碟上,碟内放一把咖啡匙,并跟上糖、牛奶。

(四)几种典型的西餐上菜方法

不同国家和地区的西餐服务方式不尽相同,这里就一般的服务加以介绍。

1.美式上菜

在厨房内将菜分成一人一份,服务员用左手从客人左边上菜,从客人右边撤盘。

(1)用托盘先上汤或开胃品(通常有色拉),从客人右侧取走餐前酒杯;汤勺与开胃品的餐具放在碟子的右侧。

(2)主菜及配菜烹调好,盛在盘子里,由服务员用托盘端进餐厅,从客人左侧供应主菜。从客人右侧撤走主菜盘碟。每人一个餐盘。

(3)用过的汤或开胃品盘碟从客人右侧取走,然后从客人左侧再度供应面包及黄油,然后从客人右侧倒冰水。

(4)假如客人要咖啡,服务员要从客人的右侧供应。

(5)甜点从客人的右侧供应和服务。

2. 俄式上菜

一般将食物在厨房完全准备好，放入大浅盘中，由服务员端到餐厅，服务员用左手托盘，用右手用服务勺把菜分到客人的餐盘中。

(1)主菜或其他菜肴的服务。先整齐地将菜肴放在大银盘里，服务员端进餐厅，从主人开始，逆时针方向为客人服务，银盘中剩余的菜肴退回厨房。

(2)汤的服务。服务员按顺时针从客人右边用右手将空餐盘逐一放在客人面前，然后回到服务台，用左手端起盛汤的大银盘，用右手从客人左边分给客人。

3. 法式上菜

菜肴的最后一道烹饪程序在客人面前的服务车上完成，有两名服务员，一名在餐车上将菜烹饪好，分到餐盘中，另一名服务员将盘中的菜端给客人。

(1)助理服务员用右手从客人右侧端上和服务，一般的菜点都从右侧服务。

(2)面包、黄油碟、色拉碟及一些特殊的盘碟必须从客人的左侧供应和服务。

(3)汤由助理或首席服务员用右手从客人右侧供应和服务，放在客人的底盘纸上，并放上一块叠好的餐巾。

(4)主菜的服务方式同汤的一样，不过有色拉要与主菜一同端上。

◈工作任务单 3-6

1. 简答题

(1)有老人、儿童就座时怎样选择上菜位置？

(2)简述中餐上菜规范摆放的具体要求。

(3)一般情况下，婚宴的上菜速度都非常快，请问为什么？

(4)简述西餐的上菜顺序。

(5)简介俄式服务、法式服务。

2. 讨论题

(1)婚宴的上菜顺序和规范有哪些？请你以某个地区的婚宴上菜为例，进行分享与讨论。

(2)寿宴的上菜顺序和规范、基本要求与注意事项有哪些？请搜集相关资料，进行讨论。

3. 案例分析

某中餐厅来了几位衣着时髦的客人，服务员引至餐厅显著位置就座。其中一位客人说道："我要点四川毛血旺，你们一定要将味道调得浓些，样子摆漂亮些。"同时转身对同伴说："这道菜很好吃，今天你们一定要尝尝。"菜点完后，服务员拿菜单去了厨房。再次上来时，便礼貌地对客人说："先生，对不起，今天没有这道菜，给您换一道菜可以吗？"客人一听勃然大怒："你为什么不事先告诉我？让我们无故等了这么久，早说就去另一家餐厅了。"发完了脾气，客人仍然觉得在朋友面前丢了面子，于是，拂袖而去。请根据以上案例，进行分析。

(1)在本案例中服务员犯了哪些错误？

(2)客人点了缺货的菜肴或酒水，服务员应如何作答？

4. 技能题

(1)按照上菜服务标准给宾客上菜，注意上菜的位置、方法、出菜的顺序等。

(2)根据你所掌握的某些菜品报菜名，并对菜肴的名称、特点、口味、食用方法等进行简单介绍。

(3)摆菜练习。根据菜肴数量进行合理摆菜,如三菜一汤的摆放、五菜一汤的摆放、十菜一汤的摆放等,注意整形菜的摆放。

任务七 分菜服务

◈情景导入

某餐厅夜晚灯火通明。某公司的李经理正在大宴某合作单位的宾客。宾主 12 人围坐在一张小宴会厅的餐桌前。不久,服务员便将茶水和热毛巾送来。宴会是预订好的,规格较高。不一会儿,服务员便按程序将酒水和菜肴端上桌来,每上一道菜都按规矩报上菜名,转一下转盘让客人先看一看,然后替客人布菜。李经理不断劝客人喝酒吃菜,并问客人口味如何。客人们连连称道。可能是由于拘谨,这些山东大汉吃饭时显得很文雅,酒喝得不少,但只吃服务员和主人布给他们碟子里的菜,有些想移动转盘夹菜的客人刚想动筷子,转盘却突然被转到另一边。由于菜多,服务员常把一些没吃完的菜拿走,换上新菜。她们很勤快,换碟子、斟饮料都显得很熟练。李经理见客人们很腼腆,只吃碟子里和面前的菜,服务员换碟时他们也不吭声,便笑着问坐在他旁边的主客:"邹经理,我们现在已经是朋友了,请你告诉我,难道你们不喜欢我们这里的菜吗?为什么不像我们一样放开来吃,请千万不要客气。""我觉得这里的菜很精致,但规矩很多,好像只能吃服务员分给我的菜,想吃的菜又不好意思动筷子,一会儿服务员又会把没吃完的菜端走,换上新菜……总之,我觉得这顿饭吃得太正规了,有点不舒服的感觉。"客人见李经理问得真诚,终于道出了他们"文雅"的原因。"原来如此。服务员请过来一下。"李经理弄清原因后,告诉服务员停止布菜让客人品尝的程序,把刚才没吃完拿走的菜热一下用小盘端回来,并让她在撤菜之前征求一下客人的意见。服务员连忙向客人道歉,并立即按李经理的要求去做。回过头,他又对山东客人说:"我已经把'正规程序'取消了,请大家放开来吃喝,就像在家里一样。"他的话音一落,大家立即活跃起来,刚才未动的菜肴,不一会儿就见到盘子底儿了。"老邹,这回你们吃舒服了吧?"离席时,李经理开玩笑地问道。"谢谢你,老李,这回我们真正吃饱了。"

请问:客人就餐时,服务人员应如何为客人提供分菜服务呢?

◈任务分析

分菜服务就是在客人观赏后由服务人员主动均匀地为客人分菜分汤,也叫派菜或让菜。分菜可分为中餐分菜和西餐分菜两种。分菜服务既体现着餐厅服务员的工作态度,又反映出餐厅的服务水平。

◈任务要求

知识要求:

1. 掌握分菜的基本要求;
2. 掌握常用的分菜的方法;
3. 了解不同菜肴的服务方式。

能力要求：掌握分菜的基本方法。

素质要求：职业态度端正，爱岗敬业，团结协作。

◈相关知识

一、中餐分菜

无论在中餐厅还是西餐厅，餐厅服务员的工作之一就是分菜服务。中餐分菜历史悠久，早在古代帝王饮宴时就已出现了。当时，每位进餐者席地而坐，一人一桌，所上食品一人一份。中餐分菜由此产生，并随着人们饮宴形式的变化而不断发展。

（一）分菜前的准备工作

菜品端上餐台之前，值台的餐厅服务员要准备好分菜所用的各种餐具及用具。

1. 分菜餐具的准备

分炒菜前，餐厅服务员应按客人的人数准备分菜所需相应数量的骨碟；分汤菜前，则应准备分汤菜所需相应数量的汤碗与长把汤匙；分蟹类菜肴时，应按相应的人数准备好骨碟与蟹钳等。

2. 分菜工具的准备

餐厅服务员应将分菜所需的工具、用具准备齐全，如分菜所需的餐刀、餐叉、餐勺、筷子、汤匙、垫盘、餐巾等。

3. 菜肴展示

当传菜员将菜由厨房送至前台后，值台餐厅服务员在分菜服务前，应将菜肴端至客人面前（或放在餐台上或端托在手上）向客人展示。展示的同时，要向客人介绍菜肴的特点、烹调方法等有关内容。

展示菜肴时，餐厅服务员应将菜肴的主看面朝向客人，利用转盘的旋转，按顺时针方向徐徐转动餐台一周后，再将菜肴分让给客人；如用托盘端托展示时，应用左手端托，右手扶托，将菜托至与餐台平行的高度，餐厅服务员站立的位置应是第一主宾或第一主人视线的最佳位置，同时又要照顾到其他客人的观赏，如可选在第一主人或第一客人斜对面进行菜肴展示。当客人观赏后，方可进行分菜服务。

【案例 3-7-1】某酒店餐厅，几位外地客人点了一道特色菜“佛跳墙”。菜上来之后，香气扑鼻，客人吃后大赞。客人高兴之余，把服务员叫过来，问道：“这菜果然名不虚传，只是为什么取了这么奇怪的名字？‘佛跳墙’这三个字没有一个与吃有关，服务员你能否解释一下？”客人满怀期待地看着服务员。服务员听后满脸通红，说道：“真对不起，我也不清楚，我去问一下其他人。”她离开一阵后回来，客人满以为有了答案，不料得到的回答是：“具体情况不是很清楚，可能创制这道菜的厨师是个和尚。”客人们大失所望，顿时没了兴致……

分析：本案例中，客人提出关于“佛跳墙”的名称由来的问题。这是一个关于地方特色菜的问题，而作为当地酒店餐厅的服务员却回答不出来，不能不说是服务员基本素质的一大缺憾。因此，餐厅服务员在服务中不仅仅要提供服务规范所规定的基本服务，而与基本服务相关的知识也应有所了解，并能在顾客需要时（甚至未提出时）予以提供；满足顾客的好奇心、求知欲，使顾客不仅“吃”到了菜，而且“学”到了菜，产生物超所值的感受。

(二)分菜用具的使用与分类顺序

1.分菜用具的使用

(1)分菜用具一般的配用原则　分鱼、禽类菜肴时,用餐刀、餐叉、餐勺相互配合;分炒菜时应使用餐叉、餐勺,也可使用筷子与长把汤匙配合;分汤菜时,应使用长把汤匙。

(2)餐叉、餐勺的用法　在分菜肴时,餐厅服务员用右手握住餐勺、餐叉的柄部,勺心向上,餐叉的底部向勺心,主要依靠右手5个手指的配合来控制,餐勺的勺柄应置于右手的中指与小拇指之上、无名指之下,餐叉柄应置于食指与无名指之上、大拇指之下。

当5个手指分别将餐叉、餐勺固定住后,就能在分菜服务时操作自如,既能将菜分好,同时又可将菜汁由勺盛取一同分送。

利用长把汤匙分汤菜时,如汤中有菜,则需筷子一同配合操作。

2.分菜的顺序

先依次分送给主宾、副主宾、主人,然后按顺时针方向依次分送。

3.分菜的方式

中餐分菜分为转盘服务的餐台分菜,走动服务的餐台派菜,还有旁桌式的分菜台分菜。

(1)餐台分菜　餐台分菜为一人操作和两人配合操作。一个人操作时,先收掉台上脏骨碟,菜上桌后介绍菜名,然后将干净骨碟围转盘摆放。分菜时,左手拿汤勺,右手拿服务匙叉,将菜均匀分到各个骨碟。餐台分菜要求服务员动作熟练迅速、准确,同时留有余地。最后,按顺时针方向依次将骨碟送回宾客面前或以手势请客人各自享用。两个人操作时,一名服务员站在上菜位置负责分菜,另一名服务员站在每位宾客的右侧,把骨碟送给分菜的服务员,等菜肴分好后将骨碟放回宾客面前。

餐台分菜适合于团体进餐、普通酒席,优点是分菜快捷,节省人力,且具有表演性;不足的地方是常会干扰客人的谈话,影响餐桌气氛。餐台分菜要求分菜技术比较高,且容易弄脏转盘。高规格的宴会,最好不要采取这种方法。

(2)餐台派菜　餐台派菜就是把菜盘里的菜肴逐一往客人的骨碟中分派。餐厅服务员应先在左手垫上餐巾,而后再将热菜盘托起,同时右手使用分菜叉、勺进行分菜服务。分菜时,餐厅服务员侧身站在客人左侧,左脚在前,右脚在后,站姿要稳重,脸斜侧与菜盘成一直线,腰部略弯,呼吸均匀,切不可使身体倾斜甚至将身体依靠在客人身上。如有必要,可边分菜边向客人介绍菜肴的名称、特色、典故、营养成分等相关知识,但要注意讲话时不能与客人过于接近。

分菜既要掌握好数量,做到均匀准确,也要注意尊重主宾,要将菜的优质部分分给主宾。整形菜的头尾不要分给客人,特别是对主菜,必须分得相邻客人基本一样,最先分和最后分的基本一样。分菜、分汤要一叉准、一勺准,不能将一勺汤和一叉菜分给两位客人,更不能从分得多的盘碗内再匀给分得少的。

(3)分菜台分菜　餐厅服务员首先在分菜台上准备好干净的餐盘,备好叉、勺等分菜工具。一定要做到均匀等分,并且动作一定要迅速利落,不可拖带菜汁,或将菜汁滴落在餐桌上或溅洒在客人的衣物上。待菜分好后,将装菜碟放在托盘内,端托至客人的左侧递送到客人面前。其分送顺序与餐桌分菜顺序相同。

(三)特殊情况的分菜方法

1.特殊宴会的分菜方法

(1)客人只顾谈话而冷淡菜肴:遇到这种情况时,服务员应抓住客人谈话出现短暂的停顿间隙时机,向客人介绍菜肴并以最快的速度将菜肴分给客人。

(2)主要客人带有少年儿童赴宴:此时分菜先分给儿童,然后按常规顺序分菜。

(3)老年人多的宴会:采取快分慢撤的方法进行服务。分菜步骤可分为两步,即先少分再添分。

【知识链接 3-7-1】

宴会分菜程序

单桌宴会分菜程序,可根据宴会档次、规格及要求,选择适宜的方法进行分菜服务。高级宴会的分菜,可从冷菜开始进行。其方法是,冷菜上桌经过展示后,由服务员将冷盘内的冷菜一一进行分菜。分冷菜时做到分类码放,层次清晰,不乱不叠。以后诸菜应按规范进行分菜服务。

多桌宴会分菜程序与上述分菜规程相同。多桌宴会中,对主宾席应提供分菜服务,其他桌位可视其实际需要,有针对性地提供分菜服务。

无论是单桌宴会还是多桌宴会,分菜服务时均应先将菜肴向客人进行介绍、展示,然后以先分给客人后再分给主人的顺序进行。分菜时,菜叉、菜勺均不得发出响声。

2.特殊菜肴的分让方法

(1)分让整条蒸鱼

①服务员左手用服务勺将鱼头按住,右手用餐刀顺着鱼脊从头向尾划,将鱼剖开。

②把鱼肉拨在鱼盘一边,然后用餐刀切断鱼头、鱼尾,剔除中间鱼骨。

③剔骨时注意不要将鱼肉戳碎,要尽量保持鱼的原形。

④待汤汁浸透鱼肉后,再用餐刀将鱼肉切块蘸上鱼汁分送客人餐碟。

⑤鱼块带皮部分要紧贴餐碟,鱼肉朝上。

(2)分让冬瓜盅

①冬瓜盅是夏令名菜,由于瓜身较高,应做两次分让。

②第一次用汤勺将上段冬瓜肉轻轻地刮下后,与盅内配料、汤汁搅在一起均匀地分让给宾客。

③由于分让后的冬瓜皮很薄,容易破裂,所以必须横向切去上部瓜皮后再进行第二次分让。

④切上部的冬瓜皮时,先用餐叉叉住冬瓜皮,然后用餐刀从上切下约 3 cm,再转刀横切,要求刀口整齐。

⑤一般分四刀切削为宜,切后将冬瓜皮放在事先准备好的餐碟上。

(3)分让拔丝甜菜

①上拔丝类甜菜前,服务员应把台面上的餐具收去,然后上冷开水、木筷子。

②上菜时动作要特别迅速,以防胶糖变硬。

③分让时用木筷将甜菜夹起,迅速放入冷开水中浸一下,然后送入宾客碗中。

④分让的动作要连贯、快速，做到即上、即拔、即浸、即食，注意拔丝的效果。

(4)分蛇羹

①分蛇羹前应先上菊花瓣、柠檬叶丝、炸薄脆。

②分羹时，取适量菊花瓣、柠檬叶丝放在汤碗里，用汤勺压住，然后把汤均匀地分到汤碗里，以八成满为宜。

③最后把炸薄脆洒在上面。

(5)分整只鸡、鸭

①用公用筷压住鸡(鸭)身，用公用勺将腿肉和脯肉切扒成若干基本均匀的块。

②分时用筷子先把鸡(鸭)腿、鸡(鸭)肉夹放在长把汤勺里，再把配菜也夹放在里边，然后倒在客人的餐碟里。

③要注意使鸡(鸭)皮朝下，鸡(鸭)块保持完整。

④鸡(鸭)头、尾一般不分给客人，由客人自行食用。

(6)分让蛋饼制品　用公用筷压住蛋饼，用餐刀或公用勺将蛋饼扒成若干块，再一一分派到客人的餐碟里。

(7)分让肘子　用公用筷压住肘子，用餐刀或公用勺将肘子扒成若干块，再一一分派到客人的餐碟里。

(8)分让汤类菜肴　先将盛器内的汤分入客人的碗内，然后再将汤中的原料均匀地分入客人碗中。

(9)分让造型菜肴

①将造型的菜肴均匀地分给每位客人。

②如果造型较大，可先分一半，处理完上半部分后再分剩余的一半。

③也可将食用的造型物均匀地分给客人；不可食用的，分完菜后撤下。

(10)分让卷食类菜肴

①一般情况是由客人自己取拿卷食。

②如有老人或儿童多的情况，则需要分菜服务。方法是：服务员将吃碟摆放于菜肴的周围，放好铺卷的外层，然后逐一将被卷物放于铺卷的外层上，最后卷上送到每位客人面前。

【小提示 3-7-1】中餐提供分菜服务的时机有：高级宴会要提供分菜服务；客人要求时要提供分菜服务；进餐场面比较拘谨时，服务员要主动提供分菜服务。

(四)分菜的基本要求

(1)将菜点向客人展示，并介绍名称和特色后，方可分让。大型宴会，每一桌服务人员的派菜方法应一致。

(2)分菜时留意菜的质量和菜内有无异物，及时将不合标准的菜送回厨房更换。客人表示不要此菜，则不必勉强。

(3)分菜时要胆大心细，掌握好菜的份数与总量，做到分派均匀。如带骨的菜肴，骨与肉要分得均匀，但要注意头、尾、翼尖的部分不能分给客人。

(4)凡配有佐料的菜，在分派时要先沾上佐料再分到餐碟里。

(5)分菜时应注意手法卫生，不得将掉在桌上的菜肴拾起再分给客人，手拿餐碟的边缘，避免污染餐碟。

(6)服务员在分菜时动作要轻、快、准,切不可在分菜给最后一位客人时菜已冰凉。

二、西餐分菜

西餐的分菜一般是由厨师按份切好装在盘内,由服务员上桌分菜。派菜时服务员应站在客人的左边,左手端盘,右手拿叉匙,按女士优先、先宾后主的次序分菜。西餐中的美式服务不要求服务员掌握分菜技术,俄式服务要求服务员有较高的分菜技术,法式服务要求服务员有分切技术。

(一)认识分菜的工具

(1)俄式服务的分菜工具　叉和勺。

(2)法式服务的分切工具　服务车、分割切板、刀、叉、分调味汁的叉和勺。

西餐的分菜用具都要保证无污迹,无异物,每使用完一次,都要送给专人清洗,不能连续使用。准备分菜用具时,还要准备与客人人数相应的已加热的主盘。

(二)西餐分菜工具的使用方法

1.俄式分菜用具的使用方法

服务员应右手持叉勺,且叉在上,勺在下,呈重叠状态;右手握住叉和勺的柄端,食指插在叉勺中间,与拇指配合捏住叉柄,其余三手指控制勺柄,无名指和小指起稳定作用,中指支撑勺柄中部。

2.法式切分工具的使用方法

(1)分让主料　将要切分的菜肴取放到分割切板上,再把干净切板放在餐车上。分切时左手拿叉压住菜肴的一侧,右手用刀分切。

(2)分让配料、配汁　用叉勺分让,勺心向上,叉的底部向勺心,即叉勺扣放。

(三)西餐菜肴的分菜要求

分菜过程可以说是一个服务员向客人做操作表演的过程,因此服务员分菜时一定要姿势优雅,动作连贯,并做到快速准确,以确保菜肴的热度。

分菜时还要保证同一餐台客人的每份菜平均量一致,摆盘方法一致。摆盘既要美观又要干净,切忌菜汁或肉汁滴落在盘边上。

1. 三文鱼的服务

(1)三文鱼车的准备　首先将三文鱼放在鱼板上从厨房取回,再将水果、碎洋葱、蛋黄、蛋白、芥菜酱、柠檬角和烤面包分别装入银盅放于服务车上的前侧,鱼板放于服务车的中央位置。鱼刀和服务叉勺要无异物,无污迹。服务车的第二层放上和客人人数相符合的已加热的餐盘。

(2)三文鱼的切配　服务员将服务车推至客人台前,首先示意客人,然后开始切配。分切时应左手拿服务叉,右手拿刀,刀刃朝向服务员左侧,分切片鱼时从鱼右部向左分切,每片鱼的厚度为0.2 cm,每份鱼为3片。

分切完成后,将鱼片装人客人主盘的一侧,每片鱼均对折叠上,摆放时3片对折叠好的鱼呈阶梯状,盘的另一侧分别摆放配料,并保证每盘的配料摆放图案均匀一致。

(3)三文鱼服务　将配好盘的鱼从客人右侧,按照顺时针方向递送到客人台面上,女士优先、先宾后主。上完鱼后为客人服务鲜胡椒。然后将服务车从客人台前推开。

2. 分切牛扒(以两人用餐为例)

分切牛扒时,应先从厨房取回烹制好的牛扒和配菜,将牛扒放在切板上。

服务时,相同于三文鱼的服务,用服务车将牛扒、配菜和主盘推至客人餐台前。

现场分切牛扒由两名服务员操作。一名服务员将配菜装于主盘盘头的一侧,另一名服务员用左手拿叉轻压住肉的一侧,右手用刀将肉分切成 6 等份,分切时动作要轻,以免血水流出影响肉质。分切完成后,将 3 片肉作为一份整齐地码放在主盘内。

配盘完成后,从客人右侧为客人上牛扒。上完后立即服务各种调味、配料和鲜胡椒。

3. 分切奶酪

(1)奶酪的准备　服务员于开餐前,检查冷菜厨房是否已准备好奶酪展示盘,了解奶酪的储备情况,准备好主盘、餐刀、餐叉、饼干、法国面包等。同时,在客人餐台上摆放好奶酪餐具:小刀、叉、面包盘、黄油碟、盐瓶。

(2)奶酪的切配与服务　切配前应先向客人展示奶酪盘,以供选择,并说明各种奶酪的名称。餐厅服务员用大刀叉分切客人挑选的奶酪,左手拿叉作为辅助,右手拿刀进行分切,奶酪应分切成三角形。装配盘时,每盘奶酪为 3～4 块,另配以水果、蔬菜条和饼干。待配盘完成后,为客人服务,并要询问客人是否需要法国面包或红葡萄酒佐餐。

【知识链接 3-7-2】

西餐常见菜的分切法

(1)火腿　左手拿叉插入火腿大头部位,以固定火腿。右手拿刀从火腿薄的一面切掉几片,以形成一个平面。再把火腿转过来,将所切平面朝下,从火腿的后部开始切掉一小块楔形的肉,然后垂直均匀地切片,切尽为止。

(2)火鸡　将火鸡放在砧板上,用左手握住鸡腿下部,右手拿刀切开鸡腿之间的皮,并将皮轻轻拉掉。左手拿叉插入鸡身紧靠鸡腿的地方,右手用刀从鸡身背部与鸡腿的主骨之间关节处将鸡切开。拿住切下来的鸡腿下部放在盘上,与盘形成一个角度,再用刀把鸡的大腿肉从鸡腿下部一片片切到关节处。切完一面,再切另一面,直到切完。切鸡脯肉则要从鸡脯中间开始一片片切到胸骨为止。

(四)西餐宴会的分菜

美式宴会:是目前我国常见的服务方式,它不需服务员在客人面前分让菜肴,而是由厨师在厨房将菜肴按每份装盘,服务员只提供上菜服务即可。

俄式宴会:需要服务员在客人面前分让菜肴,其分菜方法相同于俄式上菜服务程序

◆工作任务单 3-7

1. 简答题

(1)中餐分菜的方式有哪些?

(2)说明西餐分菜工具的使用方法。

(3)整条蒸鱼如何分让?

(4)简介三文鱼服务。

2.讨论题

(1)分菜时宾客说不用分时,你该怎么办?

(2)在进行分菜服务时客人转动转盘时,如何处理?

(3)分菜服务时,客人要敬酒该怎么办?

(4)分菜服务时有客人要自己分时怎么办?

3.技能训练

(1)对整形鱼进行分菜练习。根据宾客人数进行分鱼练习,注意分派均匀,留量适当。

(2)撤菜练习。模拟宾客用餐场景,由一名同学练习撤菜、撤盘,注意盘内残羹、汤汁等不要滴到客人身上。

任务八　餐厅其他服务技能训练

◈情景导入

中午,某餐厅座无虚席。吴先生与朋友在休息室等候半个小时后终于有了位置,便迫不及待地坐了过去。服务员小李看客人这么着急,便加快了撤台的速度。只见她把带有剩菜的餐具"一股脑儿"放进大塑料盆中。台布换好后,小李刚要离开,客人却说:"你们这儿都是这样收拾餐具吗?把剩菜和餐具掺杂在一起,还把放餐具的盆放在地上?"小李顿时无言以对。"算了,咱还是别在这儿吃了,一想到用这样的餐具吃饭就恶心。"说完,几位客人离开了餐厅。

操作程序是服务质量的基本保证。因此,任何岗位的服务人员都应严格按照操作程序对客服务,这样才能避免不必要的失误,维护餐厅形象。对于餐厅提供的各项服务操作程序,你了解多少呢?

◈任务分析

在中餐服务中,托盘、斟酒、餐巾折花、摆台、上菜、分菜等技能称为餐厅服务基本技能。除了这些基本技能,服务工作还离不开其他很多的服务技能,如接受电话订餐、撤换餐用具、香烟服务、餐具清洁与保养等,将基本技能以外的服务技能统称为其他服务技能。餐厅服务员对其他服务技能的掌控能力也决定着服务的好坏。

◈任务要求

知识要求:

1.掌握接听电话的程序及订餐服务要点;

2.掌握撤换餐用具的时机和标准;

3.掌握香烟的服务程序及标准;

4.掌握常用餐具的清洁与保养。

能力要求:掌握接听电话、撤换餐用具、香烟服务、餐具清洁保养等技能,更好地对客服务。

素质要求:培养职业意识和职业习惯,养成认真地工作作风。

◈相关知识

一、接受客人预订

电话接线员在饭店被称为“看不见的接待员”，任何一个饭店工作人员只要接听客人的电话，都应该按照饭店规范要求进行。虽然客人看不见服务员的表情，但同样要求面带微笑接听电话。

（一）餐厅现场接受预订

1.问候客人

（1）当客人来到餐厅时，迎宾员首先问候客人。

（2）当知道客人是来订餐时，需主动告诉客人自己的姓名，并表示出愿意为客人提供服务的意愿。

2.接受预订

（1）礼貌地问清客人的姓名或联系电话、用餐人数、用餐时间，准确、迅速地记录在订餐本上。

（2）询问客人对就餐是否有其他特殊要求。

（3）客人如需预订宴会，应主动向客人提供宴会预订服务。

3.复述客人预订内容

用礼貌热情的语气征询客人意见，复述客人预订姓名、联系方式、用餐人数、用餐时间及特殊要求，并获得客人确认。

4.通知有关人员

（1）通知值班领班按预订人数摆台。

（2）将客人的特殊要求告知餐厅领班和厨师长。

（二）电话接受预订

1.问候客人

（1）电话铃响起三声之内拿起电话，用清晰的语言、礼貌的语气问候客人。

（2）准确报上餐厅名称及自己的姓名。如果客人首先报出自己姓名，应该开始称呼客人的姓名。

2.接受预订

（1）了解有关预订事项，如就餐时间、客人人数、订餐标准、预订单位、联系人姓名、联络电话。

（2）询问客人对就餐有无其他特殊要求。

3.回答客人问题

回答客人问题有困难的，需向客人道歉，记录客人联系电话及姓名，然后请示领导，力争在最短的时间内给客人做出明确的答复。

4.重复客人预订内容

重复客人的预订内容，同时告知客人饭店所处的位置及行车路线，详细地记录客人的姓名、公司名称、用餐时间、人数、宴会性质等。

5.感谢客人的预订

与客人结束谈话前，需感谢客人的预订。在向客人道别后，应注意先等客人挂断电话后再放下听筒。

6.做好记录并跟踪落实

当饭店餐厅的老客户、VIP客户进行预定时，迎宾员要在预订本内做好记录注明，及时通知销售部门人员做好客人喜好的准备工作(如客人爱看的杂志、爱吃的水果、爱喝的茶水等)，提前做好准备，以便使客人满意。

如果是重要接待的客人，需告知销售部门人员做好雕刻摆花工作。销售人员通知厨房部做好雕刻摆花工作，根据不同客人身份创意不同雕刻的花式来雕刻，需提前摆上桌。

【案例3-8-1】一天早上刚刚上班，某饭店餐饮部的预订员孟小姐接到了某大公司总经理秘书赵先生打来的预订电话。对方在详细询问了餐厅面积、餐位、菜肴风味、设施设备、服务项目等情况后，提出预订一个3天后200人规模的高档庆典宴会。孟小姐热情地向客人介绍了餐厅的具体情况后，双方开始约定见面的时间。赵先生提议道："孟小姐，请你下午3点到我们饭店来签一下宴会合同，并收取定金。""真对不起，今天我值班，不能离岗，还是请您抽空到我们饭店来一趟吧，我还可以带您看看场地，行吗?"孟小姐回答道。最后，赵先生同意下午来看场地，并签订合同。放下电话，孟小姐感到十分高兴，暗自寻思：没想到今天预定的生意这么好，这已经是第十个预订电话了，看来完成这个星期的预定任务是没问题了。此后，孟小姐又接了几个预订电话，都是小宴会厅的中、低档预定。孟小姐对待他们的态度显然没有那么热情了，接电话也不那么及时了。这些电话中有一位山西口音的李先生，要求预定当晚淮扬风味的8人家庭宴会，每人标准100元。孟小姐很不耐烦地告诉他预订已满，请他到其他饭店预订。下午，孟小姐一心在等赵先生的到来，没想到只等到一个回复电话。"对不起，孟小姐，我要取消上午的预订，我们李总不希望在你们饭店举办宴会了。"赵先生说。"为什么？是不是需要我亲自到你们公司去一趟。"孟小姐急忙问。"不必了。我们李总今天在你们饭店打电话预定了8人宴没有成功，他对贵饭店没有信心。他说连8个人的家庭宴会都接待不了，还谈什么200人的大型宴会呢？所以他指令我们把宴会订到其他饭店。"赵先生含有歉意地解释着。"这……"，孟小姐顿时感到茫然。

分析：饭店餐厅的预定面向社会各个阶层，对待高层、中层和低层的消费者都应一视同仁，热情对待。另外，要利用电话预定的有利形式开展推销活动。本例中，由于预定服务员没有一视同仁地对待客人，在电话预订中缺乏主动推销和热情服务的意识，结果导致了预定生意得而复失的尴尬局面。

二、撤换餐具

(一)中餐撤换餐用具

较高级的酒席、宴会，往往需要两种以上酒水饮料，并配有冷、热、海鲜、汤等不同的菜品。这些菜品采用炒、烩、煎等不同的烹饪方法。因此，在宴会进行中需要不断地更换餐用具。这样做主要是为了提高宴席档次，搞好餐桌卫生，使菜肴保持原汁原味。

1.撤换骨碟

撤换骨碟时要用左手托托盘，右手撤换，从第一主宾开始，沿顺时针方向进行。

在撤换骨碟时要注意，用过的骨碟和干净的骨碟要严格分开，防止交叉污染。如遇有宾客前一道菜还没有用完，而新菜又上来了，这时可以在宾客面前先放一干净骨碟，等客人食用完后再撤下前一道骨碟。更换骨碟应根据菜肴的品种而定，如果是高级宴会应是一菜一碟。

在一般情况下，餐厅服务员可视具体情况，灵活掌握，但遇到下列情况时应及时更换骨碟：

(1)吃过冷菜换吃热菜时应更换骨碟。

(2)吃过鱼腥味食物的骨碟，再吃其他类型菜肴时应更换骨碟。

(3)上风味特殊、汁芡各异、调味特别的菜肴时应更换骨碟。

(4)凡吃过甜菜、甜汤的盘和碗，需更换骨碟。

(5)骨碟内洒落酒水、饮料或异物的骨碟应更换。

(6)碟内骨刺、残渣较多，影响席位雅观时要更换骨碟。

2.撤换汤碗、汤匙

在宴会中汤碗和汤匙盛汤后，一般碗内难免会留下一些汤汁。若上第一道汤后，第二道汤再盛进去则会影响第二道汤的口味。因此，汤碗、汤匙盛过汤后，如再上新汤，则需撤换一副干净的汤碗和汤匙。

3.撤换酒具

(1)宴席进行中，如客人提出更换酒水时要及时，同时更换酒具也要及时。

(2)酒杯中洒落汤汁、异物时要及时更换酒具。

(3)换酒具时，从客人右侧按顺时针方向进行，酒具放在正确的位置上。操作时不得将酒杯相互碰撞，以免发出声响，打扰客人。

4.撤换毛巾、口布和台布

(1)更换小毛巾　从宴会开始到宴会结束，席间应多次更换小毛巾。上小毛巾的方法是：将小毛巾放在毛巾托内，装在托盘里。餐厅服务员左手端托盘，右手摆放，放在宾客的右侧，由宾客自取。也可将毛巾放在垫碟内，餐厅服务员用毛巾夹直接递给每一位客人。

【知识链接 3-8-1】

递毛巾服务

在用餐前或用完餐后，递上一条冷毛巾或热毛巾都会让客人感到特别清新。毛巾可以喷上一些香水以增加温馨感。

什么时候使用什么毛巾这取决于当时的气候。不管在怎样的气候条件下，使用清香的毛巾总是受人欢迎的。

(2)撤换口布、台布　撤口布时应先将口布抖干净，清点数目，再把口布扎成捆，这样做便于清点。撤台布是撤台工作的最后一道程序。餐台的各种餐饮用具撤清后，应注意台布上是否留有烟蒂、残菜等。如果有，应先清理再撤台布。如台布上留有大量的液体时，应晾晒。待台布晾干后再收起，以免台布发霉后洗不掉。

(二)西餐台面撤换餐具

(1)西餐每吃一道菜均要换一副刀叉，刀叉排列从外到里。因此，每当吃完一道菜就要撤去一副刀叉，到正餐或宴会快结束时，餐桌上已无多余物品。待到客人食用甜点时，值台员即可将胡椒盅、盐盅、调味架一起收拾撤下。

(2)撤盘前，要注意观察宾客的刀叉摆法。如果宾客很规矩地将刀叉平行放在盘上，即表示不再吃了，可以撤盘；如果刀叉搭放在餐盘两侧，说明宾客还将继续食用或在边食用边说话，不可贸然撤盘。

(3)撤盘时，左手托盘，右手操作。先从宾客右侧撤下刀匙，然后从其左侧撤下餐叉，餐刀餐叉分开放入托盘，然后撤餐盘，撤盘按顺时针方向依次进行。

(4)如果宾客将汤匙底部朝天，或将匙把正对自己心窝处，则应马上征询宾客意见，弄清情况后再做处理。宾客若将汤匙搁在汤盘或垫盘边上，通常表示还未吃完，此时不能撤盘。

(5)在宾客未离开餐桌前，桌上的酒杯、水杯不能撤去，但啤酒杯、饮料杯可在征求宾客意见后撤去。

(6)西餐收盘一般用方形的托盘。其姿势是：左手托盘，右手收盘，第一只盘放在托盘的外面一点，以便将剩菜、剩汤倒在第一盘内。刀叉集中放在托盘的一头，留出近身的地方放其余的盘子。这样摆放重心偏里，易于掌握平衡。

三、香烟服务

(一)点香烟

(1)留意客人举动，若客人准备吸烟时，立即上前站在客人右侧为客人服务。

(2)在吸烟客人面前放一个烟缸。

(3)一般多用火柴为宾客点烟，右手大拇指与食指捏住火柴尾端，由外向内划，当火苗稳定后，其余三指拢住火苗，为客人点烟。点完后轻轻将火柴摇灭。一根火柴最多为两位客人点烟。

(4)如用打火机为客人点烟时，要提前调好火苗的大小，看后招呼一声再递上为客人点烟。

【案例 3-8-2】某饭店餐厅实习生正在值台服务，一位先生拿出一盒烟抽出一支正要吸，实习生立即拿出刚领到的打火机走进客人给客人点烟。不妙的是打火机一下蹿出特大的火苗，差一点烧着客人，吓得客人连忙躲开，实习生赶紧关打火机，更不妙的是由于打着的火苗特别大，关上的时候还在冒火。实习生担心打火机爆炸，连忙扔到地上，还不放心，又用脚踩了两脚。客人看着手忙脚乱的服务员禁不住都笑了。可服务员却满脸的尴尬……

分析：为客人点烟，是项很温馨的服务。但是在使用打火机时应注意：因打火机多为一次性的，质量不稳定，所以首先使用前要检查，能否打着火，火苗大小是否合适。火苗的大小要事先调节好，才能为客人服务。另外，服务员在用打火机给客人点烟时，打着火后待火苗稳定了再从客人左或右侧送上。

(二)撤换烟灰缸

现在的许多餐厅都设有吸烟区和非吸烟区，更有一些餐厅是无烟餐厅，餐厅怎样设吸烟区以及是否放烟灰缸取决于餐厅自身的规定。

有些餐厅在开餐前的准备工作中，不将烟灰缸预先摆放到餐桌上，而只有在客人吸烟时才往餐桌上放。这就要求餐厅服务员有极强的反应意识，在客人吸烟时立即将烟灰缸提供给客人。

当烟缸内有两个烟头或杂物时，应及时撤换烟缸。经常更换烟灰缸，保证客人始终使用干净的烟灰缸是所有服务员必须具备的意识。

烟灰缸更换有两种方法：“一换一”和“二换一”。“一换一”指的是将一只干净烟缸放在托盘内，然后盖在餐桌用过的烟缸上，一起放进托盘，这样可避免烟灰到处乱飞，把干净的烟缸再摆回到餐桌上;"二换一"指的是将两个干净的烟缸放在托盘内,将一个干净的盖在用过的烟缸上放进托盘,再将另一个干净的烟缸重新放回台面。

【案例 3-8-3】某日,赵先生随朋友到某宾馆就餐。上菜前,大家都在喝茶闲聊。忽然,赵先生发现朋友抽的烟已有一段烟灰,可搜索整个桌子却没有发现一只烟灰缸,正想叫服务员拿一个,却被朋友阻止了。朋友示意试试服务员的反应能力。可惜的是,近在咫尺的服务员却"无动于衷",朋友把夹烟的手举到脑后,服务员还是"毫无察觉",加上几声干咳,也没有丝毫作用。朋友只好说:"服务员,能拿个烟缸吗?"谁知那位服务员只是应声拿了个烟缸,并未做任何补救措施。

分析:服务行业中有一句术语"100－1＝0",即使你认认真真、仔仔细细地力求做好每一件事,但只要出现一点点差错,你所做的种种努力和艰辛都可能前功尽弃,付诸东流。一段烟灰,掉下去便会"粉身碎骨",一吹更是"无影无踪"。假如那位服务员在客人要烟缸后,主动地说:"对不起,刚才一时疏忽没能及时给您送上烟缸,请原谅"之类的话,也许就是另外一番境地了。服务质量是服务业的生命线。豪华的设计和装饰固然能吸引人,但是如果没有一定水平的服务质量与之匹配,就很难赢得顾客的心。

四、常用餐厅用具的清洁和保养

餐饮部门的木器家具、用餐器皿、布件等是保证餐厅服务工作正常进行的必要物质条件。因此,对这些物件能否做到正确使用,妥善保管,科学保养,以尽可能少的消耗来完成尽可能多的接待任务,不仅直接影响器具的使用寿命,而且反映了饭店的服务质量和管理水平。

(一)普通餐、酒具的清洁

1.餐、酒具清洗

餐、酒具的清洗、消毒工作,通常是按一刮、二洗、三冲、四消毒、五保洁的顺序进行操作的。

一刮是将剩余在餐、酒具内的食物残渣倒入桶内并刮干净。

二洗是将刮干净的餐、酒具用2%的热碱水和加入适量洗涤剂清洗干净。

三冲是将经过清洗的餐、酒具用流动的水冲去残留在餐、酒具表面的碱液或洗涤剂。

四消毒是将洗净的餐、酒具进行消毒处理。

五保洁是将洗后的餐、酒具放在清洗的餐具柜里。

2.餐、酒具消毒

餐、酒具的消毒,是切断以餐具为途径传播疾病的一项重要措施。一般情况下餐、酒具消毒可分为:

(1)煮沸消毒　消毒时将洗净的餐具放入沸水中20～30分钟,煮沸消毒时餐具不宜叠得太紧,餐具必须全部放于水中,使餐具的每个部分都能接触到沸水,否则会影响消毒效果。一般瓷器餐具使用此法比较经济、简便易行。

(2)蒸汽消毒　消毒时蒸汽箱门应关好,蒸汽应开足,当温度升到120℃,在12磅压力下蒸20分钟。此法操作简便,效果很好,适用于各种餐具、茶具、玻璃器皿的消毒。

(3)消毒柜消毒　使用消毒柜时应注意温度,一般保持在120℃,并持续30分钟。

(4)药物消毒

①高锰酸钾溶液消毒　用0.1%高锰酸钾浸泡不少于10分钟。溶液必须现配现用才能

起到消毒作用。当溶液紫红色变浅时，即需更换，重新配兑。此法一般用于不耐热的餐具的消毒，如玻璃器皿等。

②漂白粉溶液消毒　用0.1%漂白粉浸泡5～10分钟。

③过氧乙酸消毒　过氧乙酸是一种高效广普杀菌剂，用0.2%的过氧乙酸溶液浸泡餐具2～3分钟。

(二)餐具保管

餐具保管是指消毒后的餐具应存放于专门的保洁柜内保管，避免与其他杂物混放。存放柜应定期进行消毒处理，保持其干燥和洁净。在操作过程中还应注意以下几点：

(1)消毒好的餐具不得随便用手触摸到餐具的内面和筷子头。

(2)消毒过的餐具应及时放入保洁橱内，待下次使用。

(3)不能用未经消毒的不干净的抹手(台)布拭抹餐具内面。

(4)餐具放入消毒柜应竖起排列，中间留有空隙，不要叠成一堆，以便热气透入。筷子应分头尾、平放或筷子头朝内。未使用的餐具应存放于柜内保管。

(5)保洁橱的材料应用瓷砖或不锈钢制成，以利保洁工作和防止害虫侵入。

(6)使用含氯消毒水(特别是原液)应注意防止灼伤皮肤和溅到衣服上造成脱色。

(7)做好餐具保洁，除有固定地方存放餐具外，使用餐具时也应该注意卫生。

(三)木器家具类

餐厅使用的木器家具，通常有各种餐桌、餐椅、餐柜、工作台、沙发椅以及茶几、花几、衣柱等。在使用和保养时，主要是防止其断裂、变形和表面油漆的脱落及褪色。

木制家具受潮后容易膨胀、腐烂，过分干燥则容易收缩、干裂。因此，应将家具放置在干湿度适宜的位置，避免太阳的直接暴晒、暖气的烘烤和水渍的侵蚀。

家具表面的油漆，不仅是为了增添其表面的美观，而且具有保护木质、延长家具使用年限的作用。因此，在擦拭家具时，不要用湿抹布，而宜用干燥或半干燥的柔软抹布揩擦。此外，为了保护漆面，可定期在家具表面上蜡打光。

家具的摆放要平稳，不要在上面摆放过重的物品，否则会使家具断裂或变形。搬动家具时要巧搬轻放，切勿硬拖硬拉，以防止脱榫、折断等现象出现。

(四)银器餐具类

饭店的银器大部分是餐厅用具。常用的银器餐具有餐刀、餐叉、大小银盘、各种不同种类的勺匙等。对于各种银器，必须细心擦洗，精心保养，妥善保管。

银器餐具是贵重餐具，一般由餐厅管事部派专人负责管理。所有银器必须分类分档，登记造册；正在使用的餐具银器，应天天清点。大型宴会的餐具数量多，流量大，要仔细检点，以防丢失。收台时要先清点和收捡台上的银餐具，防止将小件银餐具倒进杂物桶。

用过的银餐具，不仅要洗干净，而且要擦干擦亮。银器长期不用，颜色会变黑，所以要定期彻底擦洗。

擦洗银器通常使用银粉，其方法是：先将银器浸水，再用刷子或揩布沾上银粉，用力揩擦污渍，待晾干后，用干布用力擦亮，然后用开水泡洗消毒，最后用消毒洁净的揩布揩干。不锈钢餐具也可用此法擦洗。

银器质高价贵，品种繁多，规格不一。尤其是刀叉的刀口、叉尖锋利，容易划伤手脚，或因相互碰撞而损坏，所以一定要专橱专用，分类存放。

（五）餐厅布件类

餐厅里的布件主要是台布、餐巾、毛巾、窗帘等。对这些布件，一定要及时清洗，勤于清点，妥善保管。

每餐换下来的台布、餐巾及潮湿布件应及时送往洗涤间，但切忌以台布当作包裹在地板上拖着运走。晚餐后换下的台布、餐巾要刷去残羹杂物。潮湿的布件应摊晾于通风干燥处。

布件应注意轮换使用，以减轻布件的破损，存放布件的箱橱要保持洁净。

布件存放前一定要洗净晾干或进行除尘熨烫，以达到杀虫、灭菌、防霉的目的。熨烫时，要待热气散尽后再进行收藏，否则容易造成布件的变质损坏。

◈工作任务单 3-8

1. 简答题

(1)简述电话订餐的程序。

(2)在参加宴会的客人用餐过程中，遇有哪些情况需要更换骨碟？

(3)简述香烟的服务程序。

(4)如何进行银器的清洁与保养？

2. 技能训练

(1)电话订餐操作练习

程序：按规定接听电话——和客人进行交流——重复客人要求及饭店声明——按规定挂电话——记录。

注意：检查操作者面部表情，检查声音是否优美，检查声音的速度、音量、清晰度是否适中。

(2)中餐台面撤换餐用具服务、台面收拾服务操作练习

程序：按要求撤换餐具——台面收拾。

注意：检查轻托技能是否正确，检查操作过程的完整性和准确性，检查操作者的动作是否规范。

(3)更换台布服务操作练习

程序：清理台布——撤台布——铺台面。

注意：检查操作过程的完整性和准确性，检查操作者的动作是否规范。

(4)香烟服务、撤换烟灰缸服务操作练习

程序：香烟服务——撤换烟灰缸服务。

注意：检查操作过程的完整性和准确性，检查操作者的动作是否规范，检查轻托技能是否正确。

项目四　中餐服务与管理

学习目标

通过本项目的学习，使学生能够了解中餐零点服务、团体包餐服务的特点；熟悉和把握中餐零点服务、团体包餐服务以及宴会服务中各环节的服务要领与注意事项；掌握中餐服务程序，并具备熟练、规范而灵活地为客人提供服务的能力。

任务一　中餐零点服务

◈情景导入

一天中午，餐厅里来了一位老先生，这位老先生自己找了一个不显眼的角落坐下。服务员小秦立即走上前来，为客人上茶、点菜。客人说道："不用点菜了，给我一份面条就可以，就三鲜面吧。"服务员仍然微笑着对老先生说："我们饭店的面条口味不错，请您稍等，喝点茶，面条很快就会煮好的。"说完，小秦又为客人添了点茶才离开。10 分钟后，热气腾腾的面条端上了老先生的餐桌。老先生吃完后，付了款，就独自离开了餐厅。晚上 6 点多，餐厅里已经很热闹了，小秦发现中午的那位老先生又来了，还是走到原来的位置坐下，小秦连忙走上前去，笑语盈盈地向老先生打招呼："先生，您来了，我中午没来得及向您征询意见呢？面条合您的口味吗？"老先生看着面带甜美笑容的小秦说："挺好的，晚上我再换个口味，吃炒面，就肉丝炒面吧。"小秦给客人填好单子，顺手拿过茶壶，给客人添好茶，说："请您稍候。"老先生看着微笑着离开的小秦，忍不住点了点头。用餐完毕，小秦亲切地笑着询问老先生："先生，炒面合您口味吗？"老先生说："好，好，挺好的。我要给我侄子订 18 桌标准高一些的婚宴，所以到几家餐厅看看，我看你们这儿服务真好，决定就你这儿啦。"小秦一听只吃一碗面的客人要订 18 桌婚宴，愣了一下，马上恢复了笑容，对老先生说："没问题，我这就领您到宴会预订处去办理预订手续。"

为了更好地宣传中国饮食文化，需要将中餐厅服务做得尽善尽美，那么今天我们来学习一下中餐厅服务吧！

◈任务分析

中餐服务是一个复杂的程序，它是由备餐开始到把客人送出餐厅的全过程。在这个过程中要经过餐前准备、领位迎宾、点菜服务、上酒上菜、席间服务、结账送客、清理台面等众多环节，服务员要根据各环节的不同要求完成服务，既要和顾客进行语言沟通，还要为顾客提供必要的服务。而零点服务则是服务员为客人来到餐厅后临时点菜就餐而提供的服务。零点服务是目前餐厅服务中接待量较大，最经常、最普遍的服务方式，它要求服务员具备过硬的服务基本功、随机应变处理问题的能力，才能使服务过程中各环节配合协调，为饭店创造更好的经济效益。

任务要求

知识要求：

1. 了解零点餐厅服务的特点；

2. 熟悉并掌握中餐早餐服务程序。

能力要求：能够熟练进行中餐零点服务。

素质要求：具备从事餐饮职业活动所需要的行为规范，职业态度端正，团结协作。

相关知识

一、零点餐厅服务的特点

零点餐厅是指宾客自行安排，随点随吃，吃完自行结账的餐厅。零点餐厅服务是指餐厅为接待零散客人而进行的服务工作。这是一项具体而复杂的工作。具体是指零点餐厅服务具有完整的服务规范，它包括先后依次安排的服务工作步骤、一定的服务程序和一系列服务标准要求。复杂是指零点餐厅服务会遇到从最简单的零售小吃到与酒席宴会相当的顾客需求。

由于零点餐厅服务是饭店餐厅、社会餐厅中最普通、最经常、最大量的日常工作，是餐厅服务的主要环节，所以做好零点餐厅服务工作是非常重要的。

1. 接待对象零散，人数多而杂

零点餐厅接待的就餐对象为零星散客，基本上没有预订，客人到餐厅随点随吃。在就餐高峰时间，零点餐厅的就餐人数很多，有时甚至“客满”，但由于客人的就餐习惯、口味爱好和用餐需求等存在差异，对于餐厅提供的服务要求也不尽相同。这就需要餐厅服务员要善于察言观色，及时捕捉客人信息，机警灵活地掌握客人的心理需求。餐厅员工一方面要随机应变，另一方面也要在菜肴的品种和食品的原料及餐用具等方面配备齐全。

2. 营业时间较长，服务工作量大

零点餐厅相对于其他餐厅而言，其营业时间较长，宾客到达时间交错，就餐时间不统一，从营业开始到结束，任何时候客人都可以随意进出、随点随吃，有的甚至通宵营业，为客人提供宵夜服务。因此，零点餐厅服务员的工作量较大，就餐高峰时座位周转率很高，这就需要服务员及时翻台，才能迎接下一批客人的到来。因此，服务员应根据宾客到达时间及具体情况来安排餐桌，提供服务。在整个营业时间内，员工要精神饱满，热情耐心地接待每一位宾客。

3. 服务要求快捷、周到、细致与体贴

零点餐厅服务员一般要服务多个餐台。客人在零点餐厅点完菜后，希望所点菜肴能及时上桌，对于服务员为其提供的服务希望更加周到、体贴。由于就餐客人的就餐目的不同，他们在服务中提出的特殊要求也有所不同。为此，需要服务人员要有较全面的服务知识和服务技巧。如对于求快的客人，在菜点上齐后，应尽快为客人准备结账。

【他山之石 4-1-1】

Chef Chu 餐厅的“5 分钟”服务原则

Chef Chu 餐厅是美国一家由当地明星华人厨师朱镇中开办的拥有 200 多个餐位的中型餐馆，开业至今已近 30 年头，生意越做越红火，经久不衰，每天平均接待顾客 800 人次，年销售量高达400万美元之多，现在更以每年10%的速度增长。那么，该餐馆成功的秘诀是什么呢？餐馆老板朱镇中自豪地说："Chef Chu的兴旺：一靠出色的菜肴，二靠优良的服务。"优良服务遵循的原则是所谓的"5分钟服务"原则。他认为在餐厅酒楼的整个服务过程中，顾客进门3分钟和临别2分钟是十分重要。如果这时服务不到位，很容易让顾客产生被怠慢的感觉。那么，如何做好这5分钟的服务呢？其要点如下：

1. 进门3分钟

一是顾客等候不要超过60秒。如果顾客走进餐厅却无人理睬，顾客会感到被怠慢而愤怒。所以，服务员即使很忙，也要迅速走到顾客桌旁招呼。

二是开口之前要过脑。招待顾客时一定要专心。对顾客说话时，要知道自己在说什么，并面带微笑。

三是讲话时要直视顾客。和顾客讲话时，只有接触他们的目光，才能让他们感觉到被关注。

四是为单身顾客提供读物。为了消除单身顾客的孤独感，在事先确定顾客有充裕时间的情况下，最好为他们提供书报、杂志等读物来消磨时光。

五是让结伙就餐的人感觉愉快。为结伙就餐的顾客服务时，要安排好上菜次序，使顾客轻松自在。

六是要培养观察力。服务员要善于察言观色，及时了解顾客需求。最好的服务是在顾客开口之前就主动提供服务。

2. 临别2分钟

一是为顾客结账时要手脚麻利。在顾客示意要结账时，服务员应快速算好总价并双手递上账单，然后手脚麻利地收款和找零。

二是友好地为顾客打包剩菜。如果顾客要求打包剩菜，服务员应认真对待，彬彬有礼。最好能为顾客添加一点菜叶、调料之类的小花样，让顾客感到惊喜。

三是帮助客人拍照。若客人自带照相机前来，可能他们有摄影安排。服务人员不妨主动提供拍照服务，代为他们摄影，使全体客人都可以摄入镜头。

Chef Chu餐厅对餐饮服务的全过程进行了细致周到的服务内容设计，高度体现出对客人的关注，取得了经营的成功。

二、中餐零点服务程序

零点餐厅每一班次的服务程序大体可分为：餐前准备、开餐服务、就餐服务和餐后结束四个主要环节。其各环节的工作内容是：

(一)餐前准备

1. 班前短会

由餐厅领班或主管主持召开餐前训导会。其内容包括检查仪容仪表、介绍情况、分配任务三个方面。这一环节相当重要，千万不能忽视。

2. 清洁工作

餐厅的清洁卫生工作是：先清洁空气，掸净天花板和墙壁等各处上的灰尘，清洁地面；检查整理墙饰、装饰物，擦亮门窗玻璃及手柄，清洁桌椅，使之光亮、无尘，并摆放整齐。每日开餐前都应做详细的餐厅清洁工作，使之处于清洁、卫生的状态。

3. 准备餐、用具

备齐餐具、佐料和服务用品；将消毒好的碗筷、盘碟、茶具等整理备齐，放置有序；检查酱油、醋等佐料的容器，看是否清洁、装满，不足的要及时补上；要根据当天的供应品种配制、备足其他辅助佐料；把牙签、火柴、烟灰缸、热毛巾等备好。

4. 铺设餐台

按照餐厅铺台的标准进行摆台，力求统一、规范、整齐、美观。

5. 了解情况

即了解当天的供应品种和其他原材料的情况，哪些菜肴是重点推销的，哪些是脱销的，哪些是特色菜等，以利于餐厅员工做好点菜服务。了解预订接待对象，如接待人数、客人的身份、入席的时间、摆设要求等。

6. 全面检查

在准备工作完毕，服务员自查的情况下，由领班或主管进行抽查或全面检查。若检查中有错漏处，服务人员应马上纠正弥补。开餐前的准备工作力求做到万无一失。

【案例 4-1-1】在某城市一家二星级饭店的餐厅里，刚把皮包放好准备点菜的华先生突然感到不适，忙问服务员卫生间在哪里。服务员告诉他餐厅里有一个，另一个在离餐厅较远的商品部附近。华先生急匆匆地进了餐厅的卫生间，一进门便踩了一脚水，同时一股难闻的异味迎面而来。“天啊！这哪里是饭店的卫生间啊，这明明是一个污水池嘛。”华先生望着已经流到门口的污水，差一点作呕起来。出于无奈，他屏住呼吸急速方便后马上跑出来，没想到刚出门便滑了一跤。“我要找你们的经理投诉。你们的卫生间又脏又差，门前也不铺地毯，让我摔了一跤。”华先生怒气冲冲地向服务员叫喊着。“我们这里的卫生间主要是为工作人员设的，楼下商品部旁边还有一个，您最好去那里。”服务员推脱地答道。“楼下的卫生间也很脏，而且不好找。”一位食客站起来大声呼应着。华先生又怒火冲天地找餐厅经理投诉。没想到经理也敷衍地回答，卫生间总是有异味的，中国人上厕所不要太讲究……华先生怒不可遏：“你们太不像话了！星级饭店餐饮的卫生环境糟糕到这种程度，简直难以置信！我要告你们，要告诉大家都不来你们这里吃饭。”华先生拿起皮包与同伴们悻悻离去。餐厅里的气氛顿显凝重，几位食客不知什么原因也站起身悄然离去。

分析：卫生环境的好坏是餐前准备程序中的重要一环。在客人的感受中，判断一个饭店环境的好坏，公共卫生间的清洁程度起很大作用。既然是星级饭店的餐厅，就应体现出星级饭店的服务水准和文明风范，其卫生环境特别是卫生间的环境一定要高标准、严要求，要让客人感到舒适、方便，使客人在餐饮的全过程中感到圆满、放心，餐饮活动才能顺利地进行。该例中的服务员和经理的做法让人不敢恭维。由此可以看出该饭店在管理上存在的漏洞。

（二）开餐服务

开餐服务是餐厅对宾客服务的开始，也是餐厅工作的重要环节。其具体服务程序如下：

1. 热情迎宾

见宾客到来时，迎宾员要面带笑容接待。主动为宾客拉门，使用敬语问候客人并向客人致意；询问客人就餐人数，问清后，服务员将宾客带到合适的餐台安排就餐。

2. 合理领座

引领客人时，迎宾员应面带微笑，身体微倾，并使用敬语，走在客人的左前方相距约 1 m 处。引领客人到事先安排的或预想安排的餐桌，引领速度需与客人行走速度相同。领位时要遵循：先里后外，尊重选择，合理调整的原则。领位时的技巧有：

(1)一张餐桌最好是安排同一批就餐的宾客；

(2)根据宾客人数的多少，安排大小合适的餐桌；

(3)若是一批外向型的客人，应将其安排在包房或僻静靠边的位置，以避免干扰其他的宾客就餐；

(4)老年或身体欠佳的宾客，应考虑到其体质较弱、行动不便，尽量安排在远离空调风口处及距离餐厅门口较近的位置；

(5)有伤残的宾客，尽可能将其引领至能隐藏其伤残部位而且又方便伤残宾客就餐的位置；

(6)穿着时尚的宾客，将其安排在餐厅引人注目的位置，这样既突出了餐厅求美心理，又渲染了餐厅的氛围；

(7)为情侣领座，可选择幽静的、靠边些的餐位；

(8)若一批宾客中有带儿童就餐的，迎宾员要及时送上儿童专用高椅，并换上儿童不易打碎的餐具。

总之，领座时，既要研究宾客的心理需要，又要考虑餐厅的使用率，还要方便服务人员操作。在就餐高峰期，常出现餐厅座无虚席，有的宾客需在休息厅用餐的情况。迎宾员要注意根据宾客到达和登记的先后次序安排他们入座就餐。

当引领客人到餐桌时，迎宾员要逐一为客人拉椅。拉椅时要用左膝顶住椅背，双手扶住椅背上部，平稳地将椅拉出，并伸手示意客人就座。

【案例 4-1-2】小王是某大饭店的新员工，因品貌出众、声音甜美被安排担任迎宾员。一天，正值午餐时间，小王正在迎宾，来了一位女士，小王用服务规范用语问道："女士，您好！欢迎光临！请问您几位？"那位女士一听就不高兴了，也不答理她。小王忙又重新地问了一遍："请问您几位？"谁知那位女士立即生气地冲小王喊起来："你什么态度？你管我几位？没完没了地问来问去，你要查户口呀？"小王忙向客人解释："我问您几位，好给您找个合适的座位呀！"那位女士更生气了，喊道："你管我几位？我愿坐哪儿就坐哪儿！"这时主管忙赶过来，让小王走开，并诚恳地向客人道歉："对不起，女士，您别生气，这是服务员态度不好，说话不对，请您原谅。您里边请，请您自己挑选您喜欢的座位，请！"主管诚恳道歉使这位女士气消了些，这位女士自己找了一张临窗的小桌坐下了。小王一直在餐厅门口观察，心里直嘀咕："我按规范询问她几位，怎么又不对了呢？我态度挺和蔼的，主管怎么说我态度不好呢？"小王真的感到迷惑了，"这到底是什么缘故？我到底做错什么啦？"

分析：迎宾员在迎客时，应用问候语、欢迎语来迎宾，然后用征询语询问客人，是否预订，了解客人就餐需要和喜欢的餐位，这是迎宾的基本规范。当独身客人来到餐厅时，用服务用语问话就要谨慎了，因为独身客人本来单独来就餐就有孤独的感觉，服务员问话时就不能强化客人这种感觉，不应该问："就您一位吗？"这样会使客人反感，服务员应避免这种强化客人孤独感的不妥问话。正确的做法是：看到单身一人来就餐的客人，就应引领至单独的小张桌后问："您看这张餐桌可以吗？"客人若还等其他客人，就会主动告知服务员，服务员便可根据情况调整餐位。若是一位客人，他(她)会喜欢单独的小餐桌而又很自然就座，就可避免产生使单身客人感到孤独感的不良作用。

3.送巾递茶

客人坐下后，由值台员主动为宾客送上香巾后开茶。由于客人饮茶习惯不同，要向宾客问茶，征询意见，也可根据宾客的喜好介绍适宜的品种，然后按需开茶。

开茶时，要注意卫生，不能手抓茶叶往茶壶里放，应用茶勺按茶位放茶，茶量准确。斟茶时，在宾客的右侧斟倒第一杯礼貌茶，右手执壶，左手自然下垂或托托盘，杯中茶水一般斟八分满为宜，不宜太满。

以上所述是茶杯、餐具预先摆好的台式服务的餐厅服务程序。另一种是迎宾员把宾客人数告知执台员，由执台员把茶具、餐具按宾客人数摆上台，然后开茶。如果客多繁忙，无暇接待后到的顾客时，也要热情打招呼，做到“接一、安二、招呼三”。

同时要收去香巾，脱去筷套。在宾客饮茶过程中，服务员应将菜单递送给宾客，菜单宜先递给女宾和年长的人。

4.接受点菜

服务员的工作不只是点菜和上菜那么简单，服务的工作具有挑战性，他们除了服务之外，更是一个推销员。服务员为客人点菜前，要通过看、听、问等方法，了解宾客的就餐目的、消费水平以及就餐的急缓程度等情况，以便有针对性地为宾客服务。在呈递菜单之前，服务员还必须对所有的菜式都有充分的了解，包括它的成分、原料和做法，特别是厨师精选之类的菜更应了如指掌。

点菜时，菜单在哪个宾客手里，服务员就应礼貌地站在其侧后约50 cm处。这样既能听清客人说的话，又不妨碍客人翻阅菜单。接受点菜，要保持站立姿势，身体微向前倾，认真清楚地记下宾客所点的菜。如客人点的菜，菜单上没有，则说：“请您稍候，我去厨房看一下有无原料”。若能做则填单；不能制作时，则向客人道歉说：“对不起，您说的这一道菜今天没原料，您看××菜的制作原料和口味与其类似，您是否品尝一下?”如客人点活养海鲜品种时，应将活养海鲜捞出装袋(盘)，到客人桌前示意，待客人确认后再送入厨房。点菜完毕后，应向客人复述一遍所点的菜。

点菜过程中，特别要注意不应给客人造成点菜的压力，让客人自由地选择他们的口味。推荐菜肴时，要实事求是，尽量使客人所点的菜肴荤素搭配合理，原材料、口味、色泽、形状、烹调方法各异。

5.开单、送单

点菜单通常一式四联：第一联交厨房，第二联交收银员做账，第三联由传菜员出菜划单用，第四联归值台服务员留存，以便核对上菜并划单。点菜单，只有收银员签字后方可有效。

宾客点菜时，要迅速开单。填写点菜单要迅速、准确，字迹要清楚，注明日期、台号、人数、份量、服务员工号，并在备注栏内记录宾客对菜肴的特殊要求。开单完毕后，一定要复述菜单，告知客人所点菜肴的种类、数量、特殊要求等。

需要注意：如果客人所点的菜是菜谱上没有的，应在点菜单上注明符号，以便于收款问价。如客人分开两台点同样的菜，应在订菜单上注明“双上”字样；如果是多台，在菜单上注明台号和桌数。

(三)就餐服务

就餐服务也称“值台服务”,是把宾客点的菜肴送上餐桌,在宾客整个就餐中,照料客人的各种需要,最大限度地使宾客满意。

1.上酒、上菜

服务人员要快速领取宾客所点的酒和饮料;取出后,若是整瓶的,需将瓶子擦干净,在餐台前打开;若是罐装饮料,切记不要将罐口正对宾客打开;斟倒完毕,如有剩余的酒水,应放在餐桌的一角;数量较多时,应征求宾客意见,摆放在附近的工作台上,并随时为客人添加。当传菜员托着菜肴到餐台旁停下时,值台员应快步迎上,核对无误后,将菜端上餐台。

要注意每一批宾客的就餐速度,随时与厨房取得联系,尽量将出菜速度与就餐速度相适应。上最后一道菜肴时,要主动告诉客人,并询问还需要什么帮助,同时向客人介绍甜点和水果。

【知识链接 4-1-1】

退菜服务规范及标准

(1)退菜分类

第一种情况:菜肴中有杂物、虫蝇、原料不新鲜或未择净;

第二种情况:菜肴过咸或过淡,烹调过老或不熟,口味不好,温度不够,数量不足,超过规定时间未上(或未上齐)的菜;

第三种情况:其他非菜品本身质量的问题(包括未超出规定时间而客人要求退的菜)。

(2)处理程序　属第一、二种退菜,服务员应无条件地接受,并诚恳地向客人表示歉意:“这是我们的工作失误,非常抱歉,给您换一道好吗?”态度要诚恳,然后将菜放于客人看得见的位置。当新菜上来之后,应用礼貌用语:“非常抱歉,这是为您新做的菜,请您品尝。”同时向主管以上管理人员反映,管理人员必须及时赶到现场,向客人表示道歉,并对此事做出处理。

其他情况的退菜处理(属第三种情况):客人自己点的菜时,要求退。这种情况不应同意退菜,但可尽力帮助转卖给别的客人。如实在无人要,只好耐心讲清道理,劝客人不要退了,吃不了可帮他打包带走。客人订餐人数多,实到人数少,可经过协商酌情退菜。客人要求换菜时,服务员应先去厨房看一下所点的菜是否已制成半成品或成品。若未制成,可给予调换;否则,就不给换,但应向客人说明道理。

2.巡视服务

在宾客用餐时,服务员要做到:按照标准站立于方便观察客人进餐又不打扰客人用餐的位置,随时为客人提供服务;随时准备为客人更换烟缸,不准超过两个烟头;随时巡视客人进餐情况,发现客人桌上有空盘时,在征得客人同意后,撤去多余的空盘,随时收走桌上空瓶;在吃完带壳、带皮、带刺的菜品时,注意观察,发现客人骨碟内有壳、皮、刺时,必须及时更换骨碟;及时为客人添加饮品、茶水、酒水,及时添加并适时推销。

【案例 4-1-3】一男一女两位外宾,带着两个男孩儿来到饭店的中餐厅吃晚饭。一个孩子睡在婴儿手推车中,另一个坐在服务员特意拿来的专用高脚椅上。两位宾客点了他们喜爱的菜后,便开始喝起了中国茶。坐在高脚椅上的孩子只有两岁多,非常好动,他一会儿玩筷子,一会儿又把餐碟扔到地上,女外宾不时地呵斥着他,但并不制止。服务员见小孩儿淘气,忙上前捡起掉在地上的餐碟，转身去换。不一会儿，外宾点的菜上桌了。服务员在征得外宾同意后，特意为小男孩儿夹了一些菜，放到餐碟里，谁知小孩儿拿起餐碟向服务员就扔，菜扔到服务员身上，碟子掉在地上打破了。两个外宾忙起身呵斥孩子，不好意思地向服务员道歉，并表示要赔偿被打坏的餐碟。服务员微笑着请他们不要介意，并转身再次为孩子换了餐碟。当服务员为客人送"番茄虾仁"时，只见小孩儿在大声地哭闹，两个外宾正在焦急地抱着小男孩儿看他的口腔。原来在服务员离去时，淘气的孩子吃了一口鱼，被鱼刺卡住了喉咙。听到男孩儿的哭声，看到外宾那焦急的神色，服务员放下菜盘就去帮助查看。鱼刺扎得很深，她安慰客人不要着急，接着马上去找餐厅经理。餐厅经理闻讯赶来，为了不影响其他宾客用餐，加之饭店的医务室已经下班，他马上叫人联系车辆让那位服务员陪同外宾一家送孩子去附近的医院。孩子送到医院后，卡在他喉咙上的刺终于被取了出来。外宾回到饭店的房间后不久，餐厅就将准备好的饭菜送到了客人面前。看到送餐车上那热气腾腾的饭菜，他们激动地对送餐的服务员说："你们饭店的服务真周到，请替我们向餐厅的所有人致谢。"

分析：宾客在用餐过程中损坏餐具和物品时，应视情况处理。对于一般的用具可不让其赔偿。对于较贵重的餐具和物品要打入餐费之中，但应该当面对客人讲清。最好的防范措施是注意观察客人的举动，帮助他们清理面前的餐具，尽量使客人面前的用餐空间扩大。对于老、幼、病、残等特殊的客人，服务员应采取一套特殊的服务方式，要加倍地细心、热心和周全，要保证餐桌前常有人在场照顾，因此最好有两个服务员为这样的客人服务。此案中的小男孩儿，如果在服务员取菜时能得到另一个服务员的照看，可能就不会因吃鱼而被刺卡住喉咙了。

3. 结账收款

菜上齐以后，服务员应及时告知收银员准备结账。收银员核对账单无误后，应将账单放入收银夹或收银盘内。宾客要结账时，餐厅服务员由客人左侧递上；若是一群客人，尽可能辨明付款者，将收银盘放在其左旁。如无法判定谁是付款人（所有的点菜事先未交待分开而记在一张账单上）时，则将账单置于餐桌的正中，如此不至于将账单递给某人，而造成尴尬场面。当一男一女在一起进食时，账单送给男士，除非此二人各自叫菜另有吩咐而有分账单。服务员礼貌上应在呈递账单前先询问客人是否还有别的需要，账单放在桌上时应立即道谢，随即应保持距离，等客人将费用准备妥当后再趋前收取，并当面将现金复点一遍；如是陪同客人到收银台付账应站离远一点，主要避免有等候小费之嫌。结账完毕，无论有无小费，服务员均应向客人说声"谢谢"。结账时应注意：

（1）凡涂改或不洁的结账单，不可呈给客人。

（2）如客人以现金结账，用账夹把从收银台找回的零钱及账单红联送还客人，向客人唱收唱付并致谢。

（3）如客人以支票结账，须礼貌地请客人在支票后面签上姓名、地址及联系电话，交由收款员处理后再将支票存根及发票递交客人并致谢。

（4）如客人以信用卡结账，须礼貌地请客人出示身份证并在账单上签名，将信用卡、账单及身份证交收款员处理后，再把信用卡签付单及笔递交客人签名。如客人签字与信用卡一致，则将所有证件、签付单存联及发票交还给客人并致谢。

（5）如客人以签单结账，须将账单及笔递给客人，礼貌地要求客人出示房卡并在账单上签名，写上房号，然后将房卡及账单交收银员处理，核对无误后再将房卡递还给客人并致谢。

结账后，如果宾客有多余的或未吃完的点心，服务员要主动用食品盒或食品袋包装妥帖后，交宾客带走。

4.征求意见

宾客用餐完毕，服务员要坚持做到礼貌送别，要虚心征求和听取宾客的意见，对服务不周之处应表示歉意，对误会要解释清楚，以消除误解。

5.热情送客

送客是礼貌服务的具体体现，表示餐饮部门对宾客的尊重、关心、欢迎和爱护。送客是星级饭店的餐饮服务中不可或缺的重要一环。客人结账完毕将要离去，等其全体起座，为其拉座致谢准备送客。如果工作不太忙碌，尽可能送至门口。若发现客人遗留物应及时归还，有寄存衣帽者帮助取拿。这时领班随机可询问客人是否喜爱所吃的菜肴，服务是否周到，以及是否发生过误会。若有何不周之处，领班应立即向顾客解释，并表示竭诚改善，使他(她)们乘兴而来，满意而归。在送客过程中，服务人员应做到礼貌、耐心、细致、周全。送客时，还要注意：

(1)宾客不想离开时绝不能催促，也不要做出催促宾客离开的错误举动。

(2)宾客结账后起身离开时，应主动为其拉开座椅，礼貌地询问他们是否满意。

(3)要帮助客人穿戴外衣、提携东西，提醒他们不要遗忘物品。

(4)要礼貌地向客人道谢，欢迎他们再来。

(5)要面带微笑地注视客人离开，或亲自陪送宾客到餐厅门口。

(6)迎宾员应礼貌地欢送宾客，并欢迎他们再来。

(7)遇特殊天气，处于饭店之外的餐厅应由专人安排客人离店。如亲自将宾客送到饭店门口、下雨时为没带雨具的宾客打伞、扶老携幼、帮助客人叫出租车等，直至宾客安全离开。

(8)对大型餐饮活动的欢送要隆重、热烈，服务员应穿戴规范，列队欢送，使宾客真正感受到服务的真诚和温暖。

【案例 4-1-4】一天晚上，北京某四星级饭店的对外餐厅正在营业，餐厅内气氛热烈，餐厅外还有等待用餐的宾客。突然，门外下起了大雨，餐厅外等餐的宾客顿时都涌进了休息室。几位用完餐的客人被大雨阻在门前，无法出去。过了一会儿，餐厅经理见雨仍停不下来，忙让服务员去为要走的客人联系出租车，但门外的出租车很少，只有几位客人坐车走了，门前仍有人在等车。餐厅内的一对法国老夫妇也在餐厅门前等候。服务员小赵见他们手中没拿雨具，神情也比较焦急，便走上前询问。原来，客人在旅游中和儿子走散后碰巧到这里吃饭，现在又迷了路，小赵得知急忙要帮他们联系出租车，但客人却说不清住在哪家饭店，手中也没有带所住饭店的地址和电话号码。小赵忙找到一张北京的英文地图让他们找，他们还是说不清楚，只是记得住城东的一家五星级饭店。小赵又问他们所住的房间号，他们说是昨天晚上刚到，房间号也记不起来了。小赵请他们先到休息室等候，为他们拿来热茶和手巾，记录了他们的姓名后便去打电话询问。经过一番电话询问，小赵终于查出客人住在长城饭店。当小赵把这个消息告诉客人时，他们非常高兴，但一定要小赵陪他们回去，怕出租车司机搞错。小赵请示过餐厅经理后，亲自为客人叫了出租车，并拿了雨伞送他们上车。当车赶到长城饭店时，两位老人的儿子正在大厅里焦急地等待，他见小赵将老人安全送到饭店，非常激动，并表示感谢。老人也激动地说："你们饭店餐厅的服务太好了，送客一直送到了家，我们还要到你们那里去用餐。"说完，就拿出钱酬谢小赵。小赵微笑地对他们说："热情地迎送客人是我们应该做的，中国人是最讲礼貌的人，而真诚礼貌地待客是无价的。"他谢绝了客人的酬谢后就离开了。

分析：送客服务除了注重礼貌礼节之外，还应保持一种真诚和友好的超值服务意识。本案例中，服务员小赵在雨天能够将迷路的外宾送到所住的饭店，就是这种意识的具体表现。如果只是简单地按规定的送客程序服务，不考虑宾客具体的个性要求，超过服务程序范围就推诿或敷衍的话，就谈不上超值服务。因此，服务员在送客服务的程序化中，应结合宾客的个性要求和客观环境的变化，不断完善程序中所没有的内容，使送客服务的形式更加生动和实用，让宾客感到更多的真情和温暖。

(四)餐后结束

1. 清扫场地

客人走时，服务员应先查看是否有客人遗落的东西。如有，应立即交还客人。如客人已离去，应交服务台并告知值班经理，以免被损坏或被他人冒领。最好等客人已离开餐厅再动手清理台面，以表示出对客人的尊重。撤餐用具，撤台布，铺台布，摆放桌椅等动作都要轻、稳，尽量不发出大的响声，以免影响邻座客人就餐，并准备好接待下一批就餐客人。

【案例 4-1-5】一个雨天的晚上，庄经理和男友在北京某四星级饭店的西餐厅用餐。庄经理随手将雨伞靠在了座椅旁，又将手提包挂在了椅子的后面。餐间，两人只顾聊天，丝毫没注意旁边有人已经盯上了她的手提包。这天，餐厅用餐的人很多，服务员也非常忙碌。庄经理他们用完餐后，由男友付账后急匆匆离去了，完全忘记了雨伞和手提包。出了饭店的门口，雨已经停了，他们开着车离开了饭店。10 分钟后，庄经理想打电话，才发现手提包已经不见了，急忙开车回饭店寻找。手提包中有 2 万多元现金、电话及证件等物品。赶到餐厅时，他们发现刚才的座位已经有人在用餐，雨伞和包都不见了。庄经理着急地询问服务员，服务员说翻台时没看到，并连忙报告餐厅经理。为了不影响其他客人就餐，他们来到休息室请来保安人员、当事服务员一同回忆。初步认定，庄经理用餐时服务员确实看到她的包，但翻台时未见，以为他们带走了。在他们离开的同时，还有两位高大男士离店。认定这些基本情况后，饭店协助庄经理报了案。庄经理离开饭店时，苦笑地对男友说："看来以后要找一家不会丢钱的地方吃饭了。"

分析：送客和翻台服务时，应注意观察客人所携带的物品，确保客人的财物安全。客人到饭店来消费，首先关心的是安全。如果他们在就餐过程中出现了人身和财物方面的问题，饭店当然负有一定责任。为了得到客人的信任，保证消费者的财物安全，服务员应仔细观察和记住客人带入餐厅的物品，在客人离开前提醒他拿走，同时也要注意附近餐桌客人的用餐情况。保护客人的利益，这是服务员义不容辞的责任。

2. 分类送洗

当天用的毛巾、餐巾、餐具、烟缸等，要及时清洗消毒，擦拭干净，分类保管，以备再用。

3. 整理餐用具

尚未使用的餐用具要归类存放；调味品盛器和花瓶、台号要擦干净；转台要用清洁剂重点擦洗；点菜单、笔、菜单等要放置于统一位置，并清点数量；清点并补充缺失的物品。

4. 工作小结

每天工作结束后，服务员要养成做工作小结的习惯，以利于今后工作水平的提高。小结的内容主要包括整理宾客意见书、填写工作记录等。

5. 安全检查

下班时，安全检查工作不可忽视。检查内容：门窗开闭妥实，查看灯火，开熄电灯，保留最低照明，确定安全后方可离开。

【知识链接 4-1-2】

中餐零点服务注意事项

(1)了解当天厨房所备菜式品种,以便更好地为客人进行点菜服务;

(2)根据客人人数合理安排就餐餐桌;

(3)尽可能满足客人合理而可能的要求,针对不同顾客提供个性化服务;

(4)为客人介绍菜品时要根据客人人数合理推介,不要点菜过多引起客人不满;

(5)零点服务不同于宴会和团队服务,在按照服务规程操作的同时可根据客人需要灵活提供相应服务。

工作任务单 4-1

1. 简答题

(1)中餐零点服务的餐前准备工作有哪些?

(2)中餐零点服务中的巡视服务有哪些?

(3)简述零点餐厅的服务程序。

2. 讨论题

(1)宾客请服务员代为点菜时怎么办?

(2)宾客要求点菜单上没有的菜时怎么办?

(3)宾客对账单产生怀疑不愿付款时,应如何处理?

3. 案例分析

某晚 8 点 40 分,几位住在北京某饭店的美国客人,经过一天的旅游劳顿后已是饥肠辘辘,他们回到房间稍作休息,便一同去餐厅吃晚餐。由于时间较晚,餐厅就餐的人已经不多,服务员都在忙着收台。在领位员的引导下,他们在一张干净的餐桌前入座。客人们点了熟悉的“番茄肉片”、“咖喱牛肉”、“香滑鸡球”等 4 菜 1 汤,还要了啤酒和矿泉水等饮料。点菜后,服务员礼貌地用英语告诉他们,有些菜由于加工的需要,可能要晚一点上来。客人们点头表示理解。十几分钟过去了,客人点的热菜仍没有上桌。一位喝着啤酒的客人招手把服务员叫过来对她说:“在美国,客人在餐厅从不长时间等菜,如果上菜时间太慢,客人很可能会起身离去。”服务员微笑着向他们道歉,并答应马上去催。2 分钟后,“番茄肉片”端上了餐桌,紧接着其他菜和汤也一一送到。几个人已经很饿了,不一会儿便把几道菜吃光。此时,服务员微笑地走过来,刚才催促她的客人起身向她道谢。“请问先生等了多久?”服务员问道。“十几分钟吧。不、不,我们等的时间不长,刚才我是说美国……而且我们来得很晚。”客人连忙说。“我们经理让我向各位道歉。对不起,刚才让各位久等了。按国际惯例,宾客点菜后要在 15 分钟内出菜,而我们给你们出菜的时间是 17 分钟,虽然没有超过国家规定,但我们是五星级饭店,理应按照国际标准。”服务员流利地用英语表达着。客人听后鼓起掌来,他们口中连声说着:“很好!很好!”离开了餐厅。

提问:①餐饮服务中可以定量化的服务都有哪些?饭店餐饮部门或餐饮企业应当如何据此制作自己的管理规范?②饭店餐饮部门如何控制上菜时间?③在客人较多的情况下,餐厅应如何把握上菜时间与菜品质量之间的矛盾?

4.技能训练

以小组为单位,结合中餐零点接待程序的要点,选一场景作为剧本进行场景模拟,巩固并加强中餐零点服务的接待要领。

任务二 团体包餐服务

◆情景导入

小刘是北京某四星级饭店粤菜厅的预订员,星期一她接到某旅行社的电话预订,要求安排120位美国客人的晚餐。每人餐费标准40元,酒水5元,其中有5人吃素,时间定在星期五18:00,付费方式是由导游员签单。小刘将预订人姓名、联系电话、客人人数、旅游团代号、导游员姓名、客人的特殊要求等一一记录在预订簿上。星期五18:00该旅游团没有到达。此前小刘曾与旅行社联系进行过确认,但都没有更改预订的迹象,因此,小刘对其他预订均已谢绝。18:30,该团仍无踪影。刚巧,这天餐厅的上座率非常高,望着那一桌桌上凉菜的餐桌,大家都着急了。餐厅经理急忙作出决定:一方面让小刘继续与旅行社联系;另一方面允许已经上门没有预订的散客使用部分该团预订的餐桌,并与其他餐厅联系,准备万一旅游团来了使用其他撤台的餐桌。经联系,旅行社值班人员讲,预订没有改变,可能是由于交通堵塞问题造成团队不能准时到达饭店。19:30,旅游团才来到饭店。导游员告诉餐厅,有30人因其他事由不能来用餐,还有90人用餐,其中有3人吃素。经理急忙让服务员安排,并回复导游人员,按规定要扣除这30人的预订超时和餐食备餐成本费用,比例是餐费的50%。由于团队到达时间晚,有些预订餐桌没有动,餐厅内散客的撤台率较快,加上旅游团少来了30人,所以90位美国客人到达后马上得到安排。望着这些就餐的旅游者,大家终于松了一口气。

如何做好团体包餐服务?现在就和我走进今天的课堂,认真学习吧!

◆任务分析

团体包餐的就餐形式多样,有圆桌聚餐式、份饭包餐式等。不同的团体包餐,其标准不同,档次不同,人数不等,就餐方式不同。因此,它形成了菜肴数量的丰俭不同,菜肴品种的档次不同,为宾客提供的服务方式也存在差异。餐厅员工要根据不同性质的包餐团体采用有针对性的服务,使客人既能享受到美味佳肴,又丰富了有关知识,从而提高餐厅的声誉。

◆任务要求

知识要求:

1.了解团体包餐的种类和特点;

2.掌握团体包餐服务中每个环节的要领。

能力要求:在实践中,能够灵活地为团体包餐客人服务。

素质要求:树立良好的服务意识,培养规范化的职业素养。

◈相关知识

一、团体包餐的种类和特点

团体包餐一般是满足会议的需要、旅游团队的需要以及大型团体活动的需要。团体是指一定人数的集体。包餐是指一种按固定就餐标准、就餐规格、定时用餐的就餐形式。因此，团体包餐又称为“集体包餐”。团体包餐是在事先预订后，以统一标准、统一菜式、统一时间进行集体简易就餐的一种形式。

(一)团体包餐的种类

1. 会议包餐

会议包餐是指各种交易会、交流会、订货会、洽谈会、表彰会、产品鉴定会、学术研讨会等会议代表在会议期间的集体用餐。

2. 旅游包餐

来我国的外国旅游者、港澳台同胞、华侨及国内各地的旅游者组成的访问团、观光团、考察团、疗养团、返乡团等旅游团体，由旅行社包价负责，其膳食、住宿、交通统一组织安排。此类团体的集体用餐称为旅游包餐。

3. 其他类型包餐

此类包餐包括：国内外的文艺团体在参加文艺演出期间的集体用餐；体育团体在比赛活动期间的集体用餐；住店团体外出活动时要求餐厅外出送餐到其活动点的特殊包餐；学生包餐，指大中小学生夏令营、午餐、春游等。

(二)团体包餐的特点

1. 事先预订

团体包餐须事先预订，使餐厅和厨房有一定准备的时间。在接受预订时，必须问清预订人的身份、单位、姓名、联系电话，还须掌握该团体的就餐时间、用餐标准、付款方法、就餐人数及特殊要求等情况，以利于安排餐位和制定食谱。

2. 人多面广

一般会议、旅游团体少则十几人，多则几十人，甚至上百、上千人。团体中具有不同地区、不同民族、不同饮食习惯、不同年龄职业的各类宾客，有的宾客是素食者，有的宾客患有某种疾病，有的宾客喜食某种食物，有的宾客信奉佛教或伊斯兰教，如此等等。这些宾客在旅游或会议期间只能跟随于团体。所以，餐厅除了按照一般标准备餐、照顾大多数宾客的要求以外，还要特别注意少数宾客的特殊情况，进行特殊安排。

3. 简易就餐

团体包餐菜式较简单，宾客之间无须过多的礼仪。就餐形式一般采用合食、分食两种。合食是指一桌宾客合吃共同的菜，有 6 菜 1 汤或 8 菜 1 汤等；分食是指宾客每人一份饭菜，各自分开食用，一般是一拼盘菜加一汤。团体包餐一般不喝酒，所以消费较低。

虽然，团体包餐并不以品尝美味佳肴为主要目的，但不能因其就餐标准不是很高就忽视菜肴的质量、品种。对于团体包餐也要考虑到花式品种的翻新，确保菜肴的质量，在短暂的旅游生活或会议期间，让宾客品尝到本餐厅各种特色菜肴。

4. 集中开席

会议团体都是按事先安排好的日程进行集体活动的，所以，一到就餐时间，宾客集中进入餐厅。旅游团体因为抵达、离开和外出活动时间较难掌握，经常不能在规定时间进餐，但只要宾客一到达，也是大批涌入餐厅集中进餐。为此，餐厅的准备工作和组织工作显得非常重要。餐厅必须集中人力做好餐前准备工作，加强与包餐单位经办人的联系，了解服务对象的活动情况，并与厨房密切配合，科学、合理地组织供餐服务工作，保证集中开席的成功。

5.服务迅速

当大批团体宾客集中涌入餐厅时，大多数宾客是急于用餐，以便节约时间用于开会、休息或外出活动。因此，要求服务人员具有娴熟的操作技能，采取灵活、快速的供餐方法，尽最大的努力，缩短宾客的候餐时间，做到宾客无论什么时候需要用餐，都能迅速供餐，并使饭菜的温度和新鲜程度都达到规定标准，使宾客满意。

（三）中餐团体包餐形式

按团体订餐的就餐形式，还分为合食和分食两种。合食是10人共用，每桌6菜1汤或8菜1汤、10菜1汤不等。分食则每人2菜1汤、3菜1汤、4菜1汤。汤也可以不分开，用大碗汤供10人共用，具体标准可根据客人要求另行制定。

二、团体包餐的服务工作应做到六掌握

1.掌握包餐标准

无论是20人、50人、100人还是更多人的团体包餐，一般都是标准统一。因此，服务员在开餐前首先要了解团体包餐的标准，按标准为客人准备菜单；菜单的内容要严格执行标准规定，并适合于包餐人的饮食习惯；了解货源情况，使菜肴安排得合理，做到既要保证荤素搭配，又要注意营养丰富；无论是每日两餐或三餐的菜肴品种，应尽量做到不重样。如果是一连几天的包餐，更应将菜单调剂安排好，做到餐餐有新意，使客人进餐后感到舒适味美。拟订菜单时，要与包餐主办单位负责人取得联系，经商定后通知各个生产部门并取得配合，菜肴品种、档次及数量根据标准确定。

2.掌握就餐人数

团体包餐的人数较为固定，服务员应按其包餐人数提供大小适当的就餐环境，同时安排好就餐所需桌椅及各种餐饮用具。

(1)集体聚餐式的包餐，可根据其包餐人数安排桌数，每桌可坐8人、10人或12人，按每桌就餐人数摆放好餐用具，如餐碟、餐勺、筷子及公用菜碟、餐勺、筷子、牙签等，同时要备足更换用的餐用具。

(2)份饭式的包餐，可根据其包餐标准、人数准备好盛装器皿及各种食品，按规格、数量的要求均分装好，以保证准时迅速地开饭。这种包餐的盛装器皿大致有两种，一种是套餐盘，另一种是快餐盒。无论是哪一种，所装食品的种类及数量都应是相同相等的。

3.掌握就餐方位

每一包餐团体的用餐方位在开餐前一定要落实，服务人员一定要做到心中有数。餐厅有大有小，团体包餐人数有多有少，如果一个餐厅同时接待几个包餐团体时，一定要注意按事先安排好的方位将每一团体引领到其座位上，以避免出现错位现象。

4.掌握包餐时间

掌握包餐时间的关键有三点：一是掌握包餐的开餐时间，以便准时开餐；二是掌握包餐团体的用餐时间要求，以便服务人员在规定的时间内完成好各项服务，上齐各种菜肴食品；三是

掌握好开餐、用餐时间要求，合理安排服务，提高劳动效率。

5.掌握包餐性质

团体包餐有会议包餐、旅游包餐、中小学生包餐等。由于包餐性质的不同，前来就餐的人员构成也不相同，所以服务人员要做到：了解包餐顾客的国籍、身份、民族及宗教信仰，使就餐服务准确无误；了解包餐顾客的特殊需求及饮食禁忌，把服务工作做到细微之处。

6.掌握包餐顾客的特殊需要

团体包餐一般人数较多，而且有些团体包餐的时间也比较长。在包餐过程中，难免会有一些顾客需要特殊照顾，餐厅服务人员就应灵活服务。如对身体不舒服的顾客，应及时让厨房另做病号饭；对因故不能准时来餐厅就餐的顾客，应留餐。

三、团体包餐早餐服务程序

根据不同的团体包餐的就餐形式，餐厅服务工作应采取不同的方式。如接待使用圆桌、选用聚会式就餐方式的团体包餐，餐厅服务应提供具有一定面积的就餐场地、设备及相应数量的服务人员；另一种是份饭式的团体包餐如盒餐或盘餐。这种包餐一般是凭券领取，一人一份，标准统一，食品统一，比较简单。

团体包餐的早餐服务程序与午、晚餐不同，它在摆台及食品种类方面都比午、晚餐简单，因而服务程序也较为简单，主要应掌握以下环节：

(1)服务员根据包餐人数布置好餐厅，配备好相应的就餐桌椅，并在餐台上摆放台签，备齐各种物品。了解当天包餐供应的食品品种，配制好所需的各种佐料，整理好个人仪容。

(2)客人用餐前，摆齐早餐所需的各种餐饮用具和佐料。早餐用具有碟、碗、勺、筷子、茶具、餐巾纸、小毛巾；佐料是指各种小菜。

(3)恭候宾客，引客入座。客人到达时，问清其团队或会议的名称，礼貌地将客人引领到准备好的餐桌，为客人拉椅让座。

(4)及时开餐，送餐上桌，合理摆放，按量供应。早餐包餐，往往人齐一桌开餐一桌，服务员按开餐人数，及时将准备好的早餐送至餐台上，并按食品内容的不同合理摆放。按人定量的食品，要保证供应数量。

(5)递送茶水、毛巾。一般的早餐用餐时间较短，因此当各种食品上齐后，应将茶水及毛巾送至客人面前。客人进餐期间，要勤巡视、勤斟饮料、勤收拾空盘碟、勤换烟灰缸。

(6)以礼相送，收拾餐台。早餐客人用餐后往往是分散离台，这时服务员应随时送客，说相送语，以示服务热情。待客人离开后，马上清理桌面，按标准重新布置餐桌，为下一餐做好准备或继续接待其他客人。

(7)核对就餐人数。早餐结束后，汇总就餐人数，为结账做好准备工作。

四、团体包餐午、晚餐服务程序

餐饮行业通常将午、晚餐叫做正餐。团体午、晚餐的包餐与早餐相比，无论是菜肴食品的种类还是数量，都更为丰富多彩，因此服务程序也复杂得多。

(一)核对菜单

团体包餐的菜单一般都是提前拟定好。每次开餐前，服务员都要将本餐的菜单与台号、包餐单位、桌位数、就餐人数进行核对，做到准确无误。同时，将菜单上所安排的菜肴食品与有关部门进行核对。如有错误及时更正，并告诉包餐单位，说明更改原因。

【知识链接 4-2-1】

团体包餐的预订

1. 团体包餐都需要预订

在接受预订时，必须问清预订人的身份（包括单位、姓名、联系电话或单位地址）、预订的时间、餐次、价格标准、付款方法、就餐对象的身份、就餐的目的（会议包餐还是旅游包餐）、有什么特殊要求等，以利于安排餐厅和制定菜单。

2. 制定团体菜单

先要根据就餐的标准，尽量照顾到多数客人的饮食习惯和货源情况，做到合乎口味、营养丰富、数量适中、荤素搭配，每一餐的菜式也要力求不同。

（二）布置好餐厅

根据包餐团体的数量，分配布置好每一团体的就餐位置，并配好必要的标志及装饰（桌号牌、席次牌）等。同时餐厅可写出告示牌，放在客人入口处，以便客人辨认自己就餐方位。

（三）摆好餐台

由于包餐标准不同，包餐菜肴的档次、品种等也都不同，因此摆放的餐饮用具就要有所区别。

1. 便餐包餐

其档次较低，菜肴安排一般是四道或六道热菜，一个汤菜，不设冷荤，同时主食供应量较大而丰富。便餐包餐的餐具应配餐碟、汤碗、汤勺、筷子、牙签、调味碟、烟灰缸、两套公用餐具，不摆酒水杯。餐后，为每位宾客送一杯热茶及一条毛巾。

2. 中档标准包餐

其菜肴档次要高些，菜肴品种也较为丰富。这种包餐菜肴的内容一般是大冷盆一个或四个独拼冷菜、六至八道热菜，一个汤菜。中档标准包餐餐具配用除了与便餐的相同外，应加摆水杯一道。因午餐应配有各种饮料，晚餐可提供啤酒。同时，要根据菜肴内容，准备好就餐更换所需的餐碟。

3. 宴会型包餐

宴会型包餐属高档次包餐，摆台时应视同宴会摆台的规格，餐具的配置应视包餐时间而定。一般是午餐摆水杯、红酒杯，晚餐加摆白酒杯。但是，无论午餐或晚餐，所用酒具类别应以客人需要为准。

（四）备好食品、酒水、饮料

中档标准包餐，食品、饮料准备的内容是：首先将包餐所配用的酒水、饮料的瓶罐擦净备好待用，冷盘可在开餐前5分钟摆放于摆好餐具的餐台上；热菜则在客人就餐后依次上桌。酒水饮料的开启应在客人陆续就位时进行，不可过早启封，以免影响其质量、效果。主食可自取的，用盘装好上桌。如果是米饭、面条等，则应由服务员分盛后，一一递与客人。汤上桌后，由客人用汤碗自盛。酒水饮料则由服务员征询顾客同意后为顾客斟上。餐前、餐后应备有茶水及毛巾。

宴会包餐食品饮料的准备内容是：将酒水、饮料的瓶罐擦净备好待用，冷盘应等客人到齐后方可摆放。同时，将客人选用的白酒、红酒开启并斟入杯中，饮料也要在客人到齐后开启。热菜在客人开餐后，按就餐速度掌握上热菜的速度。

午、晚餐所需的各种随菜调料、佐料，应在客人到来之前准备完毕，并分装待用。

（五）恭候宾客

待客入座，一切准备工作应在预订开餐时间前 5 分钟内做完。然后，餐厅服务员应按各自的工作岗位站立就位，恭候宾客到来。当客人来到餐厅后，服务员要主动上前询问并准确迅速地将客人引到准备好的座位上，为顺利开餐做好准备，避免出现客人坐错位的尴尬局面。

（六）清点人数，准时开餐

负责团体包餐的服务员，在开餐前要核对就座人数，做到心中有数。客人到齐后应迅速通知厨房准备起菜。在此同时，组织好前台及时开餐。如规定的开餐时间已到，而个别顾客未到，服务员应主动征求主办单位的意见，在得到主办单位许可后方可开餐。

（七）看台、上菜专人负责

午、晚餐包餐服务，应设有专门看台的服务员，以保证及时为顾客提供有关方面的服务，如斟酒，更换餐用具，递送菜肴食品，及时整理餐台，并做到随时掌握客人的需要及进餐速度，以使服务工作更加完善。

（八）清点酒水饮料，结清账目

当本餐的各种菜肴食品上齐后，应告知包餐主办单位的负责人，使之心中有数，同时将本餐所用的各种酒水、饮料进行整理清点，并一一上账。

团体包餐的结账方式与其他形式就餐的结账方式不同。一般会议包餐，餐毕将其用餐账单整理好后请大会秘书处的负责人签字并交至收银台。如使用餐券用餐的，则应将餐券整理、清点、汇总登记、封包后交收银台。旅游团队包餐，餐毕将其用餐账单整理好后请订餐单位的陪同人员或随团的地方负责人签字并交至收银台，收银台核对无误后转入该旅行社在饭店所设的总账中，以备定期的统一结账。总之，无论是哪种签单方式，看台服务员在结账时都应注意：物品上账清楚，数量准确，结账及时，不留单，不压单，以便及时汇总结账，防止出现错单、丢单。

（九）礼貌送客

客人用餐完毕，服务员要站立恭候，随时送客。顾客离席后，要及时整理餐台，检查是否有遗留物或丢失物品，一经发现上述问题，做到及时、妥善处理。

（十）清理餐台

顾客离开餐台后，应及时将餐台上的餐用具清理干净。撤台顺序应是：先撤餐巾、毛巾，而后撤酒杯、小件餐具等，台面撤净后换铺台布，整理清扫餐厅卫生，为下一餐工作打下一个良好的基础。

五、团体包餐服务注意事项

（1）在团体餐服务之前应掌握有关客人的情况，如客人的国籍、民族、风俗习惯和宗教信仰等，以便有针对性地做好服务工作。

(2)了解客人的特殊用餐要求。掌握是否有素食、软食的客人;对老弱病残及儿童,在进餐时给予必要的照顾;对团体餐中的清真客人,服务时要尊重其宗教信仰,设立清真席,餐具、用具应和其他桌次分开清洗、分开存放。

(3)针对不同的团体餐进行不同的用餐环境布置。如会议包餐的环境要布置朴素大方,旅游团体餐的环境要布置得热烈、欢快。团队用餐的餐桌事先应根据人数布置好,桌上摆上团队名称。

(4)团队用餐计划性比较强,一般都是事先确定标准、人数、用餐时间等。

(5)会议团体是按事先安排好的日程进行集体活动的,所以一到就餐时间,客人会集中进入餐厅。因此,服务员要提前15分钟上冷菜,并注意荤素、色彩搭配得当。

(6)旅游团抵达、离开和外出活动时间较难掌握,经常不能准时在规定的时间内进餐。因此,要加强与包餐单位、陪同的联系,做到客人进入餐厅就能迅速就餐,并要保持饭菜的温度。

(7)团体餐一般要等客人到齐后再上菜,不能提前上菜、上饭;如客人是凭餐券就餐,应按桌点齐人数并收取餐券,然后上菜、上饭,要注意做好对先入座客人的解释工作。注意饭菜保温,冬天应等客人坐满一桌再上热菜。

工作任务单 4-2

1. 简答题

(1)简述团体包餐的特点。

(2)简述团体包餐午、晚餐服务程序。

2. 论述题

(1)团体包餐的客人提出让服务员加菜、加饮料,服务员可否接受宾客的要求?

(2)在服务过程中,服务员不小心弄脏客人衣服,怎么办?

(3)宾客对菜肴的质量有意见时该怎么办?

(4)团队用餐临时取消时怎么办?

3. 技能训练

(1)团体包餐中的早餐服务程序。

(2)团体包餐中的午晚餐服务程序。

任务三　宴会服务

情景导入

南方某4星级饭店3楼气派豪华的宴会厅,正在举办规模盛大的宴会。因此次活动参与人数多、规格高,因此餐饮部不得不临时抽调了几名实习生前来帮忙。席间,一切按计划进行,客人的欢声笑语不断。忽然,离主桌最远的一张桌前有位女客发出尖叫声。宴会领班小丁和公关部朱经理闻声同时赶去,发现那位女客的一身套装湿淋淋的,一个实习生手里托着倾翻的汤碗,呆立一旁。朱经理立即明白了一切。她一面安排另外几名服务员收拾被女客带落到地上的筷子、酒杯等杂物,一面与小丁用身体挡住女客,将其护送出宴会厅。一路上女客不停地埋怨。朱经理关照小丁先安排客人到房间里淋浴,压压惊,她自己到客房部暂借一套干净的饭店制服请女客穿一穿。小丁又转弯抹角问清了女客内衣的尺寸,接着一个电话打到公关部,请秘书以最快的速度到附近的大商场购买高档内衣。朱经理另派人将女客换下的脏衣送到洗衣房快洗。在这些工作分头进行的同时,小丁已陪送梳妆完毕的女客到一楼餐厅单独用餐,并代表饭店向她表示真切的歉意。女客很快便恢复了平静。再说3楼宴会厅,由于处理及时,客人又开怀畅饮,重现热烈的气氛。此时饭店外方总经理正好前来敬酒,朱经理把事情经过向他报告后,他旋即同朱经理一起来到一楼餐厅,向女客郑重致歉。女客反而感到不好意思了,她指指身上的饭店制服,不无幽默地说:"我也成了饭店的一员,自己人嘛,还用这么客气?"半小时后,洗衣房把女客的衣服洗净烫平,公关部秘书早已买了内衣。女客高高兴兴换上自己的套装,还不时向朱经理和小丁道谢。临出门时,朱经理还为她叫了一辆出租车……

在大型宴会服务时,如何避免类似情况的发生呢?

◈任务分析

中餐宴会要求格调高雅并体现出华丽、舒适和考究的特点,在接待服务上强调周到细致,讲究礼节礼貌,讲究服务技艺和服务规格。

◈任务要求

知识要求:

1. 了解宴会的种类及特点;
2. 掌握中餐宴会预订的程序与方法;
3. 掌握中餐宴会服务的程序与注意事项。

能力要求:

1. 掌握宴会预订的流程;
2. 掌握中餐宴会服务的程序。

素质要求:职业态度端正,敬业爱岗,团结协作。

◈相关知识

一、中餐宴会概述

宴会是政府机关、社会团体、企事业单位或个人为了表示欢迎、答谢、祝贺等社交目的的需要以及庆贺重大节日而举行的一种隆重而正式的餐饮活动。它是以餐饮聚会为表现形式的一种高品位的社交活动方式。

宴会一般要求格调高雅,在厅堂布置及台面上既要舒适、干净,又要突出隆重热烈的气氛;在菜点选配上有一定格式和质量要求,按一定的顺序和礼节递送上台,讲究色、香、味、形、器、质、营养、卫生,注重菜式的季节性,用拼图及雕刻等形式烘托喜庆、热烈的气氛。

宴会的种类很多。从规格上分,有国宴、便宴。从进餐形式分,有立式宴会和坐式宴会。从宴会的餐别上分,有中餐、西餐、自助餐和鸡尾酒会等。从举行宴会的时间上分,有早宴、午宴和晚宴。从礼仪上分,有欢迎宴会、答谢宴会等。此外,还有各种形式的招待会及民间举办的婚宴、寿宴、筵席等。

二、宴会预订管理

宴会销售的特点是所有的宴会都是通过预订进行，因此宴会的预订是宴会组织管理的第一步。宴会预订过程既是产品推销过程，又是客源组织过程。

（一）什么是宴会预订

宴会预订是指宴会承办单位和举办者关于宴会内容的事先约定。

（二）宴会预定人员的选择

作为宴会销售预订人员，应具备以下知识和技能：

（1）了解各宴会场所的面积、设施情况并懂得如何适应客户要求做出反应；

（2）清楚本饭店各类菜肴的加工过程、口味特点，针对季节和人数变动，提出对菜单做相应调整的建议；

（3）了解各档次宴会的标准售价、同类饭店的价格情况，并有应付讨价还价的能力；

（4）具备本部门宴会服务人员的专业素质、工作能力等；

（5）熟悉与具体宴会菜单相配合的酒水；

（6）解答宾客就宴会安排提出的各种问题。

（三）宴会预订的方式

所谓宴会预订方式是指客人与宴会预订有关人员接洽联络、沟通宴会预订信息的过程。不同的宴会消费对象根据需要，采取的预订方式也有所不同。现介绍几种常用的宴会预订方式：

1. 电话预订

这是饭店与客户联络的主要方式，常用于小型宴会预订、查询和核实细节、促进销售等。同时，还可通过电话约定见面的时间。

【案例 4-3-1】6月5日，王先生打电话到某餐厅预订处，“我是你们餐厅的一名常客，我姓王，想预订6月9日的一个雅间，大概8个人。”预订员小马查阅了6月9日的预订情况，表示餐厅将给他预留6月9日的五号雅间。6月9日晚6点，王先生来到餐厅大厅，看到公告牌上显示今日餐位已满，但王先生还是不慌不忙地报出身份，并强调自己办理了预订。接待员小何查阅预订簿后抱歉地说：“对不起，王先生，我没有查到您的预订记录。”“怎么可能，我明明在6月5日已经预订了，是五号雅间。”小何查阅了预订记录，确实没有王先生的预订记录，而6月5日预定五号雅间的是一位黄先生。“对不起，我已经查过了，五号雅间是一位姓黄的先生预订的。请问您是不是搞错了？”“不可能，我确实预订过，你们也答应了，为什么不讲信誉？”接待员小何一听，重新核查预订，经过一番调查发现，原来预订员一时粗心，在填写预订记录时错把“王”字输成“黄”字了。而刚才正好有一位黄先生前来用餐，小何想当然地认为他就是预订五号雅间的客人，于是就将黄先生排到了五号雅间。面对这种情况小何抱歉地说：“王先生，实在抱歉，是我们的预订记录有误。现在餐厅已经客满了，请您稍等一下，我们马上给您联系别的餐厅，您看可以吗？”王先生不同意，并且很生气，认为餐厅有意欺骗他，执意要投诉……

分析：客人预订时，无论采用的是哪一种方式，预订员一定要特别注意客人的姓名、人数、特殊要求等重要信息，并且要特别注意与客人进行核实和确认，尤其是电话预订。因为电话预订容易受语言障碍、电话的清晰度以及听话人的听力水平等因素的影响，电话预订比较容易出现差错。因此,预订员在接受电话预订时必须将客人的预订要求认真记录下来,并在记录完毕后,向对方复述一遍,尤其是同音字或近音字一定要确认清楚。

2.面谈预订

这是宴会预订较为有效的方法。宴会预订员当面为客人进行介绍,有利于取得客人的信任和认可。当面洽谈讨论所有细节,解决客人的特殊要求,讲明付款方式等,填写订单,记录宾客信息资料等,以便日后用信函或电话方式与客户联络。

3.信函预订

信函预订主要用于促销活动,回复客人询问。信函预订适合于提前较长时间的预订。收到询问信后,宴会预订员要立即回复。事后还要与客人保持联系,争取客人在本饭店举办宴会活动。

4.网络预订

客人可以通过网络询问饭店举办宴会的一些情况。因此,对于饭店而言,要及时维护网页,及时回复客人咨询,跟进预订工作。

5.登门预订

这主要是针对有业务往来的公司企业单位和待开发的市场对象的宴会预订方式,这样可以较大地拓展宴会的销售。例如,公司年会、庆典等宴会,饭店只有主动出击才能获得宴会的举办。登门预订也是方便老客户的宴会营销方式。

(四)宴会预订常用表格

1.宴会预订单(图 4-3-1)

订单编号:　　　　　　　　　　　　　　　　填写日期:

<table>
<tr><td>公司名称:
宴会名称:
此宴会单名称:
公司地址:</td><td>举办日期:
联系人姓名:
联系人电话:
传真号码:</td></tr>
<tr><td>押金:</td><td>订单人(接洽人):
服务经理(核准人):</td></tr>
<tr><td colspan="2">日期:　　厅房:　　摆台形式:　　预订人数:　　保证人数:　　房租:</td></tr>
<tr><td colspan="2">指示牌(内容):
食品(菜单内容):
所需设备:
特殊要求:
付款方式:
饮料(所订酒水内容):
发送部门:
前厅部□ 客房部□ 总机□ 餐饮部经理□ 总经理室□ 安全部□
公关部□ 财务部□ 管事部□ 工程部□ 宴会厅□ 酒吧 □ 厨房□</td></tr>
</table>

图 4-3-1 宴会预订单

2. 中餐宴会安排日记簿(图 4-3-2)

日期	宴会名称	举办者	人数	预订标准	开宴时间	确认情况	地点

图 4-3-2 中餐宴会安排日记簿

3. 宴会合同书(图 4-3-3)

本合同是由____________饭店(地址)____________

与____________公司(地址)____________

为举办宴会活动所达成的具体条款

活动日期:星期____________时间____________

活动地点____________菜单计划(另见附表)

饮料____________娱乐设施____________

其他结账事项____________

预付订金____________

顾客签名____________饭店经手人签名____________

签署日期____________

注意事项:

1. 宴会活动所有酒水应在餐厅购买。
2. 大型宴会预收 10%订金。
3. 所有费用在宴会结束时一次付清。

图 4-3-3 宴会合同书

4. 宴会变更通知单(图 4-3-4)

宴会预订单编号____________

发送日期____________

宴会名称____________

预订日期____________

部门____________更改内容____________

由____________发送

宴会部经理(签名)____________

日期时间____________

图 4-3-4 宴会变更通知单

5. 宴会取消通知单(图 4-3-5)

公司名称__________	联系人__________
宴请或会议日期__________	业务类型__________
预订的途径与日期__________	
取消的原因__________	
挽回的办法__________	
进一步采取的措施__________	
	宴会部经理(签名)__________
	日期__________

图 4-3-5 宴会变更通知单

(五)宴会预订程序

1. 预订前的准备工作

(1)召开班前会,布置工作任务。

(2)查阅电脑,检查宴会预订情况。弄清已预订的宴会的时间、场所、人数等,避免在预订过程中发生冲突。

(3)准备好预订的资料和用品。首先,应准备好宴会预订的各种表格,如预订单、预订表、记录表等;其次,为了方便客人预订,减少随意性管理的弊端,预订部门应根据实际需要,编制一套供客人询问、比较、选用的书面或电脑资料。

2. 接受预订

(1)热情礼貌地待客。询问客人需求,解答客人询问,尽可能回答客人提出的所有问题。主动热情包括两方面:一是面谈的客人要主动热情;二是电话预订的客人要主动热情。

(2)展示书面材料。预订人员必须熟知有关宴会场地、菜点、服务、收费等方面的具体情况,掌握必要的信息资料。为了掌握客户的意图和期望,并使客户了解饭店的情况,预订人员在接受预订时,必须在了解客户的基础上,介绍饭店的情况,并回答客人的问讯。

(3)仔细倾听,认真记录,主动介绍,做好营销工作。

3. 填写宴会预订单

如果确定宴会预订可行,一定要填好一式两份的宴会预订单。预订内容与订单填写要准确、规范。准确记录宴会名称、主办单位、预订人姓名、地址、电话和宴会类别、预订人数、宴会标准、开宴时间、场地要求及座次排列、菜单、酒水要求等;订单书写或打印要做到整洁规范。

4. 填写宴会安排日记簿

填写完宴会预订单后,应将预订的细节填写到预订簿上,按照日期排列。对于没有确定的预订用铅笔记录,已确定的预订则用钢笔记录,一般由预订员来负责登记和管理。日记簿上的内容主要包括:宴会举办的日期时间、客人的联系电话、宴会类型、出席人数、是暂定还是已确定。

5. 签订宴会合同、支付定金

在预约时,虽然预订人员已经记录下宾客的要求,但是客人日后可能变卦也是一个潜在的问题。因此，一旦宴会得到确认，应与客人签订合同书。同时为了保证宴会预订的确认，通常会要求客人预付一定数量的订金，通常是订席费用的10%～30%，填好后由双方签字确认。

按国际惯例，宴会预订要有书面的确认，客户预付订金后宴会预订才正式成立。确认书必须明确几点：时间；地点；客人认可的菜单、酒水单；保证人数和预算人数；顾客的要求；详细的价目表；付款方式；订金原则；饭店的责任、义务；顾客的权利义务等。

6.发布宴会通知单

宴会正式确认后，由餐饮部对饭店内部各有关部门下发一张类似公文的宴会通知单，告知各部门在该宴会中应负责执行的工作。成功举办一次宴会需要许多部门通力合作，所以如果通知单能够将所有工作事项列出，对于举办宴会是十分有利的。

宴会通知单包括预订单中的主要资料，以及各部门所需准备的物品内容和相关事项。各部门接到宴会通知单后，必须按照通知单上的要求认真执行工作。总而言之，宴会通知单是一架部门与部门之间的沟通桥梁，以确保部门间快速、直接地传递信息，获得最佳的工作效率。

7.宴会预订后的再确认

发布的宴会通知单并无问题，主要是由于一般大型宴会都于数月前定下，时间的拉长难免导致一些变数的发生。例如，参加人数的增减，宴会开始的时间变更等。为能够适应此类临时变化，因此，在宴会举办前的1周，以电话或传真的方式，与客人再次确认。如果有所更改，应马上通知各相关部门。

8.宴会的变更和取消

(1)宴会的变更　无论客人方面还是饭店方面有任何变更，都要提前1周通知对方。在活动的前两天与客人联系，进一步确定所有详情。当客人用电话或其他方式通知饭店宴会活动更改时，预订员首先要主动热情，态度和蔼；其次要了解更改的项目和原因，认真记录，经更改后的处理信息及时通知客人，并向客人致谢；最后填写更改通知单，请客人签字予以确认。如此一来，各部门可以依照变更内容进行工作上的调整，合力达成客人的要求。

(2)宴会的取消　要告知签订协议的单位尽量遵守时间。如遇特殊情况，要提前通知饭店；如遇对方因某种原因取消预订，预订员也要态度和蔼的进行接待；接受取消预订的时候，尽量问清原因，以便我们今后的推销；在宴会预订单上盖上“取消”的印记，记录取消人及预订员的姓名；及时通知相关部门。

9.宴会售后管理

(1)信息反馈并致谢　宴会结束1周后由宴会销售部以电话、信函或邮件的方式征询主办单位或个人对本次宴会的意见和建议，并对其选择本饭店举行宴会再次表示感谢。在宾客提出意见或建议后，要及时向有关部门反映，以期下次做得更好。

(2)跟踪回访　饭店宴会销售部应与客户保持长期的联系，在节假日以邮件、电话或邮寄明信片的方式转达饭店的问候和祝福，密切关注客户的重要信息，使客户再次选择本饭店举办活动。

(3)建立宴会档案　设专门档案来保存所有举办过的宴会的资料，尤其对那些每年固定举办宴会的单位情况详加纪录。最好是建立数据库，进行系统地分析。宴会档案包括预订资料、宴会执行资料和宴会活动的有关总结资料。饭店有必要派专人对宴会档案资料进行管理。建立宴会档案，有助于提供工作效率、改善工作效果，更好地提供个性化服务。

三、宴会服务流程

(一)宴会前的组织准备

餐饮部及其他相关部门的服务员在接到宴会通知后,应根据各项具体要求,在宴会开始前进行一系列相应的准备工作。

1. 掌握情况

接到宴会通知后,餐厅服务员要做到“八知、三了解”。八知:知道宴会规模、知道宴会标准、知道开餐时间、知道菜单内容、知道宾主情况、知道收费办法、知道宴会主题、知道主办地点;三了解:了解宾客风俗习惯、了解宾客进餐方式、了解宾客特殊需要和爱好。

【案例 4-3-2】某饭店中餐宴会厅,饭店总经理宴请西藏一位高僧。中午 12 点,一群人簇拥着西藏高僧步入厅堂,两名服务员上前迎接,引领客人入席,并麻利地做好了餐前服务工作。菜点是预订好的,按照程序依次上菜,一切服务在紧张有序地进行。食之过半,宾客要求上主食,三鲜水饺很快端上了桌面。在大家的建议下,高僧用筷子夹起一个水饺放入口中品尝,很快就吐了出来,面色仍旧温和地问:“这是什么馅的?”服务员一听马上意识到问题的严重性,心里说坏了!事先忘了确认是否是素食。三鲜水饺虽是清真,但仍有虾仁等原料,高僧是不能食用的。忙向高僧道歉:“实在对不起,这是我们工作的失误,马上给您换一盘素食水饺。”服务员马上通知厨房上一盘素食三鲜水饺。由于是 VIP 客人,部门经理也赶来道歉。高僧说:“没关系,不知者不为怪。”这次失误虽然很严重,由于高僧的宽容大度,才得以顺利解决了。但留给服务员的是一个深刻的教训。

分析:信仰佛教的人和僧侣,对饮食的要求是严格的素食主义者。素食起源于宗教寺庙,供佛教徒、道教徒及忌荤腥者食用,是以豆制品、蔬菜、植物油为主要原材料。而清真菜多以牛羊肉和蔬菜等为主要原材料,烹制成各种适合伊斯兰教的饮食习惯的菜肴。二者是有很大区别的。通过本案例,使我们认识到,服务员必须加强业务知识的学习,准确掌握客人禁忌,不论工作多么繁忙,都要细心地检查每一个环节,认真对待好每一位客人,以避免触犯宾客的忌讳,引起不必要的麻烦。

2. 人员分工

人员的分工与宴会的类别、宾主的身份、规格及服务人员的工作特长有着密切的关系。大型宴会可将宴会桌次和人员分工情况用图形表示。进行人员分工时,要根据个人特长进行工作安排;注意男女服务人员的比例;参与服务人员的宴会操作技能和临场应变能力;各区域负责人要有丰富的工作经验,要有处理突发事件的能力;通常对于主宾区要安排至少 2 名有多年宴会工作经验,技术熟练反应敏捷的服务人员进行服务,其他一桌 1 名或三桌 2 名,传菜员主桌 1 名,其余可以两桌或三桌 1 名,迎宾 1~2 名。为了方便服务人员明确自己的职责。重大宴请活动之前,需进行服务预演。

3. 场地布置

宴会场地的布置应根据宴会的设计方案进行,既要反映宴会的特点,又要使宾客进入宴会厅后感到舒适、美观。桌椅排列要整齐,留有足够的宾客行走通道和服务人员的服务通道。宴会厅的温度应保持稳定,且与室外气温相适应,一般冬季保持在 20~24℃,夏天保持在 22~26℃。

【知识链接 4-3-1】

宴会台形设计

宴会的场地布置要根据宴请活动的性质、形式、主办单位的具体要求、参加活动的人数、宴会厅的形状和面积等情况来制定设计方案。然后由销售预订员画出标准比例尺的布置图，注明所有布置的细节要求。

现场布置由宴会厅工作人员与花草装饰部合作完成，要求庄重、美观、大方，家具摆放整齐、对称、平稳，一切事项都要按宴会通知单的布置要求去准备。

下面，介绍几种常见的宴会台型设计（图 4-3-6 至图 4-3-12）：

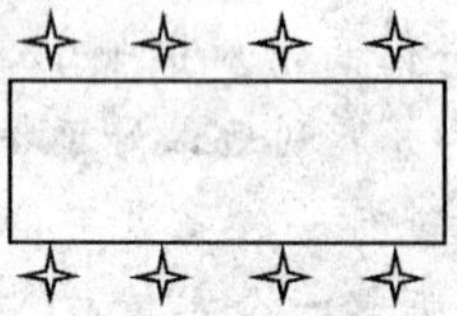

图 4-3-6　长方形

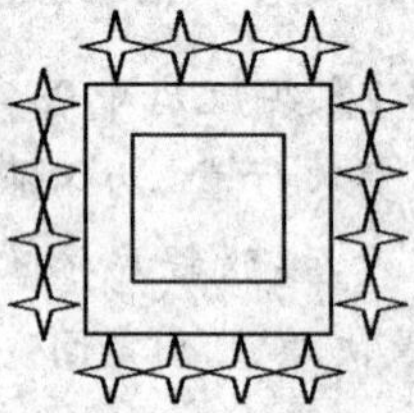

图 4-3-7　口字形

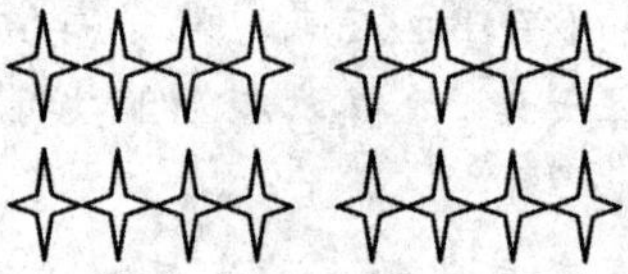

图 4-3-8　剧院形

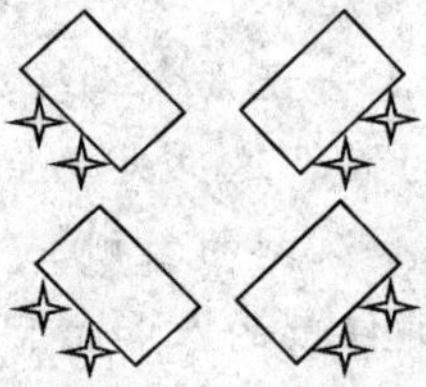

图 4-3-9　鱼骨形

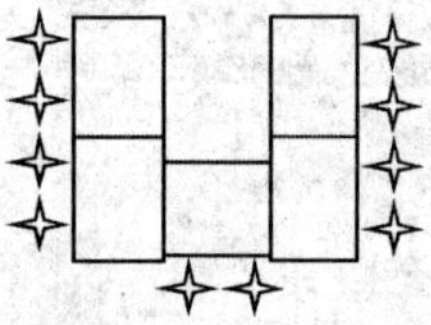

图 4-3-10　U 字形

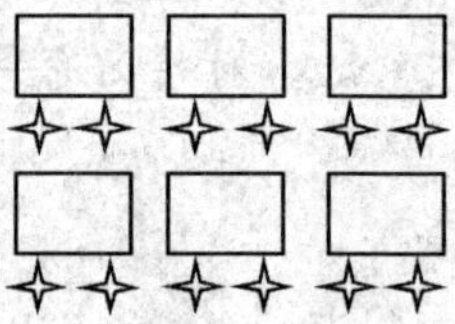

图 4-3-11　课堂形

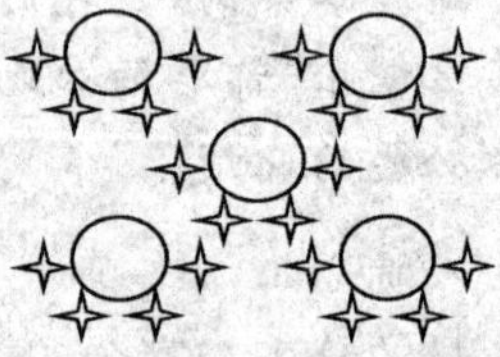

图 4-3-12　圆桌形

4. 物品的准备

根据宴会的人数、菜肴的数量准备餐具。一般来说，备用餐具应不低于 20%。宴会前 30 分钟准备好可用茶壶、茶叶及开水，按标准取出相应的酒水饮料，开启所有灯光；宴会开始前 5～10 分钟，摆上冷盘。

5. 开餐前的检查

（1）卫生检查　包括个人卫生、餐具卫生、宴会厅环境卫生等。

（2）设备检查　包括电器设备检查以保证各种电源、插座等的完好；空调的检查以保证其性能良好，并在开餐前 30 分钟调制合适的室温；有线设备的检查以保证其在餐中良好的运行。

(3)安全检查　主要检查各出口是否通畅,洗手间用品是否齐全,餐桌椅是否牢固,地面是否平整,易燃物品是否有专人保管等。

6.召开餐前例会

大型宴会的餐前例会由宴会部经理主持,其内容包括:

(1)点名并检查服务员仪容仪表。

(2)任务分工。

(3)通报当日客情、VIP接待注意事项。

(4)介绍当日特别推荐菜肴和短缺菜品种。

(5)对上一餐的工作进行总结,指明存在的问题、表扬服务好的服务员。

(6)抽查员工对菜单的掌握情况。

(二)迎宾服务

1.提前迎候

根据宴会入场时间,由迎宾员在宴会厅门口迎候客人,大型宴会根据席位安排引领入座。

2.衣帽服务

当客人到达后,迎宾员微笑问候,为客人将衣帽挂好并妥善保管。

3.拉椅入座

迎宾员引领客人入席后,与服务员一起主动拉椅让座。拉椅时,按女士优先,先宾后主的顺序进行。

4.迎宾工作注意事项

(1)根据宴会开始时间,迎宾员应提前在宴会门口迎候宾客。

(2)宾客到达时,要面带微笑、热情问候表示欢迎。

(3)走在客人前方1 m左右,注意引领过程中要注意步速并不断回头招呼客人。

(4)如遇台阶、障碍物等,要及时提醒客人予以注意。

(5)为宾客保存衣物时,应及时把衣物寄存卡递送给宾客。

(6)引领宾客到休息厅休息时,应及时递送小毛巾及茶水。

(三)就餐服务

1.入席服务

待客人坐定后,服务员应从主宾开始按顺时针方向送上香巾;根据客人需要提供茶水服务;然后帮客人摊开餐巾,撤去筷套,撤走台号、席位卡和花瓶。

2.酒水服务

为客人斟倒酒水前,服务员应先向客人展示饮品,征求客人的意见。服务员从主宾开始顺时针方向绕台逐位斟倒酒水。斟酒时,通常按照先斟葡萄酒,再斟烈性酒,最后斟饮料的顺序进行。

随时注意观察每位客人酒杯,当客人干杯或杯中酒只剩下1/3时应及时添加;记住每位客人所饮酒水,征询后添加。

3.上菜、分菜服务

服务员应选择在翻译、陪同位置之间上菜,每上一道菜都要向客人报出菜名并介绍菜肴的风味特色,将菜盘放在转盘的中央。同时询问客人是否要分菜,分菜的顺序为先宾后主、先女后男。

当冷盘用去 2/3 时上第一道热菜。传菜员将菜肴传到餐桌旁，服务员应双手将菜奉上餐桌，规格较高的宴会，每道菜均需分派给客人。

4. 甜品、水果服务

菜品上齐后及时告知客人。收撤酒杯，留饮料杯，更换骨碟，上甜品餐具或水果叉，服务甜品或水果。用完水果后，应及时清理台面，撤去相关餐具，保持台面清洁。最后更换茶水，上新茶。

5. 巡台服务

在宴会过程中，服务员要勤巡视、勤观察，及时发现服务信息。

(1)小毛巾服务　提供小毛巾服务时，服务员应事先将准备好的毛巾放入毛巾篮中，用托盘托送、服务。同时要注意小毛巾的温度，冬季上热巾，夏季上凉巾。

【他山之石 4-3-1】

广州白天鹅的六上巾

客人入席后上第一道香巾；客人喝汤时上小毛巾；客人用海鲜及用手抓的菜品时上小毛巾；客人暂时离座回来后上小毛巾；客人用完甜食后上小毛巾；客人用餐结束后上最后一道小毛巾。

(2)更换骨碟　高档宴会要求每吃一道菜后都应更换骨碟。现在大部分饭店为了体现优质服务，骨碟更换一般都不少于 3 次。一般而言，上大菜前更换一次骨碟；上甜菜前更换一次骨碟；用完鱼后更换一次骨碟；上口味相差较远的菜肴前要更换一次骨碟；客人骨碟内杂物超过 1/3 时更换一次骨碟；上水果前更换一次骨碟。

(3)其他服务　宴会服务中，服务员要做到“三轻、四勤”。如上了需用手剥的菜肴时要上洗手盅，同时上香巾；客人离开自己的餐位去其他餐桌敬酒时，要主动为其拉椅；客人在进餐过程中，不慎将餐具掉在地上，服务员应立即送上干净的餐具。

【案例 4-3-3】餐厅正在接待一个 30 桌的宴会，因为客人比较多，服务员往来穿梭，一片忙碌的景象。然而在其中一张餐桌上出现了这样的情景：一位客人正尝试从被压在下面的盘子里夹喜欢吃的菜，显得非常不方便；另一位客人则对上菜的服务员不满地说：“还往上摞呀，都快成‘金字塔’了，这还怎么吃呀！你们也太不讲究了！”而服务员尴尬的端着一盘菜不知如何是好。看到这种情景，领班连忙走过去对客人说：“对不起，给您带来了不便，非常抱歉，是我们想得不够周到。”她连忙示意服务员先把手中的菜放在服务桌上，然后吩咐她取来一些较小的菜盘，领班忙与客人协商着：“您看，这两个菜是否可以合并在一个盘子里？这个菜我给您换个小盘可以吗？这个菜我先撤到一边，一会儿给每位客人分一下行吗？”经过一番处理，餐台上立即腾出了不少地方，看到“金字塔”被拆平了，客人的脸色才略有好转。

分析：宴会上菜比较集中，往往是前面的菜还没吃完，后面的菜就纷纷上桌了，如果菜比较多，餐桌上摆不下，这时有很多服务人员就开始在餐桌上搭“金字塔”，这种做法往往会让客人非常不满，因为这样的“金字塔”既不方便夹菜又很不卫生。那么，在服务中怎样避免这种情况出现呢？本案例中领班的做法给了我们一些启示：

第一，在上菜时，值台的服务员要与传菜员积极配合，及时提供有关客人进餐速度的信息，根据客人的进餐节奏控制好上菜的速度和节奏，尽量避免大量集中的上菜。

第二，服务过程中，要及时把空盘撤掉，端菜上桌前，把桌面上的盘碟先移好位置再把菜端上桌。

第三，如果菜比较多，可以在征得客人同意的基础上，将同类的菜做适当合并，或把剩余量不多的菜换成小盘盛装，为后面的菜腾出空间。

第四，针对这种情况，有些餐厅实行分菜制，即把一部分菜在展示完以后，由服务人员逐份分派给客人。这样既能让每位客人都品尝到这个菜，又能避免餐台上空间过于紧张。

(四)结账服务

上菜结束后，应做好结账准备。清点所有酒水、加菜等菜单以外的费用并计入账单，随时等候客人的结账。结账服务是宴会收尾的重要工作之一。当宾客用餐结束，示意结账时，服务员应迅速将核对好的账单用账单夹或收银盘送至客人面前，注意要将账单正面递给客人。如若客人对账单表示质疑，服务员应及时核对。宾客付账后，应礼貌致谢。结账的方式主要包括信用卡、现金、挂账、支票等。

1.信用卡结账注意事项

首先，确认信用卡是本店接纳的；其次，检查持卡人的姓名、性别、信用卡有效期、持卡人身份证；第三，将信用卡和账单送交收银台，由收银员办理刷卡结账工作；第四，请客人确认账单金额，并在信用卡消费单上签名；最后，服务员将签单的顾客联、信用卡、身份证交还客人，并表示感谢。

2.现金结账注意事项

宾客付现后，服务员应当面点清并礼貌致谢，然后把找回的零钱和发票用账单夹或收银盘递送给宾客，并让宾客当面点清。

3.挂账注意事项

挂账一般有两种情况，一种是住店客人，另一种是协议单位。对于住店客人要求挂账的，服务员应首先请宾客出示房卡，以便核对客人信息；确认无误后，请宾客在账单上签名。对于协议单位要求挂账的，服务员应首先确定其是否是饭店的协议客户，其次是否是协议单位的签字有效人，确认无误后，请宾客在账单上签名确认即可。

(五)送客服务

主人宣布宴会结束时，服务员要提醒客人带齐自己的物品。如果客人欲将多余菜点带走时，服务员应主动提供打包服务。当客人起身离座时，服务员要主动为其拉椅，最后对用餐者表示感谢，并将客人送出宴会厅。

每举办一次宴会，饭店都可以从中总结经验教训，以便进一步提高服务水平。因此，在宴会结束后，都应积极的征求主办方的意见，可以是书面的，也可以是口头上的。对于用餐过程中的一些不愉快，应主动向宾客道歉，求得宾客的谅解。

(六)结束工作

送走客人回到宴会厅，首先要做的是迅速检查四周，看是否有客人遗留的物品，争取第一时间送还；其次将大灯关闭，以节能降耗；最后按照“一布草、二金银餐具、三玻璃器皿、四瓷器”的顺序收台；清理卫生，重新摆台。

(七)宴会服务注意事项

(1)事先了解宴会举行时间、调试好音响等设备,通知厨房做好出菜的准备。

(2)客人敬酒时,注意杯中是否有酒,及时斟添酒水。

(3)客人离席,主动拉椅,餐巾叠好放于餐位旁。

(4)席间客人感到不适时,立即向上级汇报,将食物保存留待化验。

(5)服务要随时观察用餐情况掌握客人用餐需求,勤换骨碟、毛巾,勤撤空杯、空碗,勤撤换烟缸,勤斟倒酒、饮料、茶水。

(6)宴会服务应注意节奏,不能过快或过慢,应以宾客进餐速度为标准。

(7)当宴会中有祝词、讲话或其他非就餐活动时,服务员要停止操作,迅速退至工作台两侧肃立,姿势端正,排列整齐,保持安静。

(8)客人有其他正当要求时,在不妨碍正常宴会服务的前提下,应设法尽量满足其需求。

(9)各岗位服务人员之间应分工协作、配合默契,对于服务中出现的漏洞应及时弥补。

(10)宴会结束后,应对宴会服务情况进行总结,以提高服务质量和服务水平。

◆工作任务单 4-3

1. 简答题

(1)简述宴会预订的方式。

(2)宴会前的组织准备工作有哪些?

(3)简述中餐宴会服务程序。

2. 讨论题

(1)接到带有个别西菜的中餐宴会单时,怎么办?

(2)开宴时,客人要求更换菜式,怎么办?

(3)客人用餐结束时,如何征求客人的意见?

(4)负责主台的服务员在主宾、主人离席讲话时,怎么办?

(5)客人要求取消已订好的宴会时,怎么办?

(6)遇到有西方客人食用中餐,由于他们使用筷子不熟练,怎么办?

3. 案例分析

(1)某中餐厅安排了16桌婚宴。对于能容纳20席客人同时就餐的中餐厅来说,还能安排部分餐位,提供给零点客人。因此,餐饮部决定用两节屏风将婚宴与零点的两部分用餐区域进行隔离。用餐时间临近,参加婚宴的客人陆续进入餐厅。有些客人带着孩子一同赴宴。在婚宴过半时,几个孩子围着屏风转来转去玩耍着。忽然,一节屏风被拉倒,砸在附近用餐客人的椅背上。服务人员赶紧将屏风扶起,并且发现搭在椅子上的两件皮衣出现了5 mm与3 cm长的不同程度的磨损。皮衣主人几乎同时发现了衣服的损坏,非常生气,要求饭店给予赔偿。

思考:①如果您是宴会部的服务员,该如何处理?②进行区域分割是饭店宴会大厅经常采取的办法,如何避免此类问题的发生?

(2)上海某著名饭店的预订员接到某房地产开发公司业务部经理李先生的宴会预订。李先生讲,因业务需要,两个月后公司要宴请一批香港客户,准备在该饭店预订20人的宴会。预订员告诉李先生,预订宴会除了要确定主要客人名单、时间、费用标准外,还须交纳25%的订金，最低不能少于 300 元人民币；客户若在 2 个月前取消宴会可以不扣订金，否则订金不予退还。李先生看到宴会时间、规格和费用标准都符合公司的要求，就和饭店订了合同，交付了 600 元人民币的订金。饭店预订员对此做了登记。此后，饭店又接到该公司另一位先生取消预订的电话。原来李先生在预订后不久接到电传，告之此批客户取消了来沪的行程，由于业务繁忙李先生忘记通知饭店取消宴会预订。之后李先生与开发部经理一同到香港与这批客户联系，在对方宴请他们时，李先生突然记起曾为对方在上海的一家饭店预订过宴会，急忙通知公司同事取消预订。此时，离预订宴会时间还有两个星期。饭店讲，由于超过了取消期限，订金不予退还，希望预订方以其他的宴会取代，以免造成双方不必要的损失。宴会的费用和规模还可以进一步商量。在饭店善意的建议下，李先生决定将其他的业务宴请改在该饭店举行，便再次与饭店联系恢复了原预订。饭店感谢李先生对他们的信任，并在价格上做出了一定的让步。

思考：①口头预订与正式预订有何区别？②预订宴会时，预订人员需提醒预订者哪些注意事项？

4.技能训练

(1)当面宴会预订服务的受理。

(2)模拟宴会服务流程。

项目五　西餐服务与管理

学习目标

通过本项目的学习，使学生能够了解西餐菜品知识，熟悉西餐零点服务和宴会服务程序，掌握西餐服务的工作流程，学会按照西餐服务标准，为客人提供规范化的服务，熟练处理服务中遇到的各类细节情况。

任务一　领略西餐文化

◈情景导入

某日，李先生夫妇来到北京某高级宾馆的西餐厅用餐。入座后，服务员为他们端上冰水，接着问他们要什么小吃和鸡尾酒。李先生不知所措地说："服务员，我们是教师，从来没有在高级饭店吃过西餐。今天正好是教师节，我们想趁此机会体验一下吃西餐的感受，请帮我们多介绍一些情况，以免我们出丑。"服务员小王听后欣然同意，并微笑着向他们介绍："吃西餐一般要先喝一些清汤或清水，目的是减少以后喝酒对胃的刺激，然后可以按顺序要鸡尾酒和餐前小吃、开胃菜、汤、色拉、主菜、水果和奶酪、甜点、餐后饮料等。实际上，不必每个程序都点菜，可根据自己的喜好和口味任意挑选。"李先生听罢忙用笔记录下来，并请小王告诉他们怎样用餐具，怎样点菜。小王先将一个菜单递给李夫人，又将一个菜单递给李先生，简要地介绍了菜单上的内容，然后又送上酒单，告诉他们点菜后可以点酒，并耐心地介绍了相应的酒菜搭配知识。李先生夫妇听得津津有味，还不时打断她，奋笔疾书。"还是请你为我们点菜吧！"李先生停笔后恳切地要求道。根据客人的要求和意愿，结合餐厅的特色酒、菜，小王为他们按全部程序点了血腥玛丽鸡尾酒、冷肉、法式小面包、黄油、汤、海鲜色拉、虾排、鹿肉、牛排、红葡萄酒、甜食、冰淇淋、咖啡等饮食。餐后，李先生夫妇非常高兴地对王小姐说："今天我们不但得到了良好的服务，而且还体会到了吃西餐的乐趣，以后一定再来这里讨教。"

你了解西餐吗？那么，今天就和我一起领略一下西餐的文化吧！

◈任务分析

西餐代表着欧美国家的饮食文化，从菜肴制作、就餐礼仪到服务程序及服务礼仪都蕴涵着丰富的历史和文化意义。随着我国经济发展的步伐加快，西餐逐渐频繁出现在各项经济活动和社会活动中。无论出席西餐宴请活动还是从事与西餐相关的工作，都应对西餐及其相关知识有一定的了解。

◆任务要求

知识要求：

1. 了解西餐的特点及常见菜式；
2. 掌握西餐菜品与酒水的搭配；
3. 熟悉并掌握西餐的服务方式。

能力要求：

1. 能够分辨出牛排的不同成熟度；
2. 能够按照西式各种服务方式的服务标准，提供规范化的服务；
3. 良好的英语听、说能力；
4. 能够辨别外币的真伪。

素质目标：培养良好的沟通交流、语言表达能力。

◆相关知识

一、西餐的特点

西餐是我国人民和其他部分东方国家和地区的人民对西方国家菜点的统称。广义上讲，西餐也是对西方餐饮文化的统称。

西餐传入我国可追溯到13世纪。据说意大利旅行家马可·波罗到中国旅行，曾将西餐传入过中国。改革开放后，随着我国对外交往扩大，许多合资酒店相继在各大城市建立，外国著名的饭店管理集团管理着国内许多酒店。他们进入中国后，带来了新的西餐技术和先进服务管理，使中国在西餐行业迅速与国际接轨。在西餐中，可以分出几大典型的烹饪方法及相应的服务方式，如法国、英国、美国、俄罗斯等国的菜式及相应的服务方式，都显示出各自的风味特色，其共同特点如下。

1. 重视各类营养成分的搭配组合

烹饪注重营养价值。西餐以满足最低营养要求的膳食为最优先的考虑，注重膳食中营养素的含量及营养价值。西餐充分考虑人体对各种营养和热量的需求来安排菜或加工烹调。

2. 选料精细

西餐菜肴大多数不宜烧得太熟，其加热的温度和时间往往达不到杀菌的标准，有的甚至是全生或半生品，如色拉、牡蛎、牛排、羊排等。所以，西餐选料精细，海鲜讲究新鲜、生猛，牛羊肉常选择除皮去骨无脂肪的精肉，一般不食动物内脏和无鳞鱼等。

【知识链接 5-1-1】

牛排中的美味至尊

英文STEAK一词是牛排的统称，其种类非常多，常见的有以下四种：

TENDERLOIN（嫩牛柳，牛里脊），又叫FILLET（菲力），是牛脊上最嫩的肉，几乎不含肥膘，因此很受爱吃瘦肉朋友的青睐。由于肉质嫩，煎成三成熟、五成熟和七成熟皆宜。

RIB-EYE（肉眼牛排），瘦肉和肥肉兼而有之，由于含一定肥膘，这种肉煎烤味道比较香。食用时不要煎得过熟，三成熟最好。

SIRLOIN(西冷牛排,牛外脊),含一定肥油,由于是牛外脊,在肉的外延带一圈呈白色的肉筋,总体口感韧度强、肉质硬、有嚼头,适合年轻人和牙口好的人吃。食用中,切肉时连筋带肉一起切,另外不要煎得过熟。

T-BONE(T骨牛排),呈T字形,是牛背上的脊骨肉。T形两侧一边量多一边量少,量多的是肉眼,量稍小的便是菲力。此种牛排在美式餐厅更常见,由于法餐讲究精致,对于量较大而质较粗糙的T骨牛排较少采用。

3. 口味香醇

西餐独特的调料、香料,使其口味香醇。常见的调料有盐、胡椒、咖喱、芥末、番茄酱、丁香、薄荷叶、生姜、大蒜、桂皮等。另外,西餐烹调时也常用酒和奶制品。

4. 单独烹制沙司

西餐调味沙司与主料分开单独烹制。西餐菜肴在形态上以大块为主,烹调时不易入味,所以大都要在菜肴成熟后拌以或浇上沙司,使其口味更富特色。

5. 注重肉类菜肴烹制的老嫩程度

欧美人对肉类菜肴的老嫩程度很讲究。服务员在接受点菜时,必须问清楚宾客的需求,厨师按宾客要求烹制。牛羊肉一般有5种火候,分别是:

一成熟(Rare,简写R):表面焦黄,中间为红色,装盘后血水渗出。

三成熟(Medium Rare,简写M. R):表面焦黄,外层呈粉红色,中心为红色,装盘不见血,但切开后断面有血流下。

五成熟(Medium,简写M):表面褐色,中间呈粉红色,切开后肉中流出的汁仍然见红。

七成熟(Medium Well,简写M. W):肉表深褐色,中间呈茶色,略见粉红色,切开后流出的汁水是白色的。

全熟(Well Done,简写W. D):表面焦黄,中间全部为茶色,肉中无汁水流出,肉硬度较高,不容易消化和咀嚼。

二、西餐常见菜式

西餐饮食文化涵盖的地区较中餐广泛,由于各国饮食特点的不同,西餐也是流派纷呈,风格迥异,味道独特。西餐大致可分为法式、英式、意式、俄式、美式、德式等几种。不同国家的人有着不同的饮食习惯,有种说法非常形象,说“法国人是夸奖着厨师的技艺吃,英国人注意着礼节吃,德国人考虑着营养吃,意大利人痛痛快快地吃……”在西餐众多的菜式中,较有代表性的是法、俄、英、美、意、德等国的菜式。

1. 法国菜——西菜之首

法国人从不吝啬在吃上花钱,一向以善于吃并精于吃而闻名,他们对于菜肴的色泽、味道、外形以及营养成分的搭配都非常的讲究。法国菜口感细腻,酱料美味,餐具摆设华美,简直可称之为一种艺术。法式西餐在世界上占有突出的地位,成为欧美西餐的公认代表。

法式菜品多种多样,选料广泛、制作精细、口味鲜浓、讲究原汁原味,注重调味技巧和调味汁的制作,并且灵活与巧妙地运用调味品,普遍用酒和香料。法国名菜有:焗洋葱汤、鹅肝酱、牡蛎杯、马赛鱼羹、法式红烩牛肉等。

2. 俄罗斯菜——西餐经典

俄罗斯菜主要指俄罗斯、乌克兰和高加索等地方名菜。俄罗斯的烹饪技术受外界影响很大，他的许多菜肴是由法国、意大利、奥地利和匈牙利等国传入，经与本国菜肴融合形成了独特的俄罗斯菜。

由于沙皇俄国时代的上层人士非常崇拜法国，不仅以讲法语为荣，而且饮食和烹饪技术也主要学习法国。因为俄罗斯的地理位置和气候寒冷的原因，俄罗斯菜口味重，喜欢用油，制作方法较为简单，口味如酸、甜、咸、辣，注重以酸奶油调味。其著名的菜品有：罗宋汤、鱼子酱、红菜汤、白脱鸡卷等。

3. 英国菜——简洁和礼仪并重

英国的饮食烹饪，有家庭美肴之称。英国人比较重视餐饮礼节，生活讲究，口味清淡，油少不腻，量少而精，调味时较少用酒，调味品大都放在餐台上由客人自己选用。烹调讲究鲜嫩，口味清淡，选料注重海鲜及各式蔬菜，菜量要求少而精，注重营养。著名的菜品有：牛尾浓汤、奶油蛤蜊汤等。

4. 美国菜——营养快捷

美国菜肴是在英国菜的基础上发展起来的，继承了英式菜简单，口味清淡，口味咸中带甜，常用水果作为配料，讲究突出菜肴主料的自然口味。其代表名菜有：菠萝焗火腿、华都夫沙律、原汁烤火鸡、T 骨牛排等。

5. 意大利菜——西菜之祖

在罗马帝国时代，意大利曾是欧洲的政治、经济、文化中心，虽然后来意大利落后了，但就西餐烹饪来讲却是始祖。意大利菜肴突出主料的原汁原味，烹调方法以炒、煎、炸、红烩为主，常用橄榄油、浓味的红色汁和干面条。名菜有：烩罗马意大利面、奶酪比萨饼、米兰牛排、肉酱意大利粉等。

6. 德国菜——严谨实惠

德国菜不像法国菜那样加工细腻，也不像英国菜那样清淡，在西餐中以经济实惠而著称。德国人是名副其实的"大块吃肉，大口喝酒"的民族。由于德国人偏好猪肉，因此大部分德国名菜都是猪肉制品。德国人对饮食并不讲究，喜欢水果、奶酪、香肠、酸菜、土豆等，不求浮华只求营养实惠。德国人首先发明了自助餐。德式菜肴的名菜有：咸猪手、柏林式炸猪排、红酒火腿、法兰克福香肠等。

三、西餐菜品与酒水的搭配

西餐中的酒水可分为餐前酒、佐餐酒、餐后酒等三种。它们各自又拥有许多具体种类。总的来说，口味清淡的菜式与香味淡雅、色泽较浅的酒品相配，深色的肉禽类菜肴与香味浓郁的酒品相配。餐前选用旨在开胃的各式酒品，餐后选用各式甜酒以助消化。

1. 餐前酒

餐前酒，又称开胃酒，它是在开始正式用餐前饮用，或在吃开胃菜时与之相配的。在一般情况下，在用西餐之前，很多西方客人喜爱饮用一杯具有开胃功能的酒品，如法国和意大利生产的味美思酒。也有鸡尾酒作为餐前酒的，如血腥玛丽。

2. 开胃头盘

西方客人吃开胃头盘时，要根据开胃头盘的具体内容选用酒水品种。如鱼子酱要用俄国或波兰生产的伏特加酒。虾味鸡尾杯则用白葡萄酒，口味选用干型或半干型。

3. 汤类

不同的汤应配用不同的酒，如牛尾汤配雪利酒，蔬菜汤配干味白葡萄酒等。

4. 沙拉

与沙拉搭配的一般是口味清淡的白葡萄酒或开胃酒，具体要根据沙拉的内容选用酒水品种。

5. 鱼类及海味菜肴和肉类、禽类及各式野味菜肴

西餐里的佐餐酒均为葡萄酒，而且大多数是干葡萄酒或半干葡萄酒。在正餐或宴会上选择佐餐酒，有一条重要的讲究不可不知，即"白酒配白肉，红酒配红肉"。所谓的白肉，即鱼肉、海鲜、鸡肉等。食用白肉时，需以白葡萄酒搭配。所谓的红肉，即牛肉、羊肉、猪肉等。吃红肉时，则应配以红葡萄酒。

6. 奶酪

适合配用香味浓烈的白葡萄酒，有些品种的奶酪可配用波特酒。

7. 甜品

一般配用甜葡萄酒或葡萄汽酒，有德国莱茵白葡萄酒、法国的香槟酒等。

8. 餐后酒

餐后酒指的是在用餐之后，用来以助消化的酒水。最常见的餐后酒是利口酒。

四、西餐服务方式

西餐服务是西餐零点服务和西餐宴会服务的总称。经历了多年的发展，各国和各地区形成了各自的特色，使西餐服务的方法和模式丰富起来。目前，法式服务、俄式服务、美式服务、英式服务、综合式服务和自助式服务等都是西餐服务常用的方式。

(一)法式服务

1. 法式服务的特点

传统的法式服务在西餐服务中是最豪华、最细致和最周密的服务。通常，法式服务用于法国餐厅，即扒房。法国餐厅装饰豪华和高雅，以欧洲宫殿式为特色，餐具常采用高质量的瓷器和银器，酒具常采用水晶杯。通常采用手推车或旁桌现场为顾客加热和调味菜肴及切割菜肴等服务。在法式服务中，服务台的准备工作很重要，通常在营业前做好服务台的一切准备工作。法式服务注重服务程序和礼节礼貌，注重服务表演，注重吸引客人的注意力，服务周到，每位顾客都能得到充分的照顾。但是，法式服务节奏缓慢，需要较多的人力，用餐费用高。餐厅利用率和餐位周转率都比较低。

2. 法式服务的方法

(1)法式服务的摆台　法式服务的餐桌上先铺上海绵桌垫，再铺上桌布，这样可以防止桌布与餐桌之间的滑动，也可以减少餐具与餐桌之间的碰撞声。摆装饰盘，装饰盘常采用高级的瓷器或银器等。将装饰盘的中线对准餐椅的中线，装饰盘距离餐桌边缘 1～2 cm。装饰盘的上面放餐巾。装饰盘的左边放餐叉，餐叉的左边放面包盘，面包盘上放黄油刀。装饰盘的右边放餐刀，刀刃朝向左方。餐刀的右边常放一个汤匙。餐刀的上方放各种酒杯和水杯。装饰盘的上方摆甜品的刀和匙。

(2)传统的二人合作式的服务　传统的法式服务是一种最周到的服务方式，由两名服务员共同为一桌客人服务。其中一名为经验丰富的正服务员，另一名是助理服务员，也可称为服务

员助手。服务员请顾客入座，接受顾客点菜，为顾客斟酒上饮料，在顾客面前烹制菜肴，为菜肴调味，分割菜肴，装盘，递送账单等。服务员助手帮助服务员现场烹调，把装好菜肴的餐盘送到客人面前，撤餐具和收拾餐台等。在法式服务中，服务员在客人面前作一些简单的菜肴烹制表演或切割菜肴和装盘服务。而他的助手用右手从客人右侧送上每一道菜。通常，面包、黄油和配菜从客人左侧送上，因为它们不属于一道单独的菜肴。从客人右侧用右手斟酒或上饮料，从客人右侧撤出空盘。

(3)上汤服务　当客人点汤后，助理服务员将汤以银盆端进餐厅，然后把汤置于熟调炉上加热和调味，其加工的汤一定要比客人需要量多些，方便服务。当助理服务员把热汤端给客人时，应将汤盘置于垫盘的上方，并使用一条叠成正方形的餐巾，这条餐巾能使服务员端盘时不烫手，同时可以避免服务员把大拇指压在垫盘的上面，汤由正服务员从银盆用大汤匙将汤装入顾客的汤盘后，再由助理服务员用右手从客人右侧服务。

(4)主菜服务　主菜的服务与汤的服务大致相同，正服务员将现场烹调的菜肴，分别盛入每一位客人的主菜盘内，然后由助理服务员端给客人。服务员为顾客准备牛排时，助理服务员从厨房端出烹调半熟的牛肉、马铃薯及蔬菜等，由正服务员在客人面前调配作料，把牛肉再加热烹调，然后切肉并将菜肴放在餐盘中，正服务员这时应注意客人的表示，看他要多大的牛排。同时，应该配上沙拉，服务员应当用左手从客人左侧将沙拉放在餐桌上。

(二)俄式服务

1. 俄式服务的特点

俄式服务是西餐普遍采用的一种服务方法。俄式服务的餐桌摆台与法式的餐桌摆台几乎相同。但是，它的服务方法不同于法式。俄式服务讲究优美文雅的风度，将装有整齐和美观菜肴的大浅盘端给所有顾客过目，让顾客欣赏厨师的装饰和手艺，同时也刺激顾客的食欲。俄式服务，每一个餐桌只需要一个服务员，服务的方式简单快速，服务时不需要较大的空间。因此，它的效率和餐厅空间的利用率都比较高。由于俄式服务使用了大量的银器，并且服务员将菜肴分给每一个顾客，使每一位顾客都能得到尊重和较周到的服务，因此增添了餐厅的气氛。

俄式服务是大浅盘里分菜，故可将剩下的、没分完的菜肴送回厨房，从而避免不必要的浪费。俄式服务的银器投资很大，如果使用和保管不当会影响餐厅的经济效益。在俄式服务中，最大的问题是最后分到菜肴的顾客，看到大银盘中的菜肴所剩无几，总有一些影响食欲的感觉。

2. 俄式服务的方法

(1)分发餐盘　服务员先用右手从客人右侧送上相应的空盘，开胃菜盘、主菜盘、甜菜盘等。注意冷菜上冷盘，即未加热的餐盘，热菜上热盘，即加过温的餐盘，以便保持食物的温度。上空盘依照顺时针方向操作。

(2)运送菜肴　菜肴在厨房全部制熟，每桌的每一道菜肴放在一个大浅盘中，然后服务员从厨房中将装好的菜肴大银盘用肩上托的方法送到顾客餐桌旁，热菜盖上盖子。服务员站立于客人餐桌旁。

(3)分发菜肴　服务员用左手以胸前托盘的方法，用右手操作服务叉和服务匙从客人的左侧分菜。分菜时，以逆时针方向进行。斟酒、斟饮料和撤盘都在客人右侧。

(三)美式服务

1. 美式服务的特点

美式服务是简单和快捷的餐饮服务方式，一名服务员可以看数张餐台。美式服务简单，速度快，餐具和人工成本都比较低，空间利用率及餐位周转率都比较高。美式服务是西餐零点和西餐宴会理想的服务方式，广泛用于咖啡厅和西餐宴会厅。

(1)美式服务的餐桌上也是先铺上海绵桌垫。桌布的四周至少要垂下 30 cm。台布不宜太长，否则会影响顾客入席。有些咖啡厅在台布上铺上较小的方形台布，这样，在重新摆台时，只要更换小型的台布就可以了。这样做可以节约大台布的洗涤次数。同时，也起着装饰餐台的作用。通常，每两个顾客使用糖盅、盐盅和胡椒瓶各一个。

(2)将叠好的餐巾摆在餐台上，它的中线对准餐椅的中线，餐巾的底部离餐桌的边缘 1 cm。两把餐叉摆在餐巾的左侧，叉尖朝上，叉柄的底部与餐巾对齐。在餐巾的右侧，从餐巾向外，依次摆放餐刀、黄油刀与两个茶匙。刀刃向左，刀尖向上，刀柄的底部朝下，与餐巾平行。面包盘放在餐叉的上方。水杯和酒杯放在餐刀的上方，距刀尖 1 cm，杯口朝下。待顾客到餐桌时，将水杯翻过来，斟倒冰水。

2. 美式服务的方法

在美式服务中，菜肴由厨师在厨房中烹制好，装好盘。餐厅服务员用托盘将菜肴从厨房运送到餐厅的服务桌上。热菜要盖上盖子，并且在顾客面前打开盘盖。传统的美式服务，上菜时服务员在客人左侧，用左手从客人左边送上菜肴，从客人右侧撤掉用过的餐盘和餐具，从顾客的右侧斟倒酒水。目前，许多餐厅的美式服务上菜服务从顾客的右边，用右手按顺时针方向进行。

(四)英式服务

英式服务又称家庭式服务，其服务方法是服务员从厨房将烹制好的菜肴传送到餐厅，由顾客中的主人亲自动手切肉装盘，并配上蔬菜，服务员把装盘的菜肴依次端送给每一位客人。调味品、沙拉和配菜都摆放在餐桌上，由顾客自取或相互传递。英式服务家庭的气氛很浓，许多服务工作由客人自己动手，用餐的节奏较缓慢。在美国，家庭式餐厅很流行，这种家庭式的餐厅采用英式服务。

(五)综合式服务

综合式服务是一种融合了法式服务、俄式服务和美式服务的综合服务方式。许多西餐宴会的服务采用这种服务方式。通常用美式服务上开胃品和沙拉；用俄式或法式服务上汤或主菜；用法式或俄式服务上甜点。不同的餐厅或不同的餐次选用的服务方式组合也不同，这与餐厅的种类、特色、顾客的消费水平、餐厅的销售方式等有着密切的联系。

(六)自助式服务

自助式服务是把事先准备好的菜肴摆在餐台上，客人进入餐厅后支付一餐的费用，便可自己动手选择符合自己口味的菜点，然后拿到餐桌上用餐。这种用餐方式称为自助餐。餐厅服务员的工作主要是餐前布置，餐中撤掉用过的餐具和酒杯，补充餐台上的菜肴等。

◈工作任务单 5-1

1. 简答题

(1)简介西餐的特点。

(2)西餐常见的菜式有哪些？试比较各自的优缺点。

(3)西餐菜肴与酒水如何搭配？

(4)简述法式服务的特点及服务方式。

(5)简述俄式服务的特点及服务方式。

(6)简述美式服务的特点及服务方式。

(7)简述英式服务的特点及服务方式。

2.技能训练

(1)辨别外币的真伪。

(2)模拟美式服务流程。通过角色扮演,体会美式服务要领,以真诚的服务来体现自己的价值。

任务二　西餐零点服务

◈情景导入

某晚7点多,两位德国客人和一名翻译到北京某饭店的西餐厅用餐。点了“铁扒羊排”、“牛肉咖喱饭”和“奶油花菜汤”等菜品,并要求快速上菜。10分钟之后,客人点的菜饭全都上了桌。一位客人看着他那份羊排连连摇头。服务员忙问翻译客人有什么不满。翻译和客人交谈后,不好意思地告诉服务员,客人点菜时他没有搞清楚,一位客人要德式“铁扒羊排”,另一位客人要铁扒番茄和煎花菜配制的羊排,而他却为两人同时点了德式“铁扒羊排”。翻译表示:这件事应由他向客人解释,与服务员无关。服务员听罢忙对翻译讲,尽管他没有说明羊排的区别,但客人已经在该餐厅用过餐,而且也点过不同样式的羊排,自己在点菜时没有进一步问清楚,自己也有责任。说完她端起那位摇头客人面前的羊排回了厨房。不一会儿,服务员端着铁扒番茄和煎花菜配制的羊排走了出来,对客人说:“请您慢用”,客人露出了笑容,高高兴兴的享受着美食。

请问:西餐零点服务有何讲究?该如何做好正规的西餐零点服务呢?

◈任务分析

西餐零点餐厅服务讲究,注重情调,节奏缓慢,宾客用餐时间长,内容复杂,服务技术要求高。一般要求服务员经过培训后方可上岗。除了要掌握各种基本技能外,还应熟悉菜肴与酒水的知识和服务方式,娴熟的掌握烹制技能,为宾客提供心理服务,并具有高超的服务技巧和熟练的外语能力。

◈任务要求

知识要求:

1.熟悉西式早餐的组成及服务程序;

2.掌握西式正餐的组成及服务程序。

能力要求:

1.掌握西餐早餐服务操作程序,熟练处理各类细节情况;

2.掌握西餐正餐服务操作程序,熟练处理各类细节情况。

素质目标:培养良好的语言和合作能力。

◈相关知识

一、西式早餐的组成

西式早餐食品大体由果汁类、水果类、谷类、肉类、面包类、鸡蛋类、热饮类等组成。主要有：

(一)欧陆式早餐

欧陆式早餐主要包括果汁或水果、牛角包或丹麦甜饼、各种面包黄油或果酱、咖啡或茶，无蛋无肉，又称“全咖啡加面包”。

(二)英式早餐

英式早餐包括果汁或水果、冷或热的谷类食品、各式鸡蛋、土司配黄油或果酱、咖啡或茶，英式早餐有蛋无肉。

【知识链接 5-2-1】

西式早餐中的蛋类

(1)煎蛋　可分为单面煎和双面煎，双面煎又可分为双面煎嫩蛋和双面煎老蛋，其中之区别是蛋黄是否凝固，煎鸡蛋要用热盘子趁热送上。

(2)煮蛋　3分钟蛋，蛋黄呈流汁状；5分钟蛋，蛋黄开始凝固；10分钟蛋，蛋黄发硬；煮蛋应放在蛋盅内奉客，同时送上咖啡匙和垫碟。

(3)水波蛋　先将鸡蛋打入碗中，轻轻倒入加了少量盐和白醋的沸水锅内煮制两三分钟后捞出沥干水分，放在烤面包上装盘，服务时应随上糖浆或蜂蜜。

(4)溜蛋糊　要求鸡蛋熟但无凝结的硬块。溜蛋糊通常放在烤面包上提供给客人，也可直接装盘。

(5)蛋卷　蛋卷又称为奄列蛋，是将蛋液倒入放了少许油但油温较高(六七成熟)的煎锅内摊成饼形，再加入不同原料后卷成梭子形。因加入原料不同而有不同的名称，如清蛋卷、洋葱蛋卷、番茄蛋卷、火腿蛋卷等。

(三)美式早餐

美式早餐包括果汁或水果、冷或热的谷类食品、各式蛋类配以肉类、土司配黄油或果酱、炸土豆条、咖啡或茶，美式早餐有蛋有肉。

二、西式早餐服务程序

(一)餐前准备

1.准备工作

(1)准备好摆台用具：刀、叉、勺、咖啡杯、咖啡碟、咖啡勺、面包碟、黄油刀、花瓶、烟灰缸、椒盐瓶、糖缸、奶缸、餐巾等。

(2)准备好服务用具：包括菜单、点菜单、笔、托盘、果汁杯等。

(3)准备好果汁，注意需冷藏。

(4)煮好咖啡,注意保温。

(5)备好充足的黄油、果酱、糖、牛奶等。

2.早餐摆台

按标准要求进行摆台,注意:

(1)铺上桌布,摆放折好的餐巾,餐巾的左边放餐叉,餐叉的左边放面包盘,面包盘上放黄油刀。

(2)餐巾的右边放餐刀,刀刃朝向左方。

(3)餐刀的右边摆放汤勺。

(4)摆放椒盐瓶、烟灰缸、花瓶、烛台。

3.整理检查

(1)检查餐厅设施设备,环境卫生。

(2)检查桌椅是否整齐。

(3)检查摆台是否规范。

(4)整理并检查个人仪容仪表是否标准等。

(二)餐中服务

1.迎宾服务

(1)客人进入餐厅时,迎宾员应主动、礼貌的问候客人,要面带微笑并注意目光接触。

(2)引领客人进入餐厅,为客人安排其喜欢的餐位并为客人拉椅让座。

(3)拉椅时,遵循"女士优先"的原则进行。

2.点菜服务

(1)客人入座后,值台服务员上前问好并递上打开的菜单,从客人右侧为其铺上餐巾。

(2)记录客人所点内容及口味要求,如客人点鸡蛋,要问清制作方法和老嫩程度,并在点菜单上注明。

(3)重复客人的点单,确保点菜正确。

(4)将点菜单迅速送至厨房和收银台,传递到厨房的点菜单应由收银员签章。

3.菜品服务

(1)根据客人所点菜品补充餐具。

(2)从客人右侧服务果汁、咖啡或茶,左侧送上面包、黄油和果酱。

(3)依次从客人右侧服务谷类食品、肉类和鸡蛋。

(4)给客人送水果或杂果杯。

(5)随时撤走用过的脏盘等。

(6)随时补充饮料,如按杯出售,则应征询客人同意。

(7)巡视服务区域,随时满足客人要求,搞好本区域卫生。

4.注意事项

(1)西餐早餐服务要迅速,员工技艺要娴熟。

(2)员工要熟记本餐厅提供的早餐种类。

(3)注意问清宾客的特殊要求。

(4)面包要新鲜,咖啡和茶要热。

5. 结账服务

提前准备好账单,检查无误。客人用餐完毕后,送上账单,征求客人意见并表示感谢。

6. 送客服务

客人起身为其主动拉椅,感谢客人并祝客人愉快。

(三)餐后服务

(1)客人离开后,迅速整理桌椅清理台面,同时检查有无客人遗留物品;

(2)重新摆台,准备迎接下批客人。

【案例 5-2-1】 小丁是某度假村零点餐厅的看台服务生。一天的晚餐时间,他为几位英国客人服务,在陪同的帮助下他完成了点菜、侍膳等大部分服务。席间,陪同有事出去了一会儿。这时一位外宾示意他过去,说:"Where can I wash my hands?"小丁粗通英语,但只听清了"wash my hands",便以为客人在吃完虾之后要洗手,便回答道:"Just a moment",话毕转身就往备餐间走了。片刻,小丁返回并递给客人一个洗手盅:"Please wash your hands!(请洗手)"。客人大为不解,又连说带比划向小丁解释。幸亏陪同回来了,这才结束了这场闹剧。

分析:本案例中服务生曲解客人意思,闹出了大笑话,耽误了客人消费,幸而未酿成大祸,这反映了该酒店外语培训方面存在的问题。餐饮服务业是一个人与人打交道的行业,而语言是人类用来表达意思、交流思想的工具。外语,是搞好涉外服务的重要工具。

三、西餐正餐菜肴的组成

西式午、晚餐不论是宴会还是便餐,大致由头盘、汤、沙拉、主菜、甜品、咖啡或茶组成。

(一)头盘(Appetizer)

开胃头盘又称开胃菜、开胃品,是开餐的一道菜。头盘一般量较少,色泽鲜艳,装饰美观。头盘多选用清淡的海鲜、熟肉、蔬菜、水果制作,旨在开胃和刺激宾客的食欲。开胃头盘有冷、热开胃头盘之称。其代表菜有:鹅肝酱、鱼子酱、熏三文鱼、生蚝、虾仁鸡尾杯等。

(二)汤(Soup)

西餐的第二道菜是汤。汤类在西餐中占有重要的地位,西方人的饮食习惯是在上热菜之前先喝汤。西餐汤类大都有丰富的鲜味物质和有机酸等,有刺激胃液分泌,增进食欲的作用。

西餐汤的品种较多,可分为冷汤和热汤。热汤又有清汤和浓汤之分。制作要求为原汤、原色、原味。西餐汤的代表有:法国洋葱汤、西班牙冻汤、意大利蔬菜汤、俄国红菜汤、牛尾清汤等。

(三)沙拉(Salad)

沙拉是用各种凉透了的熟料或是可以直接食用的生料加工成较小的形状后,再加入调味品或浇上各种沙拉汁拌制而成。沙拉大都具有色泽鲜艳,外形美观,鲜嫩爽口,解腻开胃的特点。

沙拉按原料来分,可分为蔬菜沙拉、水果沙拉、海鲜沙拉和肉类沙拉。按进餐顺序来分,可分为开胃菜沙拉(即前菜沙拉)、主菜沙拉、甜品沙拉(即餐后沙拉)。

著名的沙拉有:厨师沙拉、什锦沙拉、华尔道夫沙拉、鲜虾沙拉、洋葱沙拉等。

汁酱对于沙拉非常重要。常用的沙拉汁有:蛋黄酱(Sauce Mayonnaise)、鸡尾汁(Sauce Cocktail)、油醋汁(Oil Vinegar)、法汁(French Dressing)、千岛汁(Thousand Island Dressing)、罗佛汁(Roquefort Cheese Dressing)。

(四)主菜(Main Course)

主菜是西餐正餐中最重要的部分,制作讲究,既考虑菜肴的色、香、味、形,又考虑菜肴的营养价值,多用海鲜、牛羊、猪肉和禽类作为主原料。

主菜中著名的菜品有:西冷牛排、T骨牛排、肉眼牛排、爱尔兰烩羊肉、美式火鸡、马里兰炸鸡、烤羊马鞍、黄油鸡卷、蘑菇焗鳟鱼、苹果烤鹅、意式焖猪排、鞑靼牛排、巴黎龙虾等。

主菜注重调味汁,主菜调味汁有:配羊排的薄荷汁(Mint Sauce)、薄荷啫喱(Mint Jelly);配牛排的博德汁(Bordelaise Sauce)、胡椒汁(Pepper Sauce)、蘑菇汁(Creamy Mushroom Sauce)等;配猪排的苹果汁(Apple Sauce)、勃朗汁(Brown Sauce)等;配鸡肉家禽的车沙汁(Chasseua Sauce)、番茄汁(Ketchup)等;配鱼类的荷兰汁(Hollandaise Sauce)、鞑靼汁(Tartar Sauce)、美国汁(American Sauce)、鳀鱼汁(Anchovy Sauce)、白葡萄酒汁(White Wine Sauce)等。

(五)甜品(Dessert)

主菜过后是甜品。甜品包括奶酪和甜点。食用奶酪时要用胡椒和盐调味,并跟配黄油、面包、芹菜条、胡萝卜等。

甜点有冷热之分,常见有煎饼(Pancake)、烤饼(Scone)、松饼(Muffin)、蛋糕(Cake)、派(Pie)、馅饼(Tart)、冰淇淋(Ice Cream)、布丁(Pudding)、果冻(Jelly)等。

(六)咖啡或茶(Coffee or Tea)

西餐最后是上咖啡或茶,服务咖啡和茶时一般要搭配牛奶和糖。

比较常见的茶有立顿红茶(Lipton Tea)、绿茶(Green Tea)、薄荷茶(Peppermint Tea)等。比较常见的咖啡有爱尔兰咖啡(Irish Coffee)、皇室咖啡(Royal Coffee)、意大利特浓咖啡(Espresso)、意大利奶泡咖啡(Cappuccino)、现磨咖啡(Freshly Brewed Coffee)等。

四、西式零点餐厅正餐服务程序

高级西餐厅里的午餐和晚餐服务讲究、注重情调、节奏缓慢且价格昂贵,体现了饭店西餐服务的最高水准,通常以美式服务为主,个别菜肴采用法式服务。

按照传统习惯,英国人较重视晚餐,而欧洲大陆国家较重视午餐,但随着工作、生活节奏的加快,午餐时间较短而晚餐时间较为充裕,所以现在欧美国家普遍将晚餐作为正餐。

西餐午晚餐的用餐时间较长、服务技术要求较高,一般要求服务员经严格培训后才能上岗,除了掌握各种服务技能外,还应掌握客前烹制技能,了解客人心理,具有高超的服务技巧和熟练的外语能力。

(一)预订服务

西餐正餐,尤其晚餐,比较讲究用餐情调,就餐时间长,所以餐位周转率低,往往需要提前预订。在餐厅应设有电话机、计算机等相应设备,随时接受客人的预订。

订餐服务员必须做到以下几点:

(1)熟悉菜点品种,能熟练回答客人的询问,并能给客人适当的建议。

(2)问清客人的就餐人数、就餐时间、联系方式、特殊要求等。

(3)复述客人的预订内容，填好预订单。

(4)根据客人的预订留好餐台，并提前通知厨房。

(二)餐前准备

1. 准备物品

(1)根据预订登记表所记客人人数选定餐桌，在餐桌上放置留座卡。

(2)根据客人预订要求对餐厅的台面进行布置。

(3)每个餐位按西餐正餐所要求的规格摆放餐具。

(4)备足所需服务用具、餐具，备好各种调味品。

2. 餐前检查

(1)检查西餐厅各种设施、设备是否正常运行，完好无损。

(2)检查西餐厅环境卫生、温度等是否符合规定要求。

(3)检查服务区域内的餐桌、座椅、工作台等是否清洁卫生、完好无损。

(4)检查摆台是否符合要求，有无遗漏，盐、胡椒瓶、牙签筒等有无加满，外观是否清洁。

(5)开餐前30分钟，由餐厅经理按规定召集餐前会。会上经理会介绍当日客情、当日特别菜肴，布置当餐工作，进行任务分工，提醒接待客人的注意事项，并检查服务员的仪容仪表是否符合服务要求。

(三)迎接客人

(1)客人来到餐厅时，迎宾员应面带微笑，主动上前问好。

(2)如客人已订座，迎宾员应热情地引客入座。

(3)如果客人没有预订好，迎宾员应则根据客人需求和餐厅营业状况将客人引领至适当的餐台。

(四)领位

(1)询问客人就餐人数后，礼貌地将客人带到客人满意的餐台前。

(2)询问客人姓名并称呼客人姓名。

(3)带客时，应走在客人右前方1 m处，且不时回头，把握好与客人的距离。

(4)离开时，向客人说："请享用。"

(五)拉椅让座

(1)当迎宾员把客人带到餐台边时，服务员应主动上前协助，为客人拉椅让座。

(2)站在椅背的正后方，双手握住椅背的两侧，后退半步，同时将椅子拉后半步。

(3)用右手做一个"请"的手势，示意客人入座。

(4)在客人即将坐下的时候，双手扶住椅背两侧，用右膝盖顶住椅背，手脚并用将椅子轻轻往前送，让客人不用自己挪动椅子便能恰好入座。

(5)拉椅、送椅动作要迅速、敏捷，用力适中，不可过猛，以免撞倒客人。

(六)铺餐巾

(1)按先女后男、先宾后主的次序顺时针方向依次进行；

(2)站在客人的右手边拆开餐巾，左手提起餐巾的一角，使餐巾的背面朝向自己；

(3)用右手拇指和食指捏住餐巾的另一角。采用反手铺法,即右手在前,左手在后,轻轻地为客人铺上台布。这样可避免手臂撞倒客人的身体。

(七)点蜡烛(晚餐)

(1)服务员退后半步,点燃火种,身体前倾把餐台上蜡烛点燃后,立即熄灭火种。

(2)注意火种不能碰到客人。

(八)推销餐前饮品

由酒水员或领班向客人推销餐前饮品。

(九)服务餐前饮品

酒水员在客人右侧上餐前饮品,并报上饮品名称。

(十)上面包、黄油

(1)黄油碟摆放在面包碟正上方约 1.5 cm 处。

(2)备匙、大叉各一支,置于面包篮一端,匙、叉柄向右,面包篮里备好各款面包。

(3)上面包在客人的右侧进行,左手持面包篮,身体微向前倾,将面包篮送到客人的左前方,礼貌地请客人选择其喜欢的面包品种,然后右手持匙和叉将面包夹送至客人的面包碟里。

(4)面包服务按逆时针方向进行。

(5)面包篮递送位置要恰当,不可过高或过低。

(6)每服务完一个客人要将匙和大叉放回篮中,同时后退一步再转身去为下位客人服务,千万不可将面包篮直接从客人头上绕过去。

(十一)递送餐牌

(1)领班从客人的右边送上餐牌,需将餐牌打开至第一页,送至客人手中。

(2)向客人介绍当日特色菜。

(3)让客人考虑片刻,再上前站在客人的右边为客人点菜,按逆时针方向进行。

(4)按女士优先、先宾后主的原则为客人点菜。若客人点菜时对菜单有疑惑不解之处,服务员应适当解释,也可以适时向客人推荐菜肴,帮助客人点菜,但也应给予一定的时间让客人选菜,避免强行推销。服务员要逐一记录客人的座位号和每位客人的选菜,对客人的特殊要求和细节性内容也要记录清楚。如点到牛排时应问清客人要几成熟,配什么汁等。

(5)点菜时要画好餐桌图,以牢记每位客人所点食品。

(6)点菜结束离开前,需感谢客人。

(十二)撤下餐前饮杯具

如客人未喝完,则需等客人喝完后再撤走。

(十三)送上酒单介绍餐酒

(1)酒水员从客人的右边送上酒单,并根据客人所点的食品主动推销红、白葡萄酒;

(2)用一条餐巾垫在瓶身下,右手握住瓶身上端,左手托住瓶底,站在主人的右边将酒递给主人鉴赏,并请主人确认。

(十四)葡萄酒服务

1. 白葡萄酒或玫瑰酒服务流程

(1)准备

①准备好冰桶。

②将酒从酒吧取出,擦拭干净,放入冰桶冰冻。

③将酒连同冰桶和冰桶架放到宾客桌旁不影响正常工作的位置。酒瓶应洁净无损,商标完好。

(2)酒的开启

①将酒从冰桶中取出,向订酒的宾客展示,宾客确认后放回冰桶。

②用酒刀割开钻封,用餐巾将瓶口擦拭干净。

③将酒钻慢慢钻入酒塞内,轻轻将酒塞拔出,用力不宜过猛,以防酒塞断裂,此过程中严禁转动或摆动酒瓶。

④将拔出的酒塞交与主人评判酒的储存情况。

(3)品酒服务

①将开瓶的酒从冰桶内抽出,用餐巾将瓶外侧的水擦拭干净,然后用餐巾包住酒瓶。

②向品酒的宾客酒杯中注入 1/5 杯,帮助宾客在桌上轻轻晃动一下酒杯,以使酒与空气充分接触。

③主人品过酒后,服务员需征求意见,是否可以立即斟酒。

(4)斟酒服务

①斟酒时服务员需用右手握瓶,从宾客右侧按顺时针方向服务,女士优先,先宾后主。

②商标需始终朝向宾客。

③酒需倾倒至酒杯的 2/3 处,以确保酒应有的凉度。

④每斟完一杯酒,将酒瓶按顺时针方向轻轻转一下,避免瓶口的酒滴在台面上。

⑤为所有的宾客斟完酒后,将酒瓶轻轻放回冰桶内。

⑥瓶中的酒只剩下一杯的酒量时,需及时征求主人的意见,是否准备另外一瓶酒。同时,注意酒杯的温度与满度。

2. 红葡萄酒服务流程

(1)提供葡萄酒水单

①可能的话在出示给宾客前将其展开。

②应提供给宾客干净的酒水单。

(2)辅助宾客选择葡萄酒

①准备好向宾客推荐一种或是两种葡萄酒。

②询问宾客的首选,帮助他们作出一个合适的选择。

③要能够回答酒水单上关于葡萄酒或是香槟酒的任何问题。

④允许宾客做任何他们自己的选择。

⑤提到酒时,以酒的名字来说而非酒水单上的序号。

(3)取酒

①在一个干净无破损的酒篮内铺垫干净的餐巾。

②从酒吧取出宾客所订的酒,将瓶擦拭干净。

③将酒瓶轻轻卧放于酒篮内，酒的商标朝外。

(4)开启葡萄酒

①将酒从酒篮里取出向订酒的宾客展示，宾客确认后放回酒篮。

②用开瓶钻上附带的小刀割开瓶颈上方外凸的铅封，这样可避免在倒酒时酒接触到铅封。

③将取下的铅封或金属铝箔封签放进自己的口袋。

④用干净的餐巾擦拭木塞顶部可能附着的霉或灰尘。

⑤将开瓶钻对准瓶塞的中心插入，慢慢钻入酒塞内，轻轻将酒塞拔出，用力不得过猛，以防酒塞断裂，此过程中严禁转动或摆动酒瓶。

⑥用干净的餐巾把瓶口擦拭干净。

⑦将拔出的酒塞交给点酒的宾客评判酒的储存情况。

(5)醒酒

①询问宾客，在提供红酒服务前，是否需要给红酒醒酒。

②如果宾客同意，则将酒打开，先不倒酒。

(6)品酒服务

①将已开瓶的酒向点酒的宾客酒杯注入 1/5 的杯量，帮助宾客在桌上轻轻晃动下酒杯，以使酒与空气充分接触。

②允许宾客闻或尝葡萄酒，征求宾客意见，是否可以立即斟酒。

③如果宾客对酒不满意，向宾客道歉，立刻将酒撤走，并联系经理说明情况。

(7)斟酒服务

①斟酒时，服务员使用右手拿住酒篮，从宾客右侧按顺时针方向服务，女士优先，先宾后主。

②酒的商标须朝向宾客。

③酒应倒至酒杯的 1/2 处。

④每斟完一杯酒须将酒瓶按顺时针方向轻转一下，避免瓶口的酒滴在台面上。

⑤为所有的宾客斟完酒后，将酒瓶连同酒篮一起轻放至点酒宾客的桌上或桌旁最近的边柜上，瓶口不可指向宾客。

⑥服务过程中动作要轻，避免酒中的沉淀物浮起，影响酒的质量。

⑦酒瓶中的酒只剩下一杯的酒量时，需及时征求宾客的意见是否准备另外一瓶酒。

(十五)撤换及摆放餐具

撤换餐具时，用一个圆形的头盘盘子，上面放一条折叠好的干净餐巾，将准备好的餐具放入餐巾中，按照先撤后上的原则进行。不可将客人所要用的餐具全部一次性摆上台，而应在下一道菜未上前及时换一套相应的餐具。

(十六)上菜

上菜在客人的右侧进行，配料汁酱、柠檬、面包片、色拉汁、胡椒粉等，从客人左边送上。上菜时，重复客人所点的菜式名称，将每一道菜的观赏面朝向客人。上菜完毕后，再一齐揭开菜盖，并请客人慢用。

【案例 5-2-2】一位女士带着一个四五岁的小男孩儿来到西餐厅。小朋友显然对餐具的使用不太熟练，在吃饭时偶尔会忍不住用手到盘子里抓着吃，服务员小高注意到了这点。在主菜上来前，他特别提醒小客人别用手碰盘子，因为盘子是热的，以免烫着。小男孩儿不解地问："刚才那个盘子是凉的，为什么这个盘子是热的？"小高耐心的解释："如果菜是凉的就用凉的盘子装，下面要上的这个菜是热的，所以要用热的盘子。"小男孩儿穷追不舍地问："为什么热菜要用热盘子呢？"小高笑着说："因为这样能保证菜的温度，菜就更好吃了。"

分析：西餐的菜肴有冷热之分，为了更好地保证菜的风味，在西餐上菜时，往往会根据菜的温度提供相应温度的菜盘，即盘子的温度应该与菜的温度相匹配。本案例中的服务员能够严格按照服务的操作规范提供上菜服务，并且在上热菜盘时注意提醒客人，尤其是特意提醒小客人注意安全，避免被热菜盘烫伤，反映出这个服务员良好的服务意识和熟练的服务技能。

（十七）巡台

（1）添酒，酒杯里的酒不能少于 1/3，如酒瓶已空，要展示给客人看，待客人看后方可将空瓶拿走。

（2）添水，水杯里的水少于 1/3 时再添加。

（3）添黄油，如客人还在吃面包，而黄油碟里的黄油已少于 1/3 时可添加。

（4）添面包，根据客人需要及时添加。

（5）更换烟灰缸，保证烟灰缸内不能超过两个烟头或烟灰缸内不能有许多杂物。

（6）撤空饮品杯，并推销其他饮品。

（十八）撤餐碟

（1）在客人的右侧进行。

（2）要等到整台客人均吃完同道菜后一起撤碟。

（3）如碟中尚有余菜，需先征求客人意见再撤碟。

（4）按顺时针方向撤盘子。

（十九）询问客人意见

当菜上到 1/3 左右时，领班应主动上前询问客人对食品及服务质量的意见。

（二十）清洁台面

（1）客人用完主菜后，除水杯、烟灰缸、花瓶、蜡烛座外，应将餐台的其他餐具按顺时针方向撤去。

（2）一手拿一个甜品盘，一手拿一块碟好的干净餐巾，按逆时针方向清扫台面。

（二十一）推销甜品、咖啡、茶

在客人右边送上甜品单，同时推销时令水果、咖啡、茶等。

（二十二）推销餐后酒

酒水员将餐后酒车推至桌前，推销餐后酒。

（二十三）结账

当宾客示意结账时，服务员应尽快取来账夹。在主人的左手边递上，然后略后退，点清数额，以免出差错。结账后需向客人表示感谢。

（二十四）送客

（1）当客人即将离座时，应及时上前为客人拉椅，并把客人送至餐厅门口。

(2)感谢客人的光临,邀请客人再次光临。

(3)客人离开后,清洁餐台,检查是否有客人遗留物品,将餐椅摆放整齐。

(4)更换台布,重新摆位。

【知识链接 5-2-2】

西餐零点服务程序的惯例

正式的西餐用餐过程中,要求同一桌的客人同时上菜,同时撤碟。这对于零点的客人来说会有一定的难度,因为这和宴会中已有的固定菜单安排不一样。在零点餐厅中,可能每个客人所点的菜的道数不一样。即使两人同时用餐,一个客人点一道餐或两道餐,另一个客人点三道餐,这时的服务也会有一定的难度。通常在服务程序中会有以下惯例:

(1)不管客人点了几道菜,必须保证客人的第一道菜同时上桌。

(2)如果同桌客人点菜的道数不同,则以点菜少的客人的第一道菜来平衡点菜道数多的客人的第一道菜和第二道菜。

(3)保证所有客人所点的最后一道菜同时上桌,同时撤碟。

(4)如果同桌客人点菜数相差太大,如一个客人只点一道菜而其他客人有三道菜,则将点一道菜的客人的餐碟与其他客人的第三道菜的餐碟一起撤下。

◈工作任务单 5-2

1.简答题

(1)西餐正餐服务中,餐前准备包括哪些内容?

(2)西餐服务人员为客提供点菜服务时,应掌握的服务知识有哪些?

(3)西餐服务人员餐饮文化知识水平的高低,对服务质量会产生什么影响?

(4)西餐厅如何提高餐厅服务员的餐饮文化知识水平?

2.案例分析

某日中午,酒店的西餐厅来了5位不同寻常的客人,看穿衣打扮像是农村来的暴发户。迎宾员 Kitty 把客人领到餐桌后,递上菜单和酒水单便离开了。客人看了一会菜单,很迷茫,左顾右盼。一会服务员 Andy 走了过来,问:“可以点菜了吗?”说完便站在客人餐桌旁等待。其中一位客人说:“我们也没吃过西餐,想来尝尝,不知道都应该吃些什么?”Andy 说:“牛排吧,西餐一定要吃牛排”。客人马上说:“对,牛排,每人一块牛排。”Andy 问:“要几成熟?配什么汁?”客人一脸迷茫问道:“应该几成熟呀?正式的应该几成熟呀?”Andy 回答道:“外国人吃牛排都是三成熟的。”客人说:“好的,我们也要三成熟的。”Andy 说:“配黑椒汁吧。一般都配黑椒汁。要不要点瓶葡萄酒?吃西餐一定要喝葡萄酒的。”客人答道:“好的,要一瓶。”说完,其中一位客人便点了一瓶法国白葡萄酒。Andy 点完牛排和葡萄酒后便离开了餐桌。一会 Andy 为客人上了面包和黄油,并为客人斟倒了冰水。白葡萄酒拿来后,Andy 直接打开未经客人试酒,便依次给客人斟上。不长时间,Andy 便为客人上了牛排。5位客人形态各异拿起刀叉,发现牛排有很多血水,便叫服务员。Andy 过来后,客人说牛排不熟,客人要求重新加工。Andy 将牛排拿回厨房,告知厨师做成全熟后重新端上桌。客人依然是形态各异的拿着刀叉,吃完了牛排,喝完了葡萄酒,并将桌上的面包抹黄油全部吃完。吃完后,客人叫结账。Andy 为客人结账。客人结完账后,边说西餐真难吃,边离开了西餐厅。

思考:

(1)你认为迎宾员 Kitty 和服务员 Andy 的服务标准吗?哪几个步骤需要改进?

(2)如何为第一次吃西餐的客人服务?

3. 技能训练

(1)模拟演示西式早餐服务流程。通过角色扮演,体会西式早餐服务,以真诚的服务来体现自己的价值。

(2)模拟演示西餐正餐服务流程。通过角色扮演,以规范化的西餐正餐服务标准接待客人。

任务三 西餐宴会服务

◈情景导入

徐女士是某大型建筑公司的总经理,为答谢生意合作伙伴和亲友,决定在当地某五星级饭店西餐厅举办宴会。经过协商,徐女士与该饭店达成书面协议:饭店提供场地、音响设备以及相关服务,并确保宴会顺利完成。徐女士支付服务费 12 000 元。宴会上,饭店提供的话筒时而无声,时而刺耳尖啸,灯光、音响与演出节目也配合不好。晚会不仅未达到预想气氛,徐女士还受到众人质疑。晚会结束后,徐女士以“服务太差”为由,只支付了 6 000 元的服务费。

如果您是该酒店的西餐厅主管该怎么办?如何进行规范化的西餐宴会服务与管理呢?

◈任务分析

西餐的宴会服务是非常讲究气派、排场和规格的。高级的宴会服务需几个人看一台,需要员工通力协作,配合默契。西餐宴会服务员要戴上洁白的手套。上菜、取碟、斟酒水等都需要由不同服务人员来完成,每人各司其职。西餐宴会服务人员需要通过严格的训练,经考试合格后方可上岗。

◈任务要求

知识目标:

1. 了解西餐宴会的概念及特点;

2. 掌握西餐宴会台形设计与席位安排;

3. 掌握西餐宴会服务的程序。

能力目标:按照西餐宴会服务的程序,为客人提供规范化服务。

素质目标:具备精细化服务的理念,享受为客人服务的快乐。

◈相关知识

一、西餐宴会概述

西餐宴会是使用刀叉等西式餐具,采用西式摆台,品尝西式菜肴,按西餐礼仪提供西式服务的宴会。它体现了以“西洋文化”为主的异域文化。

西餐的宴会服务是很讲究气派、排场和规格的，摆西餐台、吃西餐菜、用西式餐具、并按西餐礼仪进行服务，席间放送轻音乐。高级的宴会服务需几个人看一台，通力协作，配合默契。服务员要戴上洁白的紧手套。上菜、取碟、斟酒水等都由不同服务员来完成，各负责一项。

西餐宴会的特点有：餐桌一般使用长台餐桌，较少用圆台；用餐方法采用分餐制，一人一份餐盘；多套刀叉服务；每吃一道菜，更换一套餐具，不同的菜式摆上不同的刀叉餐具；不同的菜跟上不同的酒及酒杯；宴会厅灯光柔和、偏暗、点蜡烛，气氛轻松而舒适；在宴会进行中有乐队伴奏或插放轻音乐。

二、台形设计与布置

(一)台形设计

西餐宴会多采用长台，大型宴会除主台外可采用圆台。餐台的台形和大小可根据宴会厅的形状、出席的人数和宾客要求摆设成“一”字台形、“T”字形、马蹄形、山字形和中空形、工字形等。

(1)常见的西餐单桌宴会台形有“一”字形、“T”字形、“E”字形、“回”字形等，见图 5-3-1。

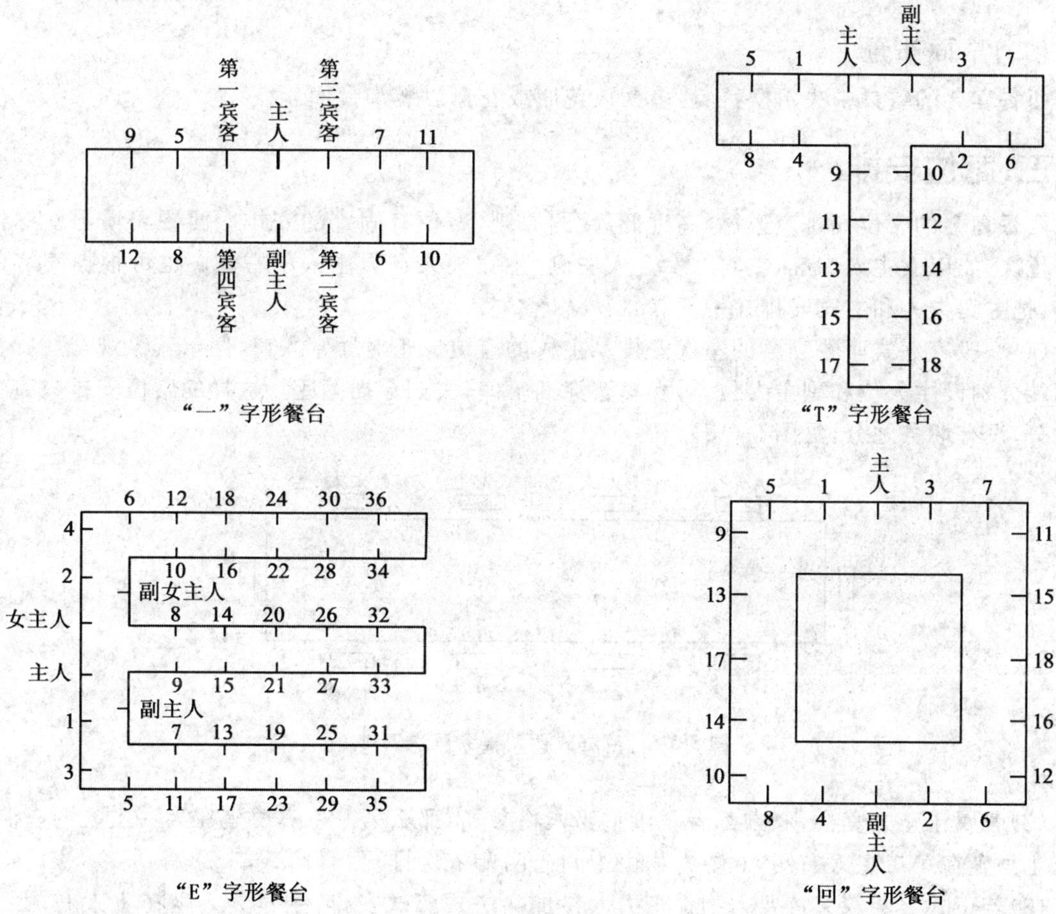

图 5-3-1　西餐单桌宴会台形

(2)常见的西餐多桌宴会台形有鱼骨形、星形等,见图 5-3-2。

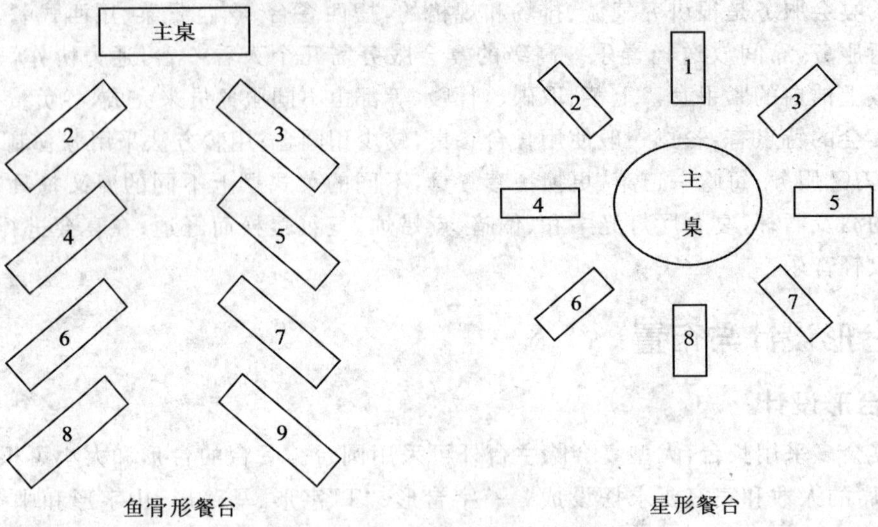

图 5-3-2 西餐多桌宴会台形

(二)桌面布置

西餐宴会的餐桌中央不摆菜肴,多摆放花瓶或花篮以装饰台面。

三、席位安排

西餐宴会的席位安排应遵循"高近低远"的原则,席位有固定的安排。西餐习惯男女穿插安排位次,如以女主人为准,主宾在女主人右侧,主宾夫人在男主人的右侧。也可根据宾客的习惯,把主宾夫人和主宾安排在一起。

(1)一般家庭式西餐宴会的座次安排。主人的座位应正对厅堂入口,便于其纵观全厅。长台两端分别设主人位和副主人位,男女宾客穿插落座,夫妇穿插落座。这样的席位安排只有主客之分,没有职务之分,见图 5-3-3。

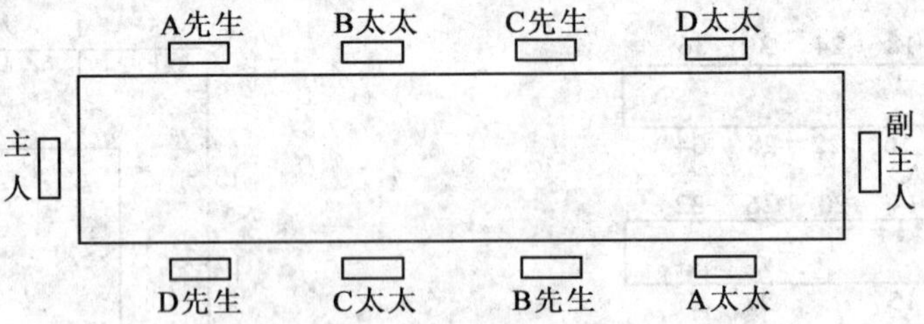

图 5-3-3 家庭式西餐宴会座次安排

(2)若属于正式宴会,双方都有一位重要人物参加,那么第一主宾要坐在第一主人的右侧,第二主宾坐在第二主人右侧,次要人物由中间向两侧依次排开。

(3)若正式宴会双方首要人物都带夫人参加。法式座次安排:主宾夫人坐在主人右侧,主宾坐在主人夫人右侧(图 5-3-4)。英式座次安排:主人夫妇各坐两头,主宾夫人坐在主人右侧位，主宾坐在主人夫人右侧位，其他男女穿插依次坐中间（图 5-3-5）。

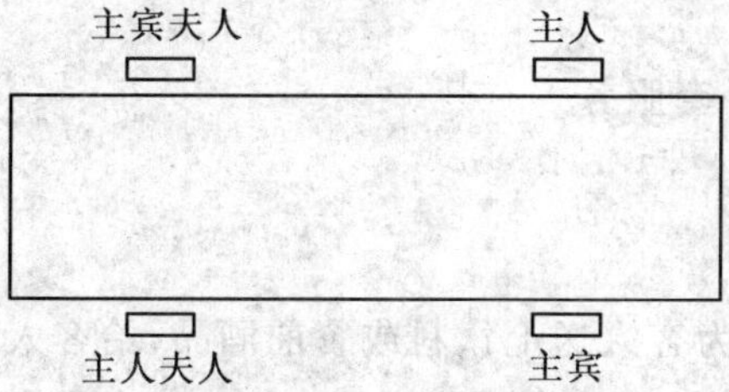

图 5-3-4　法式座次安排

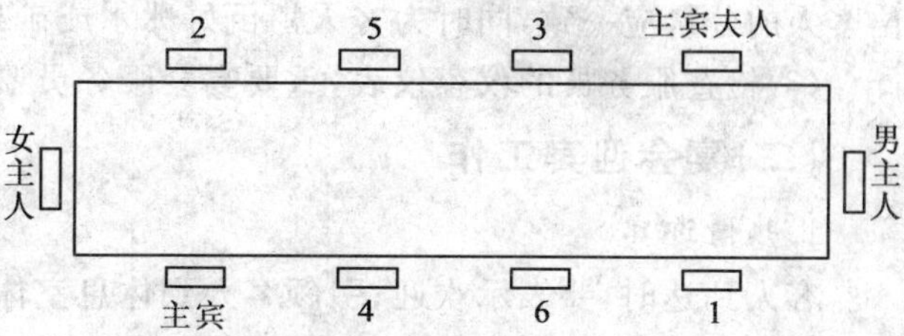

图 5-3-5　英式座次安排

主人和女主人通常对坐在餐桌的两边，最好是坐在餐桌宽边的中间，当然分别坐在狭长形餐桌的两端也是可以的。

在大型宴会上，应把若干餐桌排列成一定的形状。在马蹄型或梳齿形餐桌上，男主人和女主人应坐在无缺口一方的顶端，两人不能紧挨着坐，而应把贵宾排在他们的中间。

首席女宾应坐在男主人的右侧，第二女宾坐在他的左侧，首席男宾按国际惯例应坐在女主人右侧，第二男宾坐在她的左侧，第二男宾坐在女宾的右侧，而他的夫人（或女伴）则坐在首席男宾的右侧。

男女座次最好一一隔开。特别要注意，只要男客人的人数足以把女客人间隔开，就不要把两个女客排在相邻的座位上，而把男客排在相邻的位子则不会受到非议。

四、西餐宴会服务

（一）宴会准备工作

1. 台型设计与席位安排

（1）台型设计　宴会采用何种台型要根据主办单位的需要、参加宴会的人数多少、宴会的规格、宴会厅的面积等来设计台型，总的要求是美观适用。

（2）席位安排　按照“高近低远”的原则安排座位。

2. 了解掌握宴会情况

（1）服务员应掌握宴会通知单的内容，如宴请单位、宴请对象、宴请人数、宾主身份、宴会时间、地点、规格标准、客人的风俗习惯与禁忌等。

（2）服务员要掌握宴会要求的服务方式。

3. 熟悉菜单内容

服务员要熟悉宴会所备菜式的风味特点、主料、配料及制作方法；熟记上菜顺序和菜肴与酒水、酒杯的搭配。

4. 准备物品及摆台

（1）根据宴会规格、规模等准备工作台。

（2）根据宴会通知单备足所用餐用具。

（3）按西餐宴会要求摆台。

5. 餐前服务

（1）在客人到达餐厅前 10 分钟，服务员要将开胃品摆放在餐桌上，一般是每人一份。在摆开胃品时应考虑其荤菜、特点、口味的搭配，盘与盘之间要留出一定距离。

(2)在客人到达餐厅前5分钟,服务员要将面包、黄油摆放在客人的面包盘和黄油碟内,每位客人的分量应一致,同时为客人斟倒好冰水或矿泉水。

(3)检查服务员的仪容仪表,重要宴会服务员要佩戴手套服务。

(二)宴会迎宾工作

1. 热情迎宾

客人到达时,要表示欢迎;引领客人到休息室休息,并为客人送上饮料或餐前酒品,给客人送饮料前应征询宾客的意见,然后根据客人的要求送上饮料或餐前酒。当客人到齐后,主人表示可以入席时,迎宾员应及时引领客人到宴会厅。

2. 拉椅让座

当客人到服务员服务的区域时,服务员应主动上前欢迎、问候、拉椅让座,遵循"女士优先、先宾后主、再一般宾客"的原则,待客人坐下后为客人打开餐巾。

(三)宴会就餐工作

1. 斟酒服务

客人就座后,用托盘托送宴会酒水,先示意宾客选择,按先女后男,最后主人的顺序斟上佐餐酒。

2. 上菜服务

西餐宴会多采用美式服务。上菜顺序是:头盆、汤、副盆、主菜、甜点、水果、咖啡或茶。

(1)头盆　根据头盆配用的酒类,服务员从主宾开始进行斟倒。当客人用完头盆后,服务员从主宾位置开始撤盘,连同头盆刀叉一齐撤下。正式宴会时,服务员必须等待该桌宾客都食用完毕,才可同时将使用过的餐具撤下。

(2)上汤　上汤时,连垫盘一起上。上汤时,一般不喝酒。如安排了酒类,则先斟酒,再上汤。当客人用完汤后,即可从客人右侧撤下汤盆。

(3)上鱼类　应先斟倒好白葡萄酒,再为客人从左侧上鱼类菜肴。当客人吃完鱼类菜肴后,从客人右侧撤下鱼盘、鱼刀、鱼叉。

(4)上主菜　上主菜前,服务员应先斟倒好红葡萄酒。主菜多为肉类菜肴,一般采用煎、炸、烤、焖等烹调方法烹制。一般配几样蔬菜和沙司及色拉。主菜的服务程序是:从客人右侧撤下装饰盘,摆上餐盘;值台员托着餐盘从左侧为客人分派主菜和蔬菜,菜肴的主要部分应靠近客人;另一名值台员随后从客人左侧为客人分派沙司。如配有色拉,也应从左侧为客人送上。

(5)上甜点　吃甜点用的餐具要根据甜点的品种而定,热甜点一般用甜点匙和中叉。冰淇淋用冰淇淋匙放在垫盘内同时端上去。吃甜点时,若有讲话,此时多用香槟酒。斟香槟酒一定要在上甜点或客人讲话之前全部斟好,以方便客人举杯敬酒。

(6)上干酪　一般由服务员分派,用托盘托送干酪及配食的面包或饼干。吃完干酪,应撤掉餐台上的餐具,但饮具不动。

(7)上水果　摆好餐盘和水果刀叉,再用托盘托送分派水果,然后从客人左侧上洗手盅。

(8)上咖啡或茶　上咖啡或茶时,服务员应送上糖缸、奶壶。在客人的右手边放咖啡具或茶具,然后用咖啡壶或茶壶依次斟上。

(四)宴会结束工作

1.结账服务

宴会接近尾声时,服务员要清点所消耗的酒水饮料,由收银员开出总账单。宴会结束时,由主办单位的经办人负责结账。待宾客付款后,要迅速为宾客准备好收据,向宾客致谢并征询宾客对宴会的意见。

2.送客服务

客人离开时,服务员要主动为客人提供拉椅,取递衣帽等服务。

3.餐后整理

(1)撤桌裙

①将珠头针拔出,放入专用盒内。

②将桌裙整齐地挂在专做的挂钩上,放在指定位置(要注意:折叠整齐,归类摆放)。

(2)收台

①对齐椅子,将布草收起。

②用托盘收台。

③将玻璃器皿放入托盘内,托至后台。

④将瓷器放入托盘内,托至后台。

⑤将牙签捡起,将骨头、虾壳等捡起。

⑥用湿报损布擦转盘,再用干布擦一遍,将转盘从桌面移至椅边。

⑦卷起台布,换上干净台布,中缝线对大门,四角垂直均匀。

⑧将转盘放在桌面中间。

⑨放上花瓶。

(3)关闭电器　将餐厅灯光、音响、空调关闭。

(4)翻台　按照西餐宴会摆台标准重新布置台面。

(五)宴会服务注意事项

(1)主宾位置的安排,台布、餐巾、酒具的摆放要严格按照规范进行。服务操作要遵循“左叉右刀,左菜右酒,左上右撤,先撤后上,先宾后主”的原则进行。

(2)上每一道菜之前,服务员都应先将用完的前一道菜的餐具撤下。

(3)上菜时,应先摆好与之配套的餐具。

(4)上菜时,应先斟酒后上菜。斟好的酒杯应移至最右边,以方便客人取用。

(5)宴会厅全场的上菜、撤盘应以主桌为准。

(6)西餐宴会餐具讲究吃一道收一道,吃到最后餐桌上无多余物品。上点心时,连调味架一并收撤。最后上水果与咖啡。餐具收拾直接反映服务员操作水平和餐厅档次,应熟练掌握。

◈工作任务单 5-3

1.简答题

(1)简述西餐宴会台型安排。

(2)简述西餐宴会座次安排。

(3)简述西餐宴会服务程序。

2.讨论题

(1)在宴会开始前才得知个别客人是宗教信徒,怎么办?

(2)客人订了宴会,但过了用餐时间还未到,怎么办?

(3)客人赠送礼物或小费,怎么办?

3.技能训练

模拟演示西餐宴会服务流程。通过角色扮演,体会西餐宴会服务流程,以真诚的服务来体现自己的价值。

项目六　菜单管理与菜品销售

学习目标

通过本模块的学习，使学生能够明确菜单的种类，掌握菜单设计和制作的原则和程序，独立进行菜单的设计；熟悉菜肴烹饪知识，掌握菜肴的推销方法，主动为客人进行菜品的销售，成为合格的点菜人员。

任务一　菜单计划

◈情景导入

2001年10月，亚太经济合作组织（APEC）第九次领导人非正式会议在中国上海举行。在这次会议中，有一场最高规格的工作午餐，其规格比国宴还高。举办者精心设计了一份菜单：

相辅天地蟠龙腾　冷龙虾
互助互惠相得欢　翡翠羹
依山傍水鳌匡盈　炒虾蟹
存抚伙伴年丰余　煎鳕鱼
共襄盛举春江暖　片皮鸭
同气同杯庆联袂　美点盆
繁荣经济万里红　鲜果盅

菜单中菜品所用原料都是很平常的鸡、鸭、鳕鱼、蟹、虾仁等，经设计者精心设计，厨师精心烹饪，成了一道道让客人赞不绝口的蕴涵中国烹饪文化精髓的佳肴。从菜单的内容来看，它将菜名巧妙地融入诗中，且诗的每行句首字联词为：相互依存，共同繁荣。这正是APEC所倡导的宗旨和目标。菜单，用红木架子作底座，玻璃上刻着英文菜单，上面是古色古香的卷轴，展开是书法写的中文菜单。

试问：这份菜单设计的成功之处有哪些？

◈任务分析

菜单是餐厅向就餐者提供商品的目录。餐厅将其提供的所有食品、饮料按一定的程式组合排列于专门的纸上，供就餐者从中进行选择。其内容主要包括食品、饮料的品种和价格。菜单是餐饮企业日常经营活动的起点，也是餐饮经营管理工作的基础。为此，设计一份成功的菜单对于餐饮经营是至关重要的。

◆任务要求

知识要求：

1. 了解菜单的作用，明确菜单的种类；

2. 掌握菜单设计和制作的原则、制作程序及定价；

3. 掌握菜单设计的程序。

能力要求：能够按照菜单设计的程序，独立完成菜单的制作。

素质要求：具备一定的审美、创新能力和进取精神。

◆相关知识

一、菜单的作用

（一）菜单的概念

菜单有两种含义。第一种含义是指餐饮企业向客人提供的餐饮产品的品种和价格的一览表。也就是说，菜单是餐厅提供商品的目录。餐厅将自己提供的具有各种不同口味的食品、饮料按一定的程式组合排列于专门的纸上，供顾客从中进行选择。其内容主要包括食品饮料的品种和价格。第二种含义就是指餐厅的菜品。例如，宴会菜单的设计，并不是如何设计印刷精美的菜品一览表，而是指该宴会应为顾客准备哪些菜品或饮品。因此，在不同的情况下应正确理解菜单的不同含义。

很多餐厅都把菜单和菜谱混为一谈，其实二者有着明显的区别。菜谱是指描述某一菜品制作方法及过程的集合。很明显，当您走进餐厅，服务员所呈递给您的是菜单，而不是菜谱。

作为印刷品，菜单配有文字，饰有图案，套有色彩，还穿插了相应的菜肴图例，直观地体现了餐饮企业的经营主题与经营水平。

（二）菜单的作用

1. 菜单在餐饮经营方面的作用

（1）菜单是沟通消费者与餐饮经营者的桥梁。餐饮企业通过菜单向顾客介绍餐厅的产品，推销餐饮服务，顾客通过菜单选择自己所喜欢的菜品和饮料，因此，菜单在顾客和餐厅之间起媒介作用，菜单的设计要符合目标市场的需求。

（2）菜单可反映餐厅的档次和经营水平。通过浏览菜单上菜品的种类和价格，以及菜单的封面设计、装帧布局，顾客很容易判断出餐厅的风味特色以及档次的高低。有的菜单还详细列出了菜肴的原材料、烹饪方法和服务方式，以此来体现餐厅的经营特点，给人留下了良好和深刻的印象。

（3）菜单既是艺术品又是宣传品，能促进餐饮销售。菜单无疑是餐厅的主要广告宣传品。一份设计精美的菜单可以烘托用餐气氛，能够反映餐厅的格调，可以使顾客对所列的美味佳肴留下深刻印象，并可作为一种艺术品来欣赏，甚至留作纪念，引起客人美好的回忆。菜单上内容的合理安排，菜肴和餐具图片的刻意呈现会影响就餐者对菜肴的选择，能促进重点菜肴的销售。此外，菜单也可以刊登在报刊上或直接邮寄给潜在的顾客进行推销。

2. 菜单在餐饮管理方面的作用

（1）菜单反映了餐厅的经营方针。餐厅设备与用具的采购、餐饮原料的采购、餐厅装饰及餐厅服务等，都是以菜单为依据的。一份合适的菜单，是工作人员根据餐厅的经营方针，经过认真分析客源和市场需求，才能制定出来的。菜单一旦制定成功，该餐厅的经营目标也就确定无疑了。

(2)菜单是餐饮服务质量的准则。菜单决定了餐饮服务的方式和方法，服务人员必须根据菜单的内容及种类，提供各项标准的服务程序，提高客人的满意度。

(3)菜单控制着餐饮成本及利润。菜单内容一经确定，也就决定了餐饮企业食品成本的高低。用料珍稀、价格昂贵的菜品必然导致原料成本的上升，而制作讲究、精雕细刻的菜品太多，又必然导致劳动力成本的上升。实际上，各种不同成本的菜肴的数量之间应成一定的比例，这一比例是否恰当，是餐饮生产成本控制的重要环节，也直接影响到餐饮企业的盈利能力。

(4)菜单决定厨房的布局。厨房是加工制作餐饮产品的场所，厨房内各业务操作中心的布局，各种设备、器械、工具的定位，应以适合菜单上菜品的加工制作需要为准则。

二、菜单的种类

(一)根据市场特点(周期性)分类

1. 固定菜单

固定菜单是指每天都提供相同菜目的菜单。适用于就餐顾客较多，且流动量大的商业型餐厅。旅游饭店、社会餐厅大多采用固定菜单，他们的顾客几乎每天都在变化，餐厅不会因为每天提供相同的菜单而使顾客感到单调。而机关、学校等企事业单位则不适宜使用固定菜单。

(1)固定菜单的优点

①有利于食品成本控制。由于每天都使用同样的菜单，供应相同的菜式，当天未能用完的原材料在第二天可能还可以销售，这样就不至于造成浪费而增加食品成本。

② 有利于原料采购与贮存。由于供应的菜式固定不变，所需的食品原料种类也必然固定不变。因此，饭店只需要采购、贮存那些必要的原料，不像使用循环菜单那样由于提早采购、贮存下一周需要的食品原料而产生各种问题，从而有效地控制原材料采购，减少原料库存量。

③ 有利于餐厅设备的选购与使用。由于菜式固定不变，这类菜单有利于企业正确选择，确定所需的设备用具，而且能使设备用具的种类和数量降至最低程度，防止盲目购置设备和闲置设备所造成的浪费。

④ 有利于劳动力的安排和设备的充分利用。由于每天供应的菜式相同，劳力和设备的合理调配、核算控制相应地变得容易，从而使饭店能更合理、更有效地使用人力和物力。

⑤有利于菜肴质量的稳定和提高。俗话说“熟能生巧”，经常反复生产同几种菜肴，可使操作者积累经验，提高技巧。

(2)固定菜单的缺点

①缺乏灵活性。由于菜式固定不变，饭店必须无条件地制作菜单上的菜品，即使食品原料价格上涨，餐厅也不得不继续采购，并以原菜单上的价格销售，餐厅的盈利就会受到影响。同样，餐厅不能因为临时得到廉价的原料而随意更换菜单。

②缺乏创新，易使人产生厌倦感。固定菜单不需要创新容易使服务员和厨师的工作变得单调，工作中缺乏创新和挑战，容易使他们产生厌倦感，从而降低劳动生产率。

2. 循环菜单

循环菜单是指按一定天数循环使用的菜单。使用循环菜单，餐厅必须按照预订的周期天数制定一整套菜单，每天使用其中一套。当整套菜单全部使用完毕后，就算结束了一个周期，然后周而复始，再重新使用这套菜单。

与固定菜单相比，循环菜单也有其优势和劣势：菜品每日翻新，丰富多样，顾客不会感到单调；每天的变化也会给员工带来新鲜感，避免厌烦情绪。但剩余食物原料不便利用（尤指西餐）；采购麻烦，库存品种增加；使用设备多，使用率低（尤指西餐）。

3. 即时性菜单

这种菜单既不固定也不循环，是仅供限定的天数内或某一餐饮活动中使用的菜单。特点为即时性，短暂性。如：美食节等餐饮促销活动的菜单，每日精选的菜单，宴会菜单。

4. 综合性菜单

综合性菜单就是将固定菜单、循环菜单和即时性菜单依据酒店经营的宗旨和餐饮市场的需求，切合实际地有机结合在一起，共性和个性相结合，局部和整体相结合，成为完整的菜单，充分发挥菜单的作用。

（二）根据菜单价格形式分类

1. 零点菜单

零点菜单是使用最广泛的一种菜单形式，也是餐厅中最主要的菜单形式。这种菜单上分门别类地标明菜式品种的名称、规格及相对应的价格，宾客可根据自己的喜好和消费能力，自由点菜。其核心菜式品种比较固定，组合上兼收并蓄，高中低档次并存，品种繁多，当场点菜，重点推荐，顾客的选择范围比较大，它不但适用于一般社会餐馆，而且适用于各类正餐厅和风味餐厅等，能满足不同消费者的需求。总的来说，零点菜单的基本特征主要有以下几个方面。

(1)针对流动性较大的客源市场，常使用固定性菜单，在相当一段时间内大部分菜品基本不变。

(2)针对的顾客群较广，为兼顾客人不同口味与层次的需求，零点菜单菜品较多，菜品价格高、中、低档搭配适度，尤其是正餐零点菜单，从而使顾客有充分的选择余地。

(3)每道菜品都标明价格，许多餐厅的零点菜单还将每道菜品按大、中、小份分别定价，让顾客有更大的选择余地。

(4)反映餐厅经营特色与等级水平，突出主菜与特色菜。

2. 套餐菜单

套餐菜单又称定食菜单、和菜菜单、公司菜单，是为满足顾客各种需求或为方便促销而推出的组合菜单。它通常由一系列不同规格和标准的菜品组成，是以包价形式出售菜品的一种形式，不标明每一道菜的价格，宾客不能任意删减或增加。

(1)套餐菜单基本特征

①经济实惠。套餐菜单的计价是以每客、每套或每桌计价，因此套餐菜肴的包价通常比客人单独零点加起来便宜。

②品种大众化。套餐菜单上选用的菜品大都是大众习惯享用且制作较简便的品种。

③组合简单。每套菜肴的品种一般都较少，便于客人选择，使客人一目了然。

④可循环使用。无论是中西早餐套餐菜单还是中西正餐套餐菜单，除快餐厅外，每次提供给客人选择的套数不宜太多，一般保持在3～5套，但这些套餐菜单可循环使用。如每周循环一次。

⑤在节日或特殊场合，套餐菜单也可选用部分制作精细、档次较高的菜品。

(2)套餐菜单的形式

①普通菜单　针对一个或几个客人的就餐需求特点而设计的，价格比较便宜、菜品组合较简单。

②团体菜单　这种菜单是针对旅行社组织的团队、各种会议团体等设计的菜单。

③宴会菜单　也是一种套餐菜单，是由一定规格质量的一整套的菜点饮品，按照约定俗成的进餐顺序和礼仪组合而成的菜单，其主食、菜肴和饮品的组合搭配等方面的要求均远高于团体套餐和普通套餐，具有主题多样化、菜单执行的规格和标准灵活、设计技术性强、易于批量加工制作等特点。

宴席菜单同其他套餐菜单相比，其特殊性主要表现在以下几个方面：

第一，设计的针对性与及时性。餐饮企业必须根据宴席预订信息或临时针对每一次宴席顾客的不同需要来进行菜单设计，即便是同一餐厅，同一时间，同一价格，菜单内容也会因不同宴席目的与宴请对象而大相径庭。这也是宴席菜单与套餐菜单最主要的区别之一。

第二，内容的完整性。宴席无论是何种目的与档次，在菜单设计上都要求遵循一定的设计规则按照就餐顺序，设计一套完整的菜品。如中式宴席菜单一般要求要有冷菜、头菜、热荤菜、热素菜、甜菜、汤、席点、随饭菜、水果、饮料等一整套菜品。

第三，菜品编排的协调性。宴席菜单在选择菜品时，除选择做工精细、外形美观的菜品外，所有菜品还要求在色、香、味、形、器、质地等方面搭配协调，避免雷同与杂乱。菜品选择还应与宴席性质及主题协调呼应，菜单上菜品编排也要体现主次感、层次感和节奏感，使所有菜品融合为一个有机统一的整体。

第四，菜单选用的菜品集中体现了餐饮企业的技术水平。

第五，宴席菜单本身的设计也体现了餐饮企业的个性特色。宴席菜单不仅要求外观漂亮，印刷精美，其色形、图案也要与餐厅装饰、宴席台面相协调，宴席菜单一般还可让客人带走留作纪念。

3.混合性菜单

混合性菜单是零点菜单与套餐菜单的结合，将零点菜单和套餐菜单印刷在一起，一部分菜式以零点形式出现，一部分以套餐形式出现，或以套餐形式为主，同时欢迎顾客再随意选择点菜，或以零点形式为主，主菜同时列有供零点或套餐选择的两种不同价格，客人就有了一定的自由选择菜品的机会，餐厅同时也会因此而增加收入。

(三)根据菜单装帧制作的方法分类

1.合卡式菜单

合卡式菜单由菜单封面、菜单正页和菜单封底组成，是最常见的菜单装帧方式。主要适用于各种正餐菜单。其特点是：菜单内容量大，具体翔实，宾客有充分的选择余地。缺点是：制作成本较高。

2.招贴式菜单

招贴式菜单张贴或悬挂于酒店餐饮场所或公共区域的空间，易于被客人发现和使用，它发挥了菜单的广告功能。

3.纸垫式菜单

纸垫式菜单用于服务快捷的快餐厅、速食店和咖啡厅，以及“每日特选”、“厨师特选”等销售形式中。这类菜单一般设计制作都比较简单，成本较低，绝大多数为一次性菜单。

4.折叠式菜单

折叠式菜单常见于中西餐宴会，特别推销等销售形式的菜单中，以两折、三折的形式居多。这类菜单既可以平放在桌面上，也可以立在桌面上，起着点缀和吸引顾客的作用。

5.活页式菜单

活页式菜单是在激烈的市场竞争中产生的一种菜单形式，这种菜单对经营者来说非常方便、灵活。它可以随时根据市场需求的变化调整菜单品种而不必重新制作菜单封面。

三、菜单设计和制作的原则

（一）菜单要以市场需求为主导

市场需求是餐饮经营的指挥棒。要使餐厅的菜单具有吸引力，就必须进行认真的市场调研，确定目标市场，根据目标顾客的需求来设计菜单。影响目标市场需求的因素主要有以下几个方面：目标市场，收入情况，年龄结构，宗教背景，饮食习惯，性别比例。受这些因素影响，目标市场的需求会发生变化，要及时把握市场需求的变化情况，对菜单进行调整。

【知识链接 6-1-1】

菜单设计的学问

现代人们生活水平的提高，消费者到餐厅消费除了讲究美味可口之外，还对菜品的营养保健功能提出了要求。上海虹桥宾馆餐饮部顺应这一新的美食消费潮流，适时推出了“黑色宴”。所谓黑色宴就是由以黑色天然食物为主要原料烹制的菜肴组成的宴席。在虹桥宾馆餐饮总监的支持下，胡丽妹厨师长带领一群年轻厨师研制了黑色宴。首先选取了市场上能买到的所有黑色食品原料，如黑米、黑木耳、黑芝麻、黑蚂蚁、黑鱼、乌鸡、乌参、蝎子、花菇、发菜等，然后反复斟酌，精心调配，列出了一系列黑色宴会菜单。

据食品专家研究表明，黑色食品营养丰富，经常食用有益健康。如黑米中含有人体所需的18种氨基酸，还含有高量的铁、钙、锰、锌等微量元素；又因其含有天然色素，所以经常食用可显著提高人体血色素和血红蛋白的含量，能对心血管系统起到保健作用，有利于儿童骨骼的生长发育。

“黑色宴”菜品精选：蚂蚁拌芦笋、椒盐泥鳅、芝麻虾、金蝎凤尾虾、葱烤海参、虾子大乌参、蟹粉黑豆腐、灵芝炖甲鱼、黑枣扒猪手、黑豆凤爪汤、黑米蛋炒饭。虹桥宾馆的黑色宴一经推出，便轰动了上海餐饮界，同时也给虹桥宾馆带来了可观的经济效益，餐厅的营业收入上升了20%左右。

菜单的设计应顺应饮食消费潮流，满足消费者不断变化的需求。

（二）体现本企业的特色

菜单是沟通消费者与经营者的桥梁。因此餐饮企业应充分利用这一工具，在菜单设计时应考虑竞争对手的经营内容和服务项目，最好采用差别化产品策略，突出本企业的餐饮风格特色，从而在消费者心目中树立起有别于其他餐饮企业的形象。

（三）不断创新以适应菜肴消费新趋势

一份好的菜单应能适应菜肴销售的趋势。菜单要反映当时菜肴流行和发展的潮流，反映国内销量最大的菜肴帮系，反映当地人最喜欢的菜肴品种。随着人们生活水平的提高，人们考虑的是如何防止摄取过多的营养，以保持良好的健康状况，健康食品是饮食潮流。

（四）考虑食品原料的供应情况

凡是列入菜单的菜品，厨房必须无条件保证供应。因此，在设计菜单时必须考虑食品原料的供应情况，如果某些原料因市场供求关系、采购和运输条件、季节、餐厅的地理位置等客观条件不能保证供应的话，餐厅最好不要把这些原料制作的菜品放在固定的印刷菜单上，可以在菜单中留出一定的空间，将这些菜品名称打印成小卡片，附在菜单里（或者放在餐桌上）。根据时令节气，及时调整菜单，增加时令菜品，这也是出自对食品原料供应情况的考虑。餐饮食品原料大多具有较强的季节性，增加时令菜品，原料易得，成本较低，可以增加餐厅的利润，同时，也能满足顾客求新的需要。

（五）食品原料品种的平衡和多样化

食品原料品种应多样化，不应重复味道相同或相近的菜品。顾客的口味需求呈多样化的特点，菜单中菜品过多的味道重复会使顾客感到厌烦。有些风味餐厅为体现其经营特色，只经营某一大类的菜品。而对于一般的餐厅来说，菜单项目应尽量满足顾客对各种原料菜品的需求。

（六）菜品的形状、色彩、质地也应多样化

菜品的形状、色彩、质地都能给人以食欲的刺激和美感享受。因此，菜单上所列菜品的色彩要丰富鲜明、和谐悦目，根据原料本身的性质、形状提供各种的质地和造型的菜品，既给顾客以感官上的刺激和满足，也使他们有根据自己的喜好选择菜品的余地。

（七）符合国家的环保要求和有关动植物保护法规

环境保护与可持续发展是当今社会的重要议题。菜品的制作应符合国家有关环境保护的制度规定。餐厅不能销售国家明令禁止的野生动物做成的菜肴。

（八）根据时令节气，及时调整菜单，增加时令菜品

时令菜品能给顾客新鲜感，满足就餐者尝新的需求。同时，时令菜原料在本地市场上大量上市，对餐饮经营者来说，易于采购和降低成本。

（九）要充分考虑企业现有的生产能力，避免菜单的盲目性

1.餐饮设备条件

根据厨房内设备制定相应的菜单。餐饮设备与设施成本往往较高，因此在饭店经营中应充分使用。食品销售的好坏会导致设备利用不足或造成生产障碍，因为现有的设备与设施限制着产品生产的数量及种类。在设计菜单时，应根据生产能力筹划菜单，利用现有设备设施保质保量地生产出菜单上所列出的菜肴。设计菜单时还应注意避免过多地使用某一种设备。

2.厨师技术水平

厨师的技术水平和烹饪技能决定了能提供何种风格、何种档次的菜肴，在设计菜单时是首先要考虑的问题。

3.服务水平

前台服务人员的服务方法、服务技能、服务技巧也要与菜单上菜肴的档次相配套。

(十)要能创造经济效益

菜单设计是否合理直接影响到餐饮企业的目标利润是否能完成。菜品的选择要充分考虑食品原料成本及菜品的赢利能力,如果菜单中的菜品高成本的较多,即使有完善的食品控制措施,也难以获得预期的利润。

根据菜品的销售情况和获利能力,菜单上所有菜品可分为以下四类:第一类,既畅销又利润高;第二类,虽畅销但利润低;第三类,不畅销但利润高;第四类,不畅销且利润低。

第一类菜品既受顾客欢迎又有赢利,肯定要列入菜单。第二类、第四类菜品不应列入菜单或者及时更换,除非有充分理由将其保留。如第二类菜品价格和赢利不是太低而顾客有欢迎,可以考虑保留,作为吸引顾客到餐厅来就餐的诱饵。第三类菜品可以保留在菜单上,因为它不畅销,因而不会影响其他菜肴的销售,但可以使菜单显得更加丰富多彩。高价菜毛利高,可以用来迎合一些愿意支付高价的客人。

【知识链接 6-1-2】

新的菜单形式

1.活菜单

在港澳及东南亚地区一些名酒店里,男女服务员都穿着针织广告衫,衣服上绘着各种菜及应时点心名目。他们在顾客面前走来走去,简直是流动的广告。有些顾客常常直接指着服务员身上的菜单点菜。

2.实物菜单

在北京,越来越多的餐厅推出实物菜单,尽量逼真地再现菜品,打消了顾客怕挨宰的心理。担仔面是台湾流传近百年的名吃,北京的许多台湾风味餐厅把其做成实物模型,碗里的基围虾、鸡蛋、面条效果逼真。实物菜单并不是真正的食品,而是一种仿真工艺品。这一促销方式尤其适应酒水、烧烤、冷菜、水果拼盘等的销售。推出实物菜单,压力最大的是厨师,因为菜式的质量有"实物"为标准。

3.唱菜单

早年,老北京的饭庄里有"响堂报菜"的传统。顾客点了菜,堂倌(当时人称跑堂)要高声复述菜名,报出价码。他们口齿流利,声调抑扬,听起来和谐入耳。"唱菜单"是堂倌在客人点菜之后,回后厨房掌案大师傅"汇总报唱"的一种形式。菜单要唱得好,还有许多讲究。首先要把菜单前后理好顺序,编好"菜词"。其次,唱时要嗓音洪亮,钢板剁字,菜名连菜名,碗碟接碗碟,就像连环套一样,丝丝入扣,一气呵成。

"唱菜单"的时候,面对掌案师傅,要先清清嗓,运运气,声明一下自己招待的是几号雅座,然后便抑扬顿挫地"唱"起来。菜单的顺序,都是先唱冷菜,后唱热菜,热菜中一唱炸的,二唱炒的,三唱烩的,最后唱大菜和汤菜。下面为一例:王师傅:我在一号,要——拌鸭掌 7 寸,7 寸糟鸭片,卤生口 7 寸,7 寸鸡丝黄瓜。炸胗肝 7 寸,7 寸糟熘鱼片,清炒虾仁 7 寸,7 寸油爆肚仁。烩两鸡丝中碗,中碗烩鸭四宝,烩虾仁中碗,中碗烩什锦丁,烩三鲜大碗,大碗烩全家福。

4.IC 卡点菜

IC 卡手持点菜系统着重流程管理,针对中餐酒店的所有环节采用信息手段进行整合,包括从预订、接待、点菜、菜品上传、厨房分单打印、条码划菜、收银、经理查询等全方位计算机管理信息系统，是目前业内较为先进的，非常适合中大型酒楼的管理系统，其系统的特性有以下几点：

(1)数据准确、无丢单漏单现象。用手持机进行点菜，以IC卡为菜品数据存储载体，利用就近的上传机进行菜品数据上传。

(2)图形化、人性化、直观化。在预定、接待和收银这三个界面里，都能显示酒楼实际的台位布置，并且以不同的颜色来实时显示台位的预定、开单或用餐的情况。

(3)上传速度快、使用效率高。可以多个上传机同时上传，且上传速度非常快，系统自动识别后在厨房打印机分单打印出来，并不会产生混乱。

四、菜单设计

(一)菜单在设计制作中的常见问题

1.制作材料选择不当

许多菜单采用各色簿册制品，其中有文件夹、讲义夹，也有集邮册和影集本，而非专门设计的菜单，不但不能起到点缀餐厅环境、烘托气氛的效果，反而与餐厅的风格格格不入，显得不伦不类。

2.菜单过小，装帧过于简陋

许多菜单内芯以16开普通纸张制作，这个尺寸无疑过小，造成菜单上菜肴名称等内容排列过于紧密，主次难分，有的菜单只有练习本大小，但页数竟有十多张，无异于一本杂志。绝大部分菜单纸张单薄，印刷质量差，无插图，无色彩，加上保管使用不善，显得极其简陋，肮脏不堪，毫无吸引人之处。

3.字号太小，字体单调

字号小，使顾客在餐厅不太明亮的灯光下阅读颇感吃力。大多数菜单字体单一，忽视使用不同大小、不同字体等变化的手法来突出、宣传重要菜肴。

4.涂改菜单价格

随意涂改菜单是国内餐饮企业的通病，上至五星级的豪华饭店，下到大众化的普通饮食店，比比皆是。菜单显得极不严肃，很不雅观，引起就餐客人的极大反感。

5.缺乏描述性说明

每一位厨师长或餐厅经理都能将菜单菜肴的配料、烹调方法、风味特色、有关的掌故和传说讲得头头是道，然而一旦用菜单形式介绍时就大为逊色。尤其是中餐中的那些传统经典菜和创新菜，不少菜名虽然雅致形象，引人入胜，但绝大多数就餐者少有能解其意的，更不用说来自异国他乡的国际旅游者，即使许多菜单附有英译菜名，但由于缺乏描述性说明，外国客人在点菜时仍觉不便。

6.菜单上有名，厨房无菜

凡列入菜单上的菜品，厨房必须无条件地保证提供，这是一条相当重要但易被忽视的餐饮管理规则。不少菜单表面看起来可谓名菜荟萃，应有尽有，但实际上往往缺少很多。

7.不标出价格

有的菜单居然不标出菜肴价格，让顾客在选择菜肴时犯难。

8.遗漏

菜单上应注明餐厅地址、电话、营业时间、经营特色等信息，但有些菜单经常遗漏这些信息。这就不便于更好地发挥菜单的广告宣传和媒介作用。

(二)菜单的内容设计

1. 菜单的名称和价格

菜单上的菜名会在就餐客人的头脑中产生一种联想,菜肴的名称直接影响就餐者对菜肴品种的选择。消费者对某一餐厅的满意程度取决于阅读了菜单之后对菜肴产生的期望值与使用后实际感受到的价值之间的差额。因此,在菜品名称和价格上要做到以下几点:菜肴名称应真实可信。那些故弄玄虚、哗众取宠的菜品名称不仅不能吸引顾客,相反还会使顾客感到反感,不易被顾客所接受;菜品名称应该好听,易记;向大众开放的餐厅,应该采用实际并为顾客熟悉的菜名;主题宴会和主题活动时菜单的名称应围绕主题设计,以突出主题,体现一种风格,给就餐者留下深刻的印象和美好的回忆;还有一些有特色的传统菜、经典菜的菜名可以保留。如龙虎斗、叫化鸡、佛跳墙等,最好是在菜单中配以辅助性说明。

2. 外文名称应准确无误

为了与国际接轨,展示餐厅的服务档次,许多中高档餐厅的菜单上的菜品都有相应的外文名称。如果外文名称翻译错误,或印刷校对不仔细出现拼写错误,将会使外国客人茫然不知所措。

3. 菜品的质量要真实可靠

菜品的质量真实可靠是指原料和成品的质量和规格都要与菜单的介绍相一致。如菜肴名称是炸里脊肉,餐厅就不应该用猪腿肉做菜的原料;菜单上说是进口牛肉,就不应该用国产的替代。菜品的份额同样应该真实,菜单上注明的份量是多少,就应保量供应。原料的新鲜程度也应保证真实,如菜单上注明的是新鲜蔬菜,就不应该使用罐头或速冻蔬菜替代。

4. 菜品的价格应明确无误

菜肴的收费应与实际供应的相符。有些餐饮企业加收服务费、开瓶费、包间费、特种行业经营管理费等,必须在菜单上加以注明,若有价格变动要立即作出相应的处理。

5. 描述性说明

描述性说明就是以简洁的文字介绍该菜品的主要原料、制作方法和风味特色。这些介绍能帮助顾客下决心挑选某些菜肴,并能减少顾客的选菜时间。菜单上应列出的向顾客介绍的内容包括:主要原料、配料以及一些独特的浇汁和调料;菜品的烹调与服务方法;菜品的份额;菜品的烹调准备时间;重点促销的菜肴。

6. 告示性信息

告示性信息必须十分简洁明了,一般包括以下一些内容:餐厅的名字,通常在封面;餐厅的特色风味;餐厅的地址、电话和商标记号,一般在菜单的封底下方,有的菜单还列出餐厅在城市中的地理位置;餐厅的营业时间,在菜单的封面或封底;餐厅加收的费用,如果餐厅加收服务费,通常在菜单每一张内页的底部标明,如所有价目均加收10%的服务费。

7. 机构性信息

有些菜单上还介绍餐厅的质量、历史背景和餐厅特点。许多餐厅需要推销自己的特色,而菜单是推销的最佳途径。

(三)菜单上内容的布局

1. 菜单内容布局的原则

在安排菜单内容时首先要按就餐顺序排列。因为顾客在浏览菜单和点菜时习惯按照就餐顺序。中餐菜单一般的排列顺序是:冷菜—热菜(分类排列)—汤羹—主食—饮品;西餐菜单的排列顺序为:开胃品—汤—色拉—主菜—甜品—饮料。同时要设法把主要菜式安排在菜单最显眼的地方。

2. 菜单内容布局形式

西式菜单的表现形式通常有如下几种:单页菜单、双页(对折)菜单、三页(三折)菜单、四页(四折)菜单(图 6-1-1)。

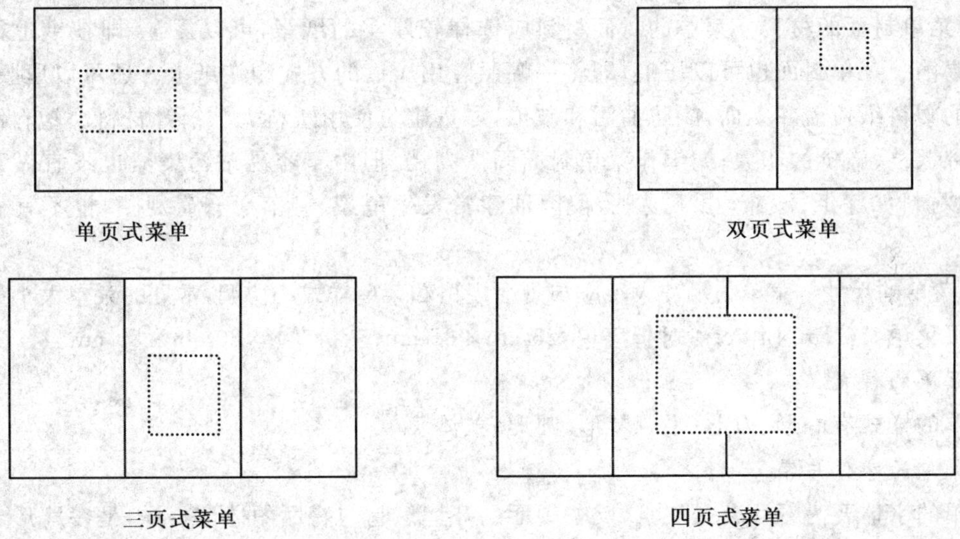

图 6-1-1　西式菜单

西餐中主菜最重要,主菜应尽量排在最显眼的位置。单页菜单应列在单页的中间、双页菜单应列在右页,三页菜单应列在中页,四页菜单应该列在第二页和第三页(见图 6-1-1 虚线部分为主菜的理想位置)。

3. 重点区域

时令菜、特色菜、高价菜、创新菜等都可以作为酒店重点推销的菜肴。这些菜不要列在各类菜通常的位置上,应该放在菜单显眼的位置上。要使推销效果显著必须遵循两大原则:最早和最晚。即在同类菜品中列在第一项和最后一项的菜品最能吸引人们注意。此外,菜单上一些需重点推销的菜肴,可以用插页、夹页、台卡的形式单独进行推销。

不同表现形式的菜单,其重点推销区域也不同。单页菜单的重点推销区在其上半部;双页菜单的重点推销区在其右上角;三页菜单,一般人们的阅读顺序为菜单的中心→右上角→左上角→左下角→菜单中心→右下角。三页菜单的中页的中部是最显眼之处,可以放上餐厅重点需要推销的菜肴。

(四)菜单的装帧制作

菜单既是宣传品又是艺术品,一份装帧精美的菜单代表了经营者的形象,可以激发顾客用餐的兴趣。因此,菜单装潢的总体要求是:要注意美观、突出餐厅特点;要独具特色;语言文字要规范、大方、美观;菜单大小适中;菜品安排合理;菜单制作材料质量要好。

1. 菜单的制作材料和尺寸

(1)菜单内页的材料　菜单制作材料的选择主要取决于餐厅使用什么样的菜单。餐厅使用的菜单可分为“一次性”菜单和“耐用性”菜单两种。“一次性”菜单用后就丢弃,可以选择轻巧、便宜的纸张,不必考虑纸张的耐磨、耐污的性能,但也不能粗制滥造。“耐用性”菜单使用时间较长,应选择质地精良、厚实且不易折断的纸张,同时还要考虑纸张的防污、耐磨、手感好、美观高雅等要求。有些菜单是由一个厚实耐用的封面加上纸质稍次的活页组成。

(2)菜单封面的材料　菜单的封面材料应选择较厚实的纸张,可以烫金,即在纸上烫一层薄薄的锡箔。菜单封面也可以压痕,即将一幅照片用压痕的方式印在纸上。还可以压膜,用一层薄薄的塑料纸覆盖在上面,能防油污和破损,尽量避免使用塑料、绸、绢等材料。塑料制品会给人一种低档、廉价的印象;绸绢作菜单封面固然高档,但由于容易玷污染渍也不宜做菜单封面;其他材料如漆纸、漆布,虽不易脏,但因油漆常发生龟裂、剥落而有碍观瞻,也不宜做封面材料。

(3)菜单的尺寸　菜单的尺寸大小应与餐厅规格和菜单样式相协调,常见的菜单大小如下:

单页菜单,30 cm×40 cm;对折菜单,25 cm×35 cm;三折菜单,20 cm×35 cm。

2. 菜单的样式

菜单的样式有心形、刀形、手风琴形、圆形、立体菜单。

3. 菜单的字体与字号

菜单的字体要为餐厅营造气氛,反映餐厅的环境。它与餐厅的标记一样,是餐厅形象的重要组成部分。菜单的字体同餐厅所用的标记、颜色一样,是鉴别餐厅的重要特征。菜单上的字体一经确定,就和餐厅标记、颜色一起用在菜单上,同时还用在火柴盒上、餐巾纸上、餐垫上、餐桌广告牌上及其他推销品上。使用令人容易辨认的字体,能使人感到餐厅的餐饮产品和服务质量具有一定的标准而留下深刻的印象。仿宋体、黑体较多地被用于菜单的正文,隶书常被用于菜肴类别的题头说明。在引用外文时,应尽量避免使用圆体字母,宜用一般常见的印刷体。

菜单的字号,即印刷菜单时所使用的字体型号的大小。根据调查情况统计,最易于就餐者阅读的字号是二号字和三号字,其中以三号字最为理想。字体以宋体、仿宋体、楷体效果为好。当然,中餐宴会菜单也可手写,手写往往更能创造宴会气氛,但字迹必须隽秀、清楚,龙飞凤舞的书法必须以宾客认得清楚为准。

另外,菜单的文字不能将整个菜单占满。菜单在篇幅上应保持一定的空白,这样可使菜单内字体突出,易读。如果菜单的文字所占的篇幅超过50%,会使菜单看上去杂乱,妨碍顾客阅读和挑选菜肴。菜单四边的空白应宽度相等,给人以均匀之感。左边字首应排齐。

4. 菜单的颜色与图片

菜单的颜色能起到推销菜肴的作用。菜单颜色的作用是:具有装饰作用,使菜单更具吸引力,令人产生兴趣;通过色彩的安排、组合,能更好地介绍重点菜肴。颜色能显示餐厅的风格和气氛,因此菜单的颜色要与餐厅的环境、餐桌、口布和餐具的颜色相协调。快餐厅较适合使用色彩鲜艳的菜单,有一定档次的餐厅则较适合采用淡雅优美的色彩为基调设计的菜单。

菜单中的插图也能起到推销菜肴的作用。彩色照片能直接展示餐厅所提供的食品饮料。一张令人垂涎三尺的菜肴彩照胜于大段文字说明,它是真实菜肴的证据与缩影。许多菜肴、点心、饮品唯有用颜色和照片才能显示其质量，如描绘新鲜牛排、对虾的质量的彩色照片。彩色照片能使顾客加快点菜速度，它是菜肴有效的推销工具，还能加快餐厅座位周转率。

并不是菜单上所有的菜肴都要配以彩色照片，印上彩色照片的菜肴应该是餐厅欲销售的、并希望顾客最能注意并决定购买的菜肴，餐厅常将高价菜、名牌菜和顾客最欢迎的菜做成彩照印在菜单上。另一类常有彩照的是形状美观、色彩丰富的菜。

彩色照片的印刷要注意质量。如果印刷质量差，反使顾客倒胃口。彩色照片边上要印上菜名，注明配料和价格，以便于顾客点菜。

5. 菜单评估

无论菜单的内容设计和艺术设计如何缜密，菜单在使用后都要进行评估。为了对菜单进行评估，管理者应该首先制定出评估目标，即菜单的期望评估。例如，午餐的评估目标是“每张客人的账单平均达到 50 元”。如果这个目标达不到，就要分析并确定其原因。

五、宴席菜单肴馔的排列顺序与讲究

(一)宴席菜单肴馔的排列顺序

上菜程序是宴席菜单菜点排列顺序的依据，它在编制菜单之前就已经规定下来，一般不得轻易变更。基本原则是先酒后菜，先冷菜后热菜，先咸菜后甜菜，先干菜后汤菜，先厚味菜后清口菜，先名特菜后一般菜，先荤菜后素菜，先酒菜后饭菜，先菜肴后面点，先水果后香茗。

【知识链接 6-1-3】

菜单赏析:工作贺喜宴

四凉菜:囊多锦绣　拌金银条
　　　　花枝会语　一帆风顺
八热菜:开市大吉　万宝献主
　　　　地利人和　腰缠万贯
　　　　恭喜发财　心花怒放
　　　　雪里埋金　大发财源
一汤:　推纱望月
二面点:金银烙饼　八宝米饭

这份菜单可作为商店、饭店、餐馆、酒店等单位开张时的贺喜宴用。菜单紧扣经商这一主题，菜名都是吉利话:开张营业，都是彩灯高悬，百花齐放，门庭若市;祝店主一年四季生意兴隆，抬金进银，总是一帆风顺;同时，希望店主和善迎人，才能赢来顾客，腰缠万贯，进进出出，万宝献主;店主总是喜笑颜开，才会大发财源;推纱望月，要求店主延长服务时间，不能天未黑店门就关，把顾客拒之门外;要吹糠见米，大小生意都做，才能挖得雪里埋金;只有从提高服务质量上下一番工夫，才能财源绵长。

(二)宴席肴馔的比例

宴席分三个档次，即低档宴席(售价在 500 元以下者)、中档宴席(售价在 500～1 500 元之间)、高档宴席(售价在 1 500 元以上者)。各档宴席肴馔的结构比例见表 6-1-1。

表 6-1-1 宴席肴馔的分配比例 %

内容	低档	中档	高档
凉菜	10	15	15
大菜	45	40	40
热炒	30	30	25
饭菜	8	3	3
面点	5	10	15
水果	2	2	2

六、菜单制订程序

(一)零点菜单制订程序

1.标准

(1)零点花色品种不少于50种。

(2)产品类型多样,冷菜、热菜、面点、汤类、甜食齐全。

(3)各类产品结构比例合理,冷菜、热菜、面点、汤类比例控制在5∶15∶4∶3左右。

(4)各类产品高中低档搭配,档次较高,质量较好的产品占25%～30%,中档产品占45%～50%,档次较低、价格便宜的产品为20%～25%。

2.步骤

(1)根据经营风味特色,拟订菜单结构(表6-1-2)。

表 6-1-2 西餐早、午、晚餐菜单结构

早餐	午餐	晚餐
1.水果或果汁	1.开胃品	1.开胃品
2.谷类(煮的或配制的)	2.高淀粉食物	2.高淀粉食物
3.正菜	3.正菜	3.蔬菜
4.面包和黄油等	4.蔬菜	4.正菜
5.饮料	5.色拉	5.饭后甜点
	6.饭后甜点	6.色拉
	7.面包和黄油等	7.面包和黄油等
	8.饮料	8.饮料

(2)根据餐饮规模和生产能力,确定品种数量。品种太多,造成很多不便。如宾客选择困难;点菜费时;增加加工量,厨师负担过重;上菜麻烦和产生缺售;许多下脚料浪费严重等。品种太少,不满足宾客选择,给人以没得吃的感觉。因此,要适当把握品种数量。

(3)针对客情市场和消费层次,确定口味和原料,组成菜点品种。

(4)确定具体菜点的主、配料用量,落实盛具,确定小、中、大规格。一般例盘可供1～3人食用,中盘可供4～6人食用,大盘可供7～10人食用。

(5)核算成本,确定具体菜点的毛利及售价,保证综合毛利率目标的实现。

(6)分类平衡,调整完善菜单结构。

(7)规定菜点质量标准,筹备原料,交厨房餐厅试制、培训,准备推出。

(8)编排菜单格式版面,选用适合字体、纸质,交付排印。

(二)宴会标准菜单制订程序

(1)根据餐饮市场消费水平,确定不同宴会标准;

(2)根据技术力量设备用具结合原料供应情况,落实菜单结构,确定菜单菜点品种、数量;

(3)结合菜点特点,落实菜点盛器,确定装盘规格;

(4)规定每道菜点用料,开出标准食谱,核算整桌成本,进行相应调整;

(5)印送宴会预订,开展厨房、餐厅培训。

(三)高规格宴会菜单制订程序

(1)充分了解宾客的需求;

(2)根据接待规格标准,确定菜点道数和菜(冷、热)、点、汤等结构比例;

(3)结合宾客饮食喜好、地方特色,拟订菜单具体品种;

(4)根据菜单品种确定加工规格、配份规格和装盘形式;

(5)开出用料标准,确定盛器,初步核算其成本;

(6)报领导审批(如重要领导或外事活动的菜单),调整完善菜单,将确定后的菜单通知宴会预订及厨房,精心组织生产。

(四)团队、会议菜单制订程序

(1)根据团队、会议人员构成,确定菜点风味;

(2)根据接待标准,确定菜点道数和菜、点、汤等比例;

(3)结合季节和原料库存情况交叉用料,开出具体品种的菜点;

(4)列出原料,确定盛器,建立标准食谱;

(5)核算成本,调剂完善整个菜单;

(6)征询旅行社、会议会务组意见,敲定菜单,筹备原料;

(7)菜单打印分发,依照执行。

(五)自助餐菜单制订程序

(1)根据自助餐的主题和宾客组成,拟订自助餐食品结构及比例。通常自助餐包括冷菜及开胃菜、热菜、甜品、水果及饮料等几大类食品。

(2)根据自助餐消费标准,结合原料库存情况,分别开列各类食品菜点名称。一般每类食品选用原料有:冷菜、冷火腿、肉类、鸡、蔬菜等;色拉与水果,各式蔬菜、水果及色拉等;热菜,煲汤及各种炖、炸、炒的鱼、肉、家禽、蔬菜等;甜品,各式蛋糕、面点、饼类及其他甜品。

(3)开列每道菜点所用原料,核算成本进行调整平衡。

(4)确定菜点盛器,规定装盘及盘饰要求。

(5)菜单印发至有关厨房,并通知餐务部门准备相应餐具、盛器。

(6)组织原料,按单进行加工生产。

七、菜单定价

(一)以需求为中心的定价方法

1. 声誉定价法

餐厅所提供的食品饮料及质量形象,以及服务、广告推销等“非价格因素”,使宾客对该餐厅的产品形成一种观念,这就是声誉。根据这种声誉制定相应的、符合消费者价值观的价格。这种价格一般都高于成本核算定价法所定的价格,因声誉好而拥有高层次固定的客源。若削价贱售,宾客反而会怀疑而不再光顾。

2. 区分需求定价法

餐厅在定价时,按照不同的宾客(目标市场),不同的地点、时间,不同的消费水平,区别定价。这种定价策略易取得宾客的信任,但不容易掌握得恰到好处。

3. 低价诱饵法

主打某些受欢迎的菜点,降低售价来吸引顾客并刺激其消费,这是一般餐厅常用的手法。选择诱饵菜需是顾客熟悉且成本不至过高的。

4. 系列产品定价法

可以针对一系列不同目标客源设计可接受的菜单价位。另外,也可针对一系列不同价位来设计菜单,不以单一菜点的成本来考虑。例如,可把广东料理的点心菜价分为小点 8 元、中点 12 元、大点 20 元。另外,又可以点心盘子的种类及大小来分类。此方法对餐厅来说,便于统计数量及管理。

(二)以价格竞争为中心的定价方法

1. 追随同业定价法

一般小型独立餐厅选用此法较多。因无足够的资金与技术力量来制定竞争价格,故跟随市场上同类产品的价格为定价的依据,其优点是定价过程简单、顾客已经接受、与同行关系协调;而其缺点则是缺少新意、竞争者较多。

2. 追高定价法

使用此法的菜点应以品质来取胜,适合讲究服务的高级餐厅。

3. 同质低价法

菜点采用薄利多销,但仍需维持一定的品质,否则将缺少竞争力,逐渐被市场淘汰。

(三)成本核算定价法

1. 系数定价法

以菜点原料成本乘以定价系数,即为菜点销售价格。这里的定价系数是计划菜点成本率的倒数。

如果经营者计划自己的菜点成本率是 40%,那么,定价系数即为 1/40%,即 2.5。

例:已知一例盘青椒炒里脊丝成本为 8.00 元,计划食品成本率为 40%,则售价为:8.00/40%=8.00×2.5=20(元)。

2. 依照毛利率定价法

菜点售价=菜点成本/(1-内扣毛利率),这里的菜点成本是指该菜点的主料、配料、调料成本之和。

例：一份椒盐基围虾，虾及调料的成本计 90 元，现定毛利率为 60%，其售价为：P(售价)＝90/(1－60%)＝225(元)。

3. 主要成本定价法

把菜点原材料成本和直接人工成本作为定价的依据，并从“损溢表”中查出其他成本费用和利润率，即可计算出销售价格。

$$\text{菜点销售价格}=\frac{\text{菜点原材料成本}+\text{直接人工成本}}{1-(\text{非原材料和直接人工成本率}+\text{利润率})}$$

例：一只砂锅牛腩原材料成本 15 元，直接人工成本 3 元，从财务“损溢表”中查得“非原材料和直接人工成本率”及“利润率”之和为 60%，则这只砂锅牛腩的价格为：P＝(15＋3)/(1－60%)＝45(元)。

(四)以数字心理反应的定价方法

1. 整数定价法

大多用于高级别的餐厅。优点为方便计价、结账、收款和财务的数字计算。

2. 尾数定价法

适用于经济型的餐厅，带尾数的价格看起来比整数位价格小很多。

3. 特殊意义定价法

如一些顾客相信定价中的数字 6 代表“顺利”，8 代表“发”，9 代表“永久”，168 代表“一路发”。

八、宴会菜单设计

现代宴会菜单牵涉到宴会成本售价、规格类别、宾主嗜好、风味特色、办宴目的、时令季节等诸种因素。这些因素都会影响宴会菜单的设计，它要求设计者不仅要掌握厨房生产管理知识、宴会服务知识、宴会菜品规格标准、营养学知识、美学知识，还应了解顾客的心理需求，了解各地区、各民族的饮食习俗等相关知识。因此单个人很难设计出既满足客人需求，又保证饭店获利的“双赢”菜单。一套完美的宴会菜单至少应由四个方面的人员共同设计完成，即厨师长、采购员、餐厅主管和顾客。

(一)厨师长

1. 厨师长能根据宴会菜点的特点和要求设计菜单

宴会菜点，不管其售价的高低，都要讲究组合，配套成龙，数量充足，体现时令，注重原料、造型、口味、质感的变化，这是满足顾客需求的前提。

作为厨师长应懂得如何使用多种烹饪方法使宴会所有菜肴在口味上有浓、有淡，色彩上有深、有浅，质感上有脆、有嫩，使菜肴达到既丰富多彩，又不落俗套；能按时令季节调配口味，做到酸苦辣咸，人人皆宜；在设计组合时，能够注意不同档次宴会相互搭配的比例，以保证整个宴会的各类菜肴质量的均衡。使宴会产生节奏感和动态美。

2. 厨师长能使菜点保质保量地生产加工

厨师长最了解厨房生产人员的烹饪技能，根据他们的技术能力，设计出厨师有能力生产的品种，使菜点能保质保量生产加工。如若不然，设计了某道菜却无人会做，那么也就失去了设计的意义。每道菜肴从初加工到成品是由不同的员工共同协作完成的，设计的菜肴在其每道生产工序上，都应有能保质保量完成工作的员工。

厨房现有的设备与设施限制着宴会菜点生产的数量及种类。宴会菜单设计的好坏会导致设备利用不足或造成生产障碍。厨师长应根据设备与设施的生产能力筹划菜点。在设计菜点时，某些菜肴需限制在一定桌数以内。厨房有独特的烹调设备，应发挥其优势，设计独特菜肴。当生产设备、设施缺少或者不足时，会使菜点品种的生产受到限制，如米饭的需要量超过了蒸饭箱的承受量，则需考虑用其他食品代替。注意避免过多地使用某一种设备，使厨房工作人员感到设备短缺，此时要及时对菜点进行调整，让所有设备都有得到均衡使用。如果厨房没有制作条件，就不要设计复杂的菜肴。

(二)采购员

1.采购人员能根据食品原料供应情况指导菜单设计

原料都有生长期、成熟期和衰老期，只有成熟期上市的物料，方才滋汁鲜美，质地细嫩，营养丰富，带有自然的鲜香、最宜烹调。一个成功经营的宴会厅，其菜点必须与季节密切配合，这样才能给人一种新鲜舒适的感觉。采购人员熟知各种季节性原料的准确上市时间、产地、原料生长情况以及其特点等，能指导菜单设计。

2.采购人员能根据食品原料价格控制宴会成本

顾客在预订宴会时，往往确定了宴会的大致价格范围，设计菜点时就要按照"质价相等"、"优质优价"的原则。而采购人员最了解当地原料市场的供应情况及其质量、大致价格范围等，能选用合适的原料，并能掌握符合采购规格的时机，既避免菜点设计好而无货源的现象，又可及时取消时节替换而使材料价格上涨的菜品，从而降低宴会成本。

(三)餐厅主管

餐厅主管能根据宴会接待能力(主要是宴会服务人员和服务设施)来指导菜单设计。厨房生产出菜点后，必须通过服务员的正规服务，才能满足宾客的需求。如果服务人员不具备相应的上菜、分菜技巧，就不能设计菜肴。如果服务设施陈旧蹩脚，则最好提供简单的膳食，但要服务周到。某道菜肴需要某种服务设备，而暂时又买不到这种设备，无法按规定提供饮食服务时，则不能设计这道菜。所有这些都是菜单设计时应注意的问题，宴会厅主管应是熟知的。

设计宴会菜单时要考虑服务的种类和形式，是采用中式服务还是西式服务，是高档服务还是一般服务，都必须明确本宴会厅的特色，否则什么客人都接待，什么菜肴都做，只能说明什么也做不好。

(四)顾客

准确把握客人的特征，了解客人的心理需求，是宴会菜单设计工作的基础，也是首先需要考虑的因素。一般情况下，顾客的下述因素影响菜单的设计。

1.宾客的饮食习俗

宴会预订员要熟悉主要客源国和地区的风俗习惯及饮食特点，了解宴请对象的爱好，有助于宴会菜点种类的确定。特别是在招待外国朋友或其他民族和地区的客人时，更要根据宾客(特别是主宾)的国籍、民族、宗教、职业、年龄、体质以及个人的饮食嗜好和忌讳，分析客人的总体共性需求和个别客人的特殊需要，灵活设计安排受赴宴者欢迎的宴会菜点，菜单安排的效果就会更好。

2.宾客的心理需求

了解客人饮食习俗的同时，还要分析举办宴会者和参加宴会者的心理，有的客人注重环境气氛和档次，有的则注重经济实惠。总之，客人举办或参加宴会有各种各样的心理，在进行宴会菜单设计时要深入分析客人的心理需求，从而满足他们明显的和潜在的心理需求。

3.宴会主题及赴宴人数

客人举办宴会不是随意的，都有明确的主题。菜单的设计要突出宴会的主题，不然就会杂乱无章、平淡无味。高明的设计者绝不会把宴会菜点安排成无个性、无层次的“大杂烩”，而是根据各个主题的不同，在菜点上稍加变化，且菜肴设计命名都与宴会主题相结合，以突出主题，这对宴会的气氛有很大影响。

宴会菜点的数量是菜单设计的关键，应与参加宴会的人数一致。在确定的价格范围内，菜点数量过多，往往宴会剩余也多，易造成浪费(部分私宴举办者受风俗习惯影响，要求食有剩余，剩余的食品多会打包处理，也未尝不可)。如菜点数量过少，则又会导致顾客不满，甚至投诉，从而影响饭店的声誉。只有数量合理，才会令宾客既满意又回味无穷。

4.预订宴会的价格

合理设计宴会菜单，既要保证企业的合理利润，又不使顾客吃亏，价格标准的高低也只能在食物材料的使用上有所区别，不能因价格影响宴会的效果和品质。

一般宴会预订员清楚本饭店各类菜肴的加工过程、口味特点，同时掌握预订客人的上述信息，能及时将客人的需求落实到菜单之中，还可结合宾客的要求标准和宴会菜单，积极推销利润高、有利于准备并适合宾客口味的菜肴或特别推销菜肴。顾客是上帝，能让顾客参与设计菜点，会使参加宴会的客人都能得到最佳的特质享受。如果客人需改换菜单时，让其挑选并确认；如果客人需改换菜单中的个别菜肴时，可视情况适当予以调整；有特殊情况或客人有特殊要求的，可请厨师长亲自安排菜单或视情况重新确定用餐标准，并让客人确认。

总之，宴会菜单设计需要考虑的因素很多，归根结底只有两点：满足宾客需求和保证饭店赢利。因此，厨师长、采购员、餐厅经理和宴会预订员应通力协作，根据各种因素，再结合本宴会厅的特色进行菜单设计，以增强宴会厅的吸引力和市场竞争力。

【知识链接 6-1-4】

菜单设计的发展趋势

1.绿色与环保

(1)标明份量及其建议人数，为客人点菜提供参考。

(2)多样化的组合：针对节假日、女性顾客、老年顾客，采用“合理改变菜单”或“增加健康食谱”的策略，设计出各具特色的营养餐。

(3)价廉物美：在浦东、徐汇、黄浦等地的诸多餐馆，很多店家早已从原本餐后上西瓜、柑橘、香蕉等水果的习惯中解脱出来，取而代之的是刨皮切断的甘蔗。据店家的服务员称，餐后上甘蔗是一些食客主动提出来的。有的店家甚至还增加了甘蔗的数量供客人带回去品尝。

2.定制服务——双休日菜单

以调味品著称的“上海海鸥酿造公司”，推出的双休日菜单分为A、B两种套菜，可供3口之家双休日早、午、晚三餐选用，所有菜谱均有原料和制法说明，并配以彩照，让人一目了然。

3. 健康菜单

日本的消费者越来越重视营养吸收量，不仅在家里进食时如此，而且在外就餐时也很讲究，所以现在许多饮食店已开始在菜单上注明所含热量和盐分。在目前以健康为基准的时代，人们已开始控制吸收营养。这种做法是应消费者提出的"抑制食欲"而不得不做的。自从2002年年底日本厚生省提出餐馆必须用图表标明热量、蛋白质、脂肪、糖分、含盐这5种成分后，许多餐馆也开始响应，但也有一些业者对此态度消极，认为作用不大。杭州出现科普饭店。一道腐皮黄鱼卷，脂肪含量1.4 g，蛋白质含量6.8 g；倒笃菜尖椒目鱼丝，脂肪含量2.9 g，蛋白质含量20.9 g，还有硒、镁、铁等微量元素……杭州一大酒店出现了这样一份特别的菜谱，每一道菜后都标明了这道菜的主要营养成分和主要功能。浙江大学营养学会对每道菜肴进行了鉴定。这份菜谱和一般菜谱放在一起，顾客可以根据自己的身体健康状况来选食。"在饭店里，人们最注重的是菜肴的口感，殊不知很多菜肴虽然味道不错，但某些烹饪方法却破坏了食物的营养成分，如过度煎、炸等导致食物危害人体的健康。"这样一份菜谱，看上去像是一个"亏本买卖"，明明一道口感不错的菜，但一看它的营养价值，很多人就不敢点了。但也有知情的老百姓就冲着这点去酒店，尊重营养价值也成了酒店的特色，让人们在享受美食的同时也保护了健康。另外在菜单中还辅以健康信息，提倡"互补"原料搭配，推出"科学食品"又引进先进机械，以机械生产逐步代替手工制作，制作标准化产品，尽量减少食品污染。

4. 基因菜单

大蒜、洋葱富含一种转移酶，它能激发人体产生一种防御反应物质，此酶的产生是由基因控制，每个人的血液和细胞中含量差异很大，高低相差可达30倍之多！对于那些缺少这类基因的人来说，多吃大蒜、洋葱就十分必要了。人参、甲鱼是名贵滋补品，有人食用后确有明显的效果，而有的人则不显著。这除了与肠胃功能强弱有关之外，还有更深层的、基因上的根源。当人们去做基因测试将像目前做胆固醇检查那样方便时，一份因人而异的基因食谱，将会出现在未来的餐桌上，人类将更加健康和长寿。

◆工作任务单6-1

1. 简答题

(1)简述固定菜单的优缺点。

(2)简述菜单设计和制作的原则。

(3)一份完整的菜单包括哪些内容？

(4)简述零点菜单制订的程序。

(5)简述宴会菜单制订的程序。

(6)菜单定价的方法有哪些？

2. 案例分析

(1)威海丽园大酒店在开业之初曾以"5个第一"而闻名，诸如第一个在大厅安装感应自动门，第一个在楼前及屋顶亮起五彩缤纷的霓虹灯，第一个采用泛光灯装置等。还成为韩国商人的"商场酒店"，被全国旅游界视为一绝。餐饮不是"丽园"的强项，却同样受到领导极大的关注。大酒店的刘总经理经常与餐饮部几位主要负责人聚在一起研究菜点的供应情况。

2004年9月底的一个上午，在刘总的办公室里正开着一个小型会议，与会者有总经理办公室主任、餐饮部经理、厨师长和两位餐厅主管，每人手里拿着一份最近2个月的菜点销售状况分析表。表的左面是菜单上的菜点名称，最上面一行是日期，标明星期几，每周有个“小计”，表内主体部分是每种菜点的销售量，表的最右面是每天平均销售量。

“从本表可以看出，我们最近才推出的清炒西葫芦销售情况呈上升趋势。8 月份从第一个星期的 180 份一直稳步上升，到第四个星期为 270 份，我认为在考虑新菜单的时候仍应保留此菜。”一位主管首先坦陈自己的看法。

“我同意。另外，我认为肉丸子沙锅也应该保留。一方面，这是我们的看家菜，已有相当的名声；另一方面，从销售情况看，每天的销售量始终保持在 190 份上下，变动范围在 40 份之内。这说明我们的顾客喜欢这道菜。”厨师长接着发言。

“红煨羊肉”的销售状况看上去波动较大，但如果仔细分析一下的话，其中有一定的规律，每周星期六和星期日的销售量激增，在其余日子则情况平平。因此这道菜有保留的价值，但在用料方面需作调整，星期六和星期日两天多准备一些原料，以满足需求。餐饮部经理谈了自己的意见。

他们对每道菜进行了认真细致的分析，把销售情况呈明显下降趋势的以及近阶段内一直销售不佳的 4 道菜删去。餐饮部经理和厨师长提议试销葱爆腰花和蚝油牛肚等 6 道菜，获得一致赞同。

思考：根据所学内容，编排一桌售价为 1 600 元，毛利率为 45%的夏季宴席菜单。

(2)中国传统节日春节期间，麦当劳店内挂上了中国结、贴上了红剪纸；肯德基店内身着红色唐装的“肯德基爷爷”为这家百年老店招徕吆喝。从 2003 年 1 月上旬到 2 月 9 日，肯德基爷爷将一改平日白色西装的经典形象，在中国 800 家分店同时换上红色唐装。据介绍，重庆肯德基的中国“变脸”计划内不只是给肯德基爷爷换上中国唐装，其本土化的战略由来已久。肯德基的面包、鸡肉和蔬菜已实现 100%的本地采购，餐厅员工也达到了 100%的本土化。2002 年关闭了 175 家海外分店的麦当劳，在中国依然雄踞洋快餐业的榜首。据了解，麦当劳不仅在店内挂上传统的中国结，贴上了喜庆的红剪纸，在产品上也力争更适合中国人的口味。

思考：①列举洋快餐在北京、上海等地推行的菜单品种的调整措施。②案例中的本土化策略侧重于环境的营造、形象的更新。针对洋快餐的本土化策略，结合我国餐饮消费的特点，对麦当劳或肯德基的菜单提出修订意见。

3. 技能训练

(1)演示菜单设计的程序。要求：明确菜单设计任务，组织菜单设计人员；编制菜单设计工作方案；收集信息，分析与研究；菜单初步设计；菜单设计评审与审批。

(2)制作 1 份零点或宴会菜单。要求：设计和编排菜单要依据其编排的原则，在考虑菜单肴馔的排列顺序、组成结构和分摊比例的情况下，严格按不同种类菜单的制订程序进行设计制作。

任务二　菜 品 销 售

◉情景导入

某气派豪华的中餐厅，顾客熙熙攘攘，餐厅服务员在餐桌之间穿梭忙碌。一群客人走进餐厅，引座员立即迎上前去，把客人引到一张空餐桌前，让客人各自入座，正好十位坐满一桌。服务员小方及时上前给客人一一上茶。客人中一位像是主人的先生拿起一份菜单仔细翻阅起来。小方上完茶后，便站在那位先生的旁边，一手拿小本子，一手握圆珠笔，面含微笑地静静等待他点菜。那位先生先点了几个冷盘，接着有点犹豫起来，似乎不知点哪个菜好。停顿了一会儿，他便对小方说："服务员，请问你们这儿有些什么好的海鲜菜肴？""这，……"小方一时有点答不上来，"这就难说了，本餐厅海鲜菜肴品种倒是不少，但不同的海鲜菜档次不同，价格也不同，再说不同的客人口味也各不相同，所以很难说哪个海鲜菜特别好。反正菜单上都有，您还是看菜单自己挑吧。"小方一番话说得似乎头头是道，但那位先生听了不免有点失望，只得应了一句："好吧，我自己来点。"于是他随便点了几个海鲜和其他一些菜肴。当客人点完菜后，小方又问道："请问先生要些什么酒和饮料？"客人答道："一人来一罐青岛啤酒吧。"客人又问："饮料都有哪些品种？"小方似乎一下子来了灵感，忙说道："哦，对了，本餐厅最近进了一批法国高档矿泉水，有不冒气的 eviau 和冒气的 perrier 两种。""矿泉水？"客人感到有点意外，看来矿泉水不在他考虑的饮料范围内。"先生，这可是全世界最有名的矿泉水。"客人一听这话，觉得不能在朋友面前丢了面子，便问了一句："那么哪种更好呢？""那当然是冒气的那种好啦！"小方越说越来劲。"那就再来 10 瓶冒气的法国矿泉水吧。"客人无可选择地接受了小方的推销。服务员把啤酒、矿泉水打开，冷盘、菜肴、点心、汤纷纷上来，客人们在主人的盛情之下美餐一顿……最后，当主人到账台结账时一看账单，不觉大吃一惊，原来 1 400 多元的总账中，10 瓶矿泉水竟占了 350 元！他不由嘟哝了一句："矿泉水怎么这么贵啊？""那是世界上最好的法国名牌矿泉水，卖 35 元一瓶是因为进价就要 18 元呢，"账台服务员解释说。"哦，原来如此。不过，刚才服务员可没有告诉我价格呀。"客人显然很不满意，付完账后便怏怏离去。

那么，餐厅员工究竟该如何进行菜品销售呢？

◈任务分析

菜品销售是指餐厅服务人员根据本餐厅的经营特色和餐饮产品的特点，对来餐厅就餐的宾客或潜在宾客，通过询问、介绍、宣传等各种有效方式，主动提供有关餐饮产品和服务方面的信息，提出适当的建议，促进餐饮产品的销售。餐厅经营活动都是围绕着饭菜的推销进行的。只要饭菜推销不出去，餐饮企业的经济效益就等于零。所以引导客人消费、推销饭菜，应该是服务人员最重要的工作。

◈任务要求

知识要求：

1. 熟悉菜肴烹饪知识；

2. 掌握不同的菜肴推销方法。

能力要求：能够主动为客人进行菜品的销售，成为一名合格的点菜师。

素质要求：具备良好的语言表达能力和推销意识。

◆相关知识

一、中国菜品概述

(一)中菜的特色

中国菜是中国肴撰的总称,它包括了中国各地区、各民族的各种菜肴。中国菜善于选用多种原料,巧妙运用刀工与火候,在漫长的烹饪发展历程中,形成了中国烹饪绚丽多彩、独树一帜的文化内涵与优美的菜品名称及动听的典故、传说。中国的烹饪技艺是中华民族灿烂文化的重要组成部分。

中国菜素来注重色、香、味、形、器、养,尤其讲究滋味。中国菜善于选用多种原料,采取恰当合理的佐料配比,巧妙运用刀工与火候,将菜肴做得有滋有味,丰富多彩,故而人们对中国菜赞不绝口,百吃不厌。

中国菜肴的特点可以用色、香、味、形、器、养来概括,它们之间具有内在联系,相辅相成,融为一体,使人们在进餐时得到视觉、嗅觉、触觉和味觉的综合享受。

(二)中国各地风味代表菜

1. 鲁菜

现今鲁菜是由济南和胶东两地的地方菜演化而成的。其特点是清香、鲜嫩、味纯而著名,十分讲究清汤和奶汤的调制,清汤色清而鲜,奶汤色白而醇。济南菜擅长爆、烧、炸、炒,其著名品种有:糖醋黄河鲤鱼、九转大肠、汤爆双脆、烧海螺、烧蛎蝗、清汤燕窝等。胶东菜以烹制各种海鲜而驰名,口味以鲜为主,偏重清淡,其著名品种有:干蒸加吉鱼、油爆海螺等。建国后,创新名菜的品种有:扒原壳鲍鱼、奶汤核桃肉、白汁瓤鱼、麻粉肘子等。

2. 川菜

现今川菜馆遍布世界。正宗川菜以四川成都、重庆两地的菜肴为代表。川菜重视选料,讲究规格,主次分明,鲜艳协调,注重调味。其特点是酸、甜、麻、辣香、油重、味浓,注重调味,离不开三椒(即辣椒、胡椒、花椒)和鲜姜,以辣、酸、麻脍炙人口,为其他地方菜所少有,形成川菜的独特风味,享有“一菜一味,百菜百味”的美誉。烹调方法擅长于烤、烧、干煸、蒸。川菜善于综合用味,收汁较浓,在咸、甜、麻、辣、酸五味基础上,加上各种调料,相互配合,形成各种复合味,如家常味、咸鲜味、鱼香味等二十几种。代表菜肴的品种有:鱼香肉丝、宫保鸡丁、怪味鸡块、麻婆豆腐等。

3. 淮扬菜

现今江苏菜是由苏州、扬州、南京、镇江四大菜为代表而构成的。其特点是浓中带淡,鲜香酥烂,原汁原汤浓而不腻,口味平和,咸中带甜。其烹调技艺以炖、焖、烧、煨、炒而著称。烹调时用料严谨,注重配色,讲究造型,四季有别。苏州菜口味偏甜,配色和谐;扬州菜清淡适口,主料突出,刀工精细,醇厚入味;南京、镇江菜口味和醇,玲珑细巧,尤以鸭制的菜肴负有盛名。著名的菜肴品种有:大煮干丝、清汤火方、鸭包鱼翅、西瓜鸡、盐水鸭、蟹黄灌汤包等。

4. 粤菜

如今粤菜是以广州、潮州、东江三地的菜为代表而形成的。菜的原料较广,花色繁多,形态新颖,善于变化,讲究鲜、嫩、爽、滑,一般夏秋力求清淡,冬春偏重浓醇。调味有所谓五滋(香、松、臭、肥、浓)、六味(酸、甜、苦、咸、辣、鲜)之别。其烹调擅长煎、炸、烩、炖、煸等,菜肴色彩浓重，滑而不腻。尤以烹制蛇、狸、猫、狗、猴、鼠等野生动物而负盛名，著名的菜肴品种有：三蛇龙虎凤大会、五蛇羹、蚝油牛肉、烤乳猪、干煎大虾和冬瓜盅等。

5. 湘菜

以湘江流域、洞庭湖区和湘西山区的菜肴为代表发展而成的。其特点是用料广泛，油重色浓，多以辣椒、熏腊为原料，口味注重香鲜、酸辣、软嫩。烹调方法擅长腊、熏、煨、蒸、炖、炸、炒。其著名菜肴品种有：腊味合蒸、东安子鸡、麻辣子鸡、红煨鱼翅、汤泡肚、冰糖湘莲、金钱鱼等。

6. 闽菜

起源于福建省闽侯县。它以福州、泉州、厦门等地的菜肴为代表发展起来的。其特点是色调美观，滋味清鲜而著称。烹调方法擅长于炒、溜、煎、煨，尤以"糟"最具特色。由于福建地处东南沿海，盛产多种海鲜，如海鳗、蛏子、鱿鱼、黄鱼、海参等，因此，多以海鲜为原料烹制各式菜肴，别具风味。著名菜肴品种有：佛跳墙、醉糟鸡、酸辣烂鱿鱼、烧片糟鸡、太极明虾、清蒸加力鱼、荔枝肉等。

7. 徽菜

以沿江、沿淮、徽州三地区的地方菜为代表构成的。其特点是选料朴实，讲究火功，重油重色，味道醇厚，保持原汁原味。徽菜以烹制山野海味而闻名，早在南宋时，"沙地马蹄鳖，雪中牛尾狐"，就是那时的著名菜肴了。其烹调方法擅长于烧、焖、炖。著名的菜肴品种有：符离集烧鸡、火腿炖甲鱼、腌鲜桂鱼、火腿炖鞭笋、雪冬烧山鸡、红烧果子狸、奶汁肥王鱼、毛峰熏鲥鱼等。

8. 浙菜

以杭州、宁波、绍兴、温州等地的菜肴为代表发展而成的。其特点是清、香、脆、嫩、爽、鲜。浙江盛产鱼虾，又是著名的风景旅游胜地，湖山清秀，山光水色，淡雅宜人，故其菜如景。不少名菜来自民间，制作精细，变化较多。烹调技法擅长炒、炸、烩、溜、蒸、烧。久负盛名的菜肴有：西湖醋鱼、生爆鳝片、东坡肉、龙井虾仁、干炸响铃、叫花童鸡、清汤鱼圆、干菜焖肉、大汤黄鱼、爆墨鱼卷、锦绣鱼丝、松鼠桂鱼等。

9. 上海菜

上海菜又叫本帮菜，在20世纪中叶形成了取料鲜活，品种众多，擅长烧、生煸、滑炒、蒸。上海本帮名菜中，浓油赤酱的有：锅烧河鳗、红烧圈子、佛手肚膛、红烧划水、油酱毛蟹等；清淡素雅的首推夏秋季节的糟货，如糟鸡、糟猪爪、糟门腔、糟毛豆、糟茭白等，而荠菜春笋、水晶虾仁、冰糖甲鱼、芙蓉鸡片等也以鲜嫩清淡见长。上海菜达到了品种多样，别具一格的独特风味，其代表菜品有：红烧烤麸、清蒸大闸蟹。

（三）中菜的常用烹调方法

1. 炒

炒是最基本的烹调技术。是将加工成丁、丝、条、球等的小型原料投入小油锅，在旺火上急炒，营养成分散失的比较少的一种烹调方法。

（1）生炒　又称生煸。其原料不论动植物都是生的。其特点是：盘中有淡淡的一层薄汁，口味是咸中有鲜。

（2）熟炒　将大块原料加工成半熟或全熟（加工方法有蒸、煮、烧），再经改刀切成丝、丁、片、条，然后再用旺火速炒，依次放入配料、调味品和少许汤汁，翻炒几下即成。其特点是：略带汁芡，鲜香入味。

（3）滑炒　由一般炒法发展而来，一次加热改为两次加热，即滑和炒。滑，一般叫油滑、拉油。特点是：菜肴味以咸鲜为主，芡汁薄而较多，质地松软鲜嫩，清爽利口。

(4)煸炒　煸炒的主料不上浆不挂糊，火要旺，先炙锅。操作时，边炒边依次加入配料和调料。煸炒的特点是：脆嫩清淡。

(5)干炒　又叫干煸和焦炒。把原料经过较长时间的煸炒，使其水分炒干，或将原料用水氽后过油炸焦，再行烹调。干炒菜的特点是：色深红，主料干香酥脆，味麻辣或鲜咸，越嚼越香，后味颇佳。

(6)爆炒　用极快的速度来炒。一般是将主料先进行花刀处理，再用沸汤和热油冲炸，然后烹汁爆炒。也有将主料上浆之后用烈油爆炒，然后再烹汁。爆炸菜的特点是：芡汁薄而少，外形美观，质地香脆。

(7)软炒　将生的主料加工成泥茸状，用汤或水使成液态，再用适量的热油拌炒即成。或将主料经过调味品拌腌后，用蛋清、淀粉挂糊，再放入温油锅里炒炸，待油温逐渐升高后离火，最后加入配料同炒，颠翻数下即成。软炒菜的特点是：质地软而细腻，嫩滑味咸鲜，清淡利口。

(8)清炒　凡是单一主料炒成的菜肴，都可以叫清炒。清炒菜的特点是：口味多是咸鲜，清爽利口，不粘糊成团。

2.爆

爆是和炒相似的一种烹调方法，各大菜系都有使用。爆是用旺火热油使原料成熟来制成菜肴的。爆菜原料的特点：一是要小块无骨的；二是在刀口处理上，要注意厚薄均匀，大小一致，深浅一致。

(1)油爆　即用热油爆炒做菜，方法有两种：一是主料不上浆，只用沸水烫一下捞出，放入热油中速炸，炸后再与配料一起翻炒数下，烹入芡汁爆炒即成：二是主料上浆，投入热油锅中拌炒，油和料的比例基本相等，炒散后，捞出控去部分油，再下入配料，倒入芡汁，爆炸即成。油爆菜的特点是：本色本味，并有葱、姜、蒜的香味，吃之脆嫩、清爽不腻，色泽油亮。

(2)酱爆　用炒熟的甜面酱、黄酱、酱豆腐爆炒主料和配料。酱爆的主料一般要经过挂糊上浆，因为爆的原料均是较小较薄的炒、丁、丝，烹调时容易断碎。也可不挂糊上浆，主料是熟的，用热油煸炒之后，再加酱爆炒。爆菜肴的特点是：多为深红色，油光闪亮，味咸而有浓郁的酱香味。

(3)葱爆　用葱丝或葱块和主料爆炒。主料不上浆挂糊，也不用开水烫，只用调料调好味，再加葱爆炒即成。操作时，要求热锅、旺火、动作迅速，葱一塌秧即可出锅。葱爆菜肴的特点是：主料无芡，色金黄，味鲜咸，有浓郁的葱香味。

(4)芫爆　操作与油爆基本相同。不同的是主料形状多是片、条、球、卷形。芫爆要求热油、旺火、速成。其原料强调选用质地脆嫩的，以便调味的汁液能较好地渗透。调料除了香菜外，还用葱花、姜末、精盐、味精、绍酒等。芫爆菜肴的特点是：色调雅致、质地脆嫩，爽口无芡，味咸鲜。

(5)汤爆　完全依靠汤的热度烹调菜肴。主料要用质地脆嫩的生料，如鸡胗、猪肚等，用水焯一下，再用沸汤(鲜汤)冲熟。汤爆要用味道鲜美的清汤，火候要适当，原料一变色即成。汤爆菜肴的特点是：味道鲜美，清爽利口。

3.炸

炸是一种旺火、多油、无汁的烹调方法，用旺火加热，以食油为传热介质的烹调方法，特点是火力旺，用油多。用这种方法加热的原料大部分要间隔炸一次。用于炸的原料加热前一般用调味品浸渍，加热后往往随带调味品。炸菜的要求很高，既要炸透，又要火候一致，颜色一样；炸制菜肴的特点是：香、酥、脆、嫩。

(1)干炸　又称焦炸。把经过调料腌渍，再拍蘸适量淀粉或玉米粉、湿淀粉的主料，放入油锅内炸成。

(2)软炸　将主料挂一层薄鸡蛋糊，以减少主料水分散失，然后下油锅炸制。

(3)酥炸　将主料挂上专用的酥糊，再进行炸制，或将主料先蒸、卤之后，再挂少量的鸡蛋糊(也有不挂糊的)，用热油炸制。挂糊的多用出骨原料，不挂糊的用不同骨原料。

(4)清炸　主料不挂糊、不拍粉，用调料腌渍一下后炸制。

4. 煎

煎就是用慢火把锅烧热后，用少量油涮遍锅底，再放入经过调味成挂糊的原料慢慢煎熟，用小火将原料煎熟并两面煎黄的烹调方法。

(1)干煎　将加工成片状的主料，经过调料腌制，挂上鸡蛋糊或拍粉后，再放入锅中用少量油煎成。

(2)煎烧　将主料剁成末状，加入调料、鸡蛋糊、湿淀粉，搅拌均匀后，挤成丸子，将丸子煎成饼形，再放汤、调料和配料煎烧。煎时，要煎好一面再煎另一面。

(3)煎焖　把煎过的主料放入锅中，加入调料和汤，盖严锅盖，用小火慢慢焖烂。

(4)煎蒸　将煎过的主料装入餐具内，放入调料，再上笼屉蒸制。在蒸制主料时，要注意不要使蒸气的水滴入盛主料的容器内。

(5)汤煎　将主料煎后冲入沸汤，再进行烹调。

5. 烧

烧是中国菜中最为普遍的做法。它是将经过炸、煎、煸炒或水煮的主料进行一次或两次以上的热处理之后，加入汤和调料，先用大火烧开，中小火烧透入味慢烧到酥烂或软嫩，旺火稠浓卤汁的一种烹调方法。

(1)红烧　主料多经过热处理，再加入汤和调料，用急火烧开，再改用慢火烧，使味渗入主料内部或收浓汤汁，或再用水淀粉勾芡烹制。

(2)白烧　一般不放酱油，经煮或蒸、氽、烫、油滑之后，再进行烧制。

(3)干烧　又叫大烧。将主料经过较长时间的小火烧制，使汤汁渗入主料内，主料以鱼类为多。干烧原料多用炸法，调味必须用辣椒、豆瓣酱等。干烧烧汁要紧，不勾芡、淋旺油。

(4)油烧　原料大多用茸泥状，用油氽出，再放入无油的炒锅内，加调料制成。注意在锅中汁一收干要立即出锅，否则容易巴锅。

(5)汤烧　原料经过烹制(或煮制)、油炸两道工序。一般是在烹制后油炸，一见原料表面收缩，捞出盛碗。另做鲜美的汤水，即用水、酱油、料酒、味精等放入锅内，烧开撇沫，淋上明油，浇入碗内。

6. 炖

炖是既类似蒸又类似煨的一种烹调方法。

(1)直接炖　吃其原汁原味，把原料加工好，先用开水氽去其血污，洗净放入锅内，加入汤或水、调料，大火烧开，撇去浮沫，把火关小，盖好盖，炖到原料酥烂为止。

(2)间接炖　原料处理同直接炖。放入锅中加水和调料封好口，放入水锅中，锅中的水不能超过盛原料的锅，大火烧开，盖好盖，保持水花翻开。这种方法用得不多，因为太费时，但能保持原料的香味不散光，使菜肴鲜香味足。

7. 焖

焖是将炸、煎、煸、炒或水煮的原料，加入酱油、糖等调味品和汤汁，用旺火烧开后再用小火长时间加热成熟的烹调方法。焖的特点是制品形态完整，不碎不裂，汁浓味厚，酥烂鲜醇。

(1)红焖　一般是将原料加工成形，先用热油炸，使外皮紧缩变色，然后装入陶器罐中，加适量汤、水和调料，加盖密封，先用旺火烧开，随即移到微火，焖至酥烂入味为止。

(2)黄焖　又叫油焖。把加工成形的原料，经油炸或煸成黄色，排出水分，放入器皿中，加调料和适量汤汁（一般不放配料，若放则应选择易熟或经过热处理的）。

8. 熘

熘是先将原料用炸的方法加热成熟，然后调制卤汁淋于原料上，或将原料投入卤汁中搅拌的一种烹调方法。

9. 烹

烹是先将小型原料用旺火热油炸成黄色，再烹入调料的一种烹调方法，故有“逢烹必炸”之说。

10. 煨

煨是将经过炸、煎、煸、炒或水煮的原料放入陶制器皿，加葱、姜、酒等调味品和汤汁，用旺火烧开，小火长时间煮的烹调方法。煨的特点是汤汁浓白，口味醇厚。

11. 扒

扒是将经过初步熟处理的原料整齐地放入锅内，加汤汁和调味品，用旺火烧开，中小火烧透入味，旺火稠浓卤汁的一种烹调方法。

12. 煮

煮是将原料置于大量的汤汁或清水中，先用旺火煮沸，再用中小火烧热成熟的一种烹饪方法。煮菜的特点是汤菜各半，汤宽汁浓，不经勾芡，口味清鲜。

13. 氽

氽是沸水下料，一滚即成的烹调方法，其原料大多是小型的或加工成片、丝、条和制成丸子的。

14. 烩

将加工成形的多种原料一起用旺火制成半汤半菜的菜肴，这种烹调方法就是烩。

15. 贴

贴与煎的烹调方法基本相同，但下锅后只煎一面。贴的原料一般是两种以上合贴在一起，而且必须用膘肉垫底，主料放在肥膘上面。贴的原料必须拌上调味料并挂糊。

16. 蒸

蒸是以汽蒸加热使经过调味的原料酥烂入味的烹调方法。它不仅用于蒸制菜肴，而且还用于原料的初步加热成熟和菜肴的回笼保温。

17. 烤

烤是生料经过腌渍或加工成半熟制品后，放入以柴、炭、煤或煤气为燃料的烤炉或红外线烤炉，利用辐射热能直接把原料烤熟的方法。

二、西菜概述

(一)西菜热菜常用的烹调方法

1. 煎(Fried)

煎是西餐烹调中用途最广泛的方法,煎制多用中等火力,但有时也用旺火和小火,往往在一款具体菜肴的煎制过程中,要运用几种火力。

2. 炸(Deep Fried)

炸是一种用多油,旺火(有时也用中小火)使原料成熟的烹调方法。

3. 炒(Saute)

炒是将加工成丝、片、条、丁、块、粒等小型原料,用小油量、旺火急速翻拌使原料在较短时间内成熟的一种烹调方法。

4. 烩(Stew)

烩是将加工成丝、片、条、丁、块、球状的原料,先经过油着色或者汆水预制成半成品,再运用先旺后小的火力,加入沙司,将原料烩制成菜的一种烹调方法。

5. 焖(Braise)

焖是将过油着色后的原料置于焖锅,加入沸水或沸汤(什么原料用什么汤)及香料、调味品等,先用旺火,后用小火,经长时间加热,使原料成熟的一种方法。

6. 烤(Roast)

烤是一种借助辐射热能使烹饪成熟的烹调方法。可以用于烤制的原料非常广泛,几乎各种动、植物性原料都可用烤制方法烹制。

7. 铁扒(Qrill)

铁扒是一种以金属直接导热,不同其他介质而使原料成熟的烹制方法。这种烹调方法源于当初烹制这类菜肴的专用工具——铁扒,久而久之成了这种烹调方法的代名词。用于这种烹调方法的工具,有可以随意移动的铁扒,相对固定的扒炉和旧式炉灶的铸铁板几种。

8. 炭烧(Broil)

炭烧是将原料加工并腌渍成形后,放入以木炭为能源的敞开式火炉中,利用明火辐射热能直接把原料烤炙成熟的一种烹调方法。用这种方法烹制的主料都是动物性原料。

9. 煮(Boil)

煮是将原料放于多量汤汁或清水(要浸过被煮原料)中,用旺火烧沸,改中小火煮制,使原料成熟的一种烹调方法。

10. 汆(Pouch)

汆也叫水波或水卧,是一种沸水下料,快速成熟的烹制方法。这种方法与煮法十分近似,但汆比煮的时间要短。

(二)西式点心简介

西式糕点简称西点,西点是从外国传入我国的糕点的统称。西点具有西方民族风格和特色,如德式、法式、英式、俄式等。西点源于欧美地区,传到全世界后,因地域与民族的差异,其制作方法千变万化。除面包外,蛋糕是西点中最具有代表性的品种,混酥类、挞、派与清酥类糕点是主要的西式点心。此外,西点还包括干点(曲奇、瓦片)、茶点、甜点、冻、布丁、巧克力制品等。

西点用料十分讲究,不同的品种要求使用不同的原料、标准及比例,而且要求计量准确。面粉、鸡蛋、乳品、油脂、糖、水果等,是西点的常用原料,不仅口味独特,甜咸酥松,带有浓郁的奶油香或巧克力风味,而且还含有丰富的蛋白质、维生素等营养成分,这些都是人体必不可少的营养素,因此西点具有较高的营养价值。

西点工艺性强,每做一种西点都要求按照特定的工艺精工细作,使每一个产品都成为一种艺术品。西点形态多姿,色彩绚丽,装饰手法简洁明快,能表达很多美好情感。西点不仅具有食用价值,还具有观赏价值。

由于西点的脂肪、蛋白质含量较高,味道香甜而不腻口,且式样美观,因而近年来西点在我国的销售量逐年上升。

(1)蛋糕类　草莓蛋糕、咖啡蛋糕、芝士蛋糕、树根蛋糕等。

(2)面包类　法式包、热狗、牛角包、面包圈、土司等。

(3)泡芙　巧克力泡芙、布丁、沙律圈、曲奇士、水果奄列、小甜点等。

(4)饼类　百慕达夫、华夫饼、苹果派、椰子塔、乳酪饼等。

(三)菜肴烹制时间

烹调制作时间是指做好菜单上某一道菜、并将其装盘所需要的时间。菜肴的烹制时间取决于厨房的设备、厨师的工作效率、积压订单的多少和菜肴本身烹制方法所需花费的时间。掌握某种菜肴所需的烹制时间,可以帮助服务员在不同的情况下恰当地给客人推荐菜肴,例如对于赶时间的客人,你得为他推荐烹制时间短的菜肴等。对烹制时间的掌握要向厨师请教,平时注意观察和积累。

常规菜食的烹制时间如下:

鸡蛋:10 分钟。

鱼:(炸或烤)10～15 分钟。

牛排(一英寸厚):半生,10 分钟;适中的,15 分钟;熟透的,20 分钟。

羊排:20 分钟。

猪排:15～20 分钟。

野味:30～40 分钟。

炸鸡:10～20 分钟。

蛋奶酥:35 分钟。

(四)菜色的配料

无论是中餐还是西餐,许多菜都伴有一定的调味品、为色香味而配的汁料以及和主菜相配的配菜。根据约定俗成的步骤,服务员要知道哪些调料需在上菜前上台,哪些则应在上菜后服务,并做到调味品的盛器要干净。有时,常用的配料用品可以保存在餐厅的餐具柜里,如经常要用的色拉汁盛器等。

常用菜肴配料如下:

鱼菜配"V"形柠檬片。

鱼和海鲜类配鞑靼调味汁(汁中含有凿碎的熟蛋黄、碎酸菜、橄榄油、干葱粒等)。

汉堡包配番茄酱和泡菜。

牛排配牛肉酱汁。

热狗配芥末酱汁。

土豆薄煎饼配苹果酱。

薄煎饼配糖酱、蜂蜜。

色拉配调味汁(三种以上供选择)。

面包配黄油。

烤面包配黄油、果酱。

汤配苏打饼干。

龙虾配澄清的黄油。

主菜配欧芹以增加色彩。

咖啡配牛奶和糖。

茶配柠檬切片和糖。

烤鸭配薄饼、葱和甜酱。

煎炸的鸡鸭等配椒盐和番茄酱。

三、餐饮推销的方法

(一)根据不同消费对象进行推销

1.按顾客的就餐目的不同来推销

不同的就餐目的,对菜肴有着不同的选择,推销重点也存在着差异。

(1)便饭　来餐厅吃便饭的顾客有各种情况,有的是外地顾客,有的居住在附近的因某种情况而来餐厅用餐的客人。

这些消费者的需求特点是:品种不要太多,但要求经济实惠。因此,服务员应主动介绍中低档物美价廉,有汤有菜,制作时间短的菜肴。

(2)调剂口味　来餐厅调剂口味的顾客,大部分是慕名而来想品尝餐厅风味特色、名菜、名点或者专门是为某一道菜肴而来的。

菜品推销重点是:要着重介绍一些能反映特色的菜肴,数量上要少而精。

(3)宴请　这类宾客讲究一些排场,菜肴品种不仅要求丰盛,而且注重菜肴的精美,规格档次一定要高。

菜品推销重点是:中高档菜肴、造型精美,品种丰富的菜肴。

(4)聚餐　他们的就餐需求是:追求热闹,边吃边谈。

菜品推销重点是:一般菜肴,品种丰富而不多,精细而不贵,一定要突出菜肴品种的齐全。

2.根据不同地区顾客的饮食习惯进行推销

(1)港、澳和广东地区的客人,喜清淡,口味以生、脆、鲜、甜为主。

(2)京、津及河北、河南地区的人,口味浓郁,稍咸。

(3)江浙、上海等地区的客人,喜甜美,偏清淡,烤鸭、盐水鸭为南京人的佳肴。

(4)四川、湖南、湖北、贵州地区的人,喜欢带酸辣味的菜肴,品味偏重。

(5)华侨,喜家乡口味菜肴,要求新鲜蔬菜,轻油腻,避内脏,数量不要太多。

(6)日本国家的客人,一般喜欢清淡,不爱吃肥肉、猪内脏和羊肉,也有过端午节吃粽子的习惯。

(7)美国客人,以西餐为主,但也喜欢中餐,美国人的口味一般喜欢清淡、鲜嫩、爽口、微辣、少酸、咸中带甜。

(8)伊斯兰国家的客人,他们遵守教规,特别是穆斯林的斋日,自日出至日落前都得禁食,必须等日落之后才开始进食,不吃猪肉,也不用猪身上的东西做成的用品。

3.按顾客的特性来推销

(1)炫耀型　顾客的情感丰富,一般易感情用事,重友情,好面子,以炫耀富有和慷慨邀请朋友,有时一餐就用掉3个月工资,即便一个人也要点两三道菜。这类客人,不求快只求好,推销的重点是高档菜肴。

(2)茫然型　这种顾客多数是初次出门,还不习惯在外就餐,不知到哪个餐厅好,不知吃什么好,对就餐知识和经验比较缺乏,随便找个地方就吃一顿。因此对该类型客人应推销那些餐厅的招牌菜、厨师的拿手菜等有特色的菜肴,并且注意物美价廉。

(3)习惯型　这些顾客吃惯了食物并不一定有独特的风格,但由于长期食用,在决定就餐时就形成一种心理惯性。习惯型的顾客行为表现偏好一种小吃,喜好某一饭菜的风味或信奉某一餐厅,某一厨师的声誉。在为这类顾客服务时,应介绍一些新增的菜肴,如厨师当日的创新菜和特色菜、时令菜等,使他们在满足自己口味的前提下,能品尝到不同的菜肴,而不至于吃来吃去老一套,因缺乏新鲜感而更换餐厅。

4.按顾客的年龄进行推销

(1)老年顾客　饮食要求嫩、烂、酥、松,容易消化,多汁松软的菜肴,服务员要耐心,不急躁,向这类顾客推销一些滋补食品。

(2)青年顾客　饮食上要求香、脆、爽,菜肴丰富多样,服务要求迅速、及时,应针对性地介绍。

(3)少年儿童　饮食上要求新鲜、少骨无刺、造型美观的菜肴,还喜欢吃甜味菜肴,服务应主动关心。

5.针对不同职业客人进行推销

(1)工农顾客　讲究实惠,偏爱价廉,量大、味重且高热量能下饭的菜肴。

(2)知识分子、干部　喜欢菜肴精细、少油、清淡、应少而精。

(3)文艺界人士　菜肴鲜嫩,营养价值高,热量低。

(二)运用不同的推销方法进行推销

1.主动招呼

主动招呼对招徕顾客具有很大意义。比如有的顾客走进餐厅,环视一下餐厅四周就转身走了。这时,如果有服务员主动上前招呼"欢迎光临",同时引客入座,顾客即使对餐厅环境并不十分满意也可能不会离开。可见,主动招呼法对吸引顾客起很大的作用。

2.适时介绍

负责订菜的服务员要熟悉菜单上每一个菜品,熟悉各菜品的配料、烹调方法和味道。如果餐厅提供新产品,餐厅员工应尽可能亲自去尝一尝。在给客人呈上菜单后,服务员应稍后退几步,让客人选菜。看到如客人不熟悉异国菜或想了解菜品的特点时,要主动上前介绍菜品,并判断客人的特点,推荐一些相应的菜品和饮料。

3.增加销售与提高档次销售

一般餐饮企业有三种销售类型:

一是自动销售。顾客主动上门要求点菜,服务员被动地接受订菜,不通过介绍、推荐菜品影响顾客的选择，或通过服务增加销售机会。这种销售最容易，服务员对推销所做贡献最小。

二是提高档次销售。顾客对产品的选择不是完全理智的，往往经过服务员的推荐和介绍而改点高价位菜肴，这增加了餐厅的盈利。如果客人订低档菜或饮料，服务员可以推荐说："××菜是本餐厅特级厨师烹调的特色菜，您要不要换换口味？"这种推销能为餐厅增加收入。

三是制造性销售。顾客本来没想（或犹豫）购买时，如果服务员略加推销，顾客就购买了产品。这种推销需要推销技巧和努力，对餐厅做的贡献最大。在点菜时客人忘记或没有点酒水和甜点，服务员若不做任何推销，很多客人就不点了。

4. 在客人就餐时，服务员要注意观察客人有什么需要，要主动上前服务

有的客人用完一杯葡萄酒后，想再来一杯，他环顾四周，但服务员却没主动上前，客人怕麻烦就不要了，结果餐厅丧失了一次销售机会。所以，服务员要注意在客人的咖啡杯、酒杯等倒空了时，立即上前询问客人是否再来一杯。在宴会、团体用餐的服务过程中，餐厅要准备充足的酒水饮料，只要客人杯子一空，马上斟酒，往往在用餐过程中会有多次饮酒高潮。服务员若不注意斟酒，这一餐的酒水销售就会减少很多。

5. 广告推销法

广告推销法是指运用各种宣传媒介，如报刊、广播、电视等，把有关餐厅经营和服务信息有计划地传递给客户，间接的促进产品和服务销售的一种推销方法。广告推销法可以宣传餐厅设施及其产品和服务，刺激消费者需求，抵消、削弱其他竞争对手的广告影响，宣传餐厅经营新产品，促使消费者前往消费。

6. 实物推销法

实物推销法是借助各餐厅产品实物或图片、模型来刺激客户购买行为的一种推销方法。餐厅经营者通过有意识的设计各种刺激物或刺激方法来影响人的情绪，使之有利于向购买行为转化，从而达到推销产品和服务的目的。如在饭店餐厅门上或客人经过的地方，陈列餐厅经营产品和服务实物模型，张贴产品和服务的图片、招贴画、布告牌等，从视觉、听觉、嗅觉等方面对客人进行感官刺激，以激发消费者的消费欲望。

7. 餐厅现场烹制推销法

餐厅现场烹制推销就是将菜肴的烹制过程放在餐厅进行，或将菜肴的最后一个烹制环节放在餐厅进行，通过其烹制，让客人看到形、观到色、闻到香，从而使他们因消费获得更多的销售机会，如煎蛋、铁板烧、锅巴虾仁等。有些酒店的餐厅就采取了这种方式，厨师现场操作，餐厅气氛浓厚，生意红火，值得借鉴。

8. 试吃推销法

对于一些需特别推销的菜肴，如各种名点、名菜可以采用客人试吃的方法推销。服务员用餐车将菜点推到客人的桌边，让客人先品尝，如喜欢就现买，不合口味的再请点其他菜点。这既是一种良好的服务，又是一种很好的推销手段。

（三）利用不同时机进行销售

1. 客人请你代为点菜时

点菜前要通过听、看、问等方式了解客户的身份、口味以及消费水平。根据客户的具体情况，提供个性化的点菜服务，这样既能达到餐厅效益的要求，又能使客户满意。客人请你代为点菜时，服务员要充分认识到事情的重大，要对得起客人的信任，尽量达到客人的满意。如果是初次来就餐的顾客，服务员应推销那些物美价廉，且能代表餐厅水平和特色的东西。对常来

的熟客，要及时介绍新菜，并介绍不同的菜品及口味。对同一原料的菜肴向熟客介绍不同的做法，使熟客每次都有不同的新鲜感，从而达到客户的满意。对于摆阔的人，由于他们虚荣心强，愿意让被请的一方认可他的经济实力。在推销时，可向他们推销高级产品，既顾及他的面子又能为餐厅多增加些收入。

2. 宾客点的菜肴中出现原料、口味等重复时

服务员应对客人点的菜肴进行详细介绍，并建议他们做些调整。如在相似的两种菜肴中建议去掉价格低廉的菜肴，换上价格相近或稍贵的菜肴。

3. 宾客点菜时，及时向客人建议漏点的菜肴

例如客人点了热菜却没点凉菜，点了荤菜却没有点素菜，服务员应把握机会建议几种凉菜或素菜以供客人选择。

4. 宾客在进餐过程中，服务人员要根据宾客用餐情况主动询问，增加一些推销机会

客人菜肴已经吃完，但酒水还剩许多，服务员应主动询问客人是否再加些菜肴，以增加销售。还可以勤巡视、多观察，多给客人斟斟酒、倒倒茶等。这些做法都可以刺激客人的消费。

（四）常用的点菜推销法

服务员在接受客人点菜时应主动向客人提供多种建议，促使客人消费数量增多或消费价值更高的菜点、饮料，一般可采用以下办法：

1. 形象解剖法

服务员在客人点菜时，把优质菜肴的形象、特点，用描述性的语言加以具体化，使客人产生好感，从而引起食欲，达到推销的目的。

2. 解释技术法

即通过与消费者的友好辩论、解释，消除其对菜肴的疑义。

3. 提供两种可能法

针对有些客人求名贵或价廉的心理，为他们提供两种不同价格的菜点，供客人挑选，由此满足不同的需求。

4. 代客下决心法

当客人想点菜，但或多或少还有点犹豫，下不了决心，服务员可说：先生，这道菜我会关照师傅做得更好一点，保您满意等。

5. 利用客人之间矛盾法

如果来就餐的二位客人，其中一位想点这道菜，另一位却不想点，服务员就应利用想点的那位客人的意见，赞同他的观点，使另一位客人改变观点，达到使客人购买的目的。

【案例 6-2-1】澳大利亚有一家餐馆老板，挖空心思想出一招，顾客就餐后，吃得满意，可以多付款，吃得不满意，可以少付款。此招一出，许多顾客纷纷来餐馆就餐，并因把握不准“价格标准”而不好意思少付钱，餐馆每月获利竟比同行高出一倍多。据统计，约有90%的顾客超标准付款，7%的顾客按标准付款，而钻空子的仅占3%。这种出奇的经营方法，说明经营者有胆有识，勇于冒风险，并且善于研究消费心理，引导消费。好奇心驱使人们要来看个究竟，于是自然而然就迈入这家餐馆，使餐馆取得颇丰的经济效益。

【知识链接 6-2-1】

销售服务语言技巧

1. 多用选择疑问句，少用特殊疑问句

采用特殊疑问句有很大的风险，起码有50%的可能性遭到客人的否定。比如服务员问客人“要不要饭？”“还要不要菜？”“要不要来点白酒？”的语言就很糟糕。笔者曾亲耳听到过客人回答说：“我们不是逃难来的，我们不是来要饭的！”问客人要不要来点酒，也是非常糟糕的。只要一个客人说“今天不喝酒！”推销就会失败。

采用选择疑问句，效果可能大不一样。比如来了一桌客人，有先生、女士、小孩。可以首先从小孩的推销做起。“请问小朋友喝点雪碧还是可乐？”很可能在大人还没有准备的情况下，小朋友就会有所选择了。大人迁就孩子，小孩的饮品确定后，随即可转向女士，“请问夫人来一点红牛、白果粥还是酸奶？这些都是很时尚的营养饮品，都有较好的美容保健作用。”女士可能会高兴地选上其中一种。孩子、夫人都点了饮料，先生和他的朋友们的胆就壮了，于是又转向男士问道：“先生来点白酒还是啤酒？不过现在也时兴喝红酒。”酒的种类确定了，接着可以继续用选择疑问句确定具体的品牌。如此的推销术，成功机会能提高许多。

2. 语言的加法

即罗列菜肴的优点，例如：“这道菜不仅味道好，原料也十分新鲜，含有多种营养，还对虚火等症有辅助疗效！”

3. 语言的减法

即说明假如现在不吃这道菜会怎样。例如：“×××菜肴是我们的独家菜和招牌菜，只有我们才能做到这样正宗，您如果现在不尝尝，可能就很难品尝到这么正宗的美食了！”

4. 语言的除法

即将一份菜的价格分成若干份，使其看起来不贵。例如：“×××虽然要30元一份，但6个人平均下来不到5元钱，您只花5元钱就能品尝到正宗的×××”。

再例如，客人问：这份香辣蟹怎么这么贵？你可以这样说：“这是两斤重的海蟹啊，10个人吃，1个人才几块钱，不贵！”

5. 一卷芭蕉法

即先顺着宾客的意见，然后再转折阐述。例如：“这道菜确实比较名贵，但其原料在市场上的价格就不低，菜肴工艺也较为复杂，口味别具特色，您不妨一尝！”

6. 将顾客的单一追求引导到多元化的选择上去

有些客人点菜总是按照自己熟悉的、爱吃的点。其实他们对餐厅里有什么特色、有什么新菜并不了解。点了菜，服务员简单地说一句没有，他们会感到很失望，于是失去消费欲望。如果这时服务员抓住机会，向客人介绍与之所点菜品相关的其他菜品，将其单一的需求，引导到多元化的需求上去就会取得较好的效果。例如，一个客人点了一份八宝粥，虽然餐厅里已经没有了，服务员仍然说：“好的！不过今天八宝粥已经卖完了，现在还有黑米粥、玉米粥、皮蛋瘦肉粥等，都很有风味，换个口味好吗？”于是客人欣然点了玉米粥。

7. 借用他人之口法

你可以借用具有一定身份的消费者的话来证明和推销餐厅的菜品。例如你可以这样说：张局长最喜欢吃这个菜。他说这是他最近吃到的最好的菜。黄总每次都要点这个菜。著名美食评论家某某某说这道菜很精彩。这样就会增加可信度，把菜品推销出去。

8.赞语法

即采用称赞、赞美的方式来推荐、介绍某道菜肴。例如："这鲍鱼炒饭是我们这里招牌拿手之一，您不妨试试"。

9.利用顺口溜、打油诗或者典故对菜品作深入细致的介绍

例如，"巴国布衣"的招牌菜之一口水鸡，客人不明白问服务员"啥子味道"。服务员马上就说，这是最有川东特色的名菜，并用笔者编的一首顺口溜介绍："口水鸡呀口水鸡，阿妹做菜好手艺。麻辣酸甜又鲜香，川菜川妹一出戏。"客人高兴了可能马上点了这道菜。

推销语是一种艺术，运用得当可以很好地促进客人的消费，这需要餐厅服务人员长期学习，不断琢磨。推销语言是一门艺术，只要我们重视它，研究它，运用它，就一定能找到它的规律，更好地促进企业的经营。

四、餐饮推销工作中应注意的事项

1.注重礼仪

作为一位餐饮推销人员在推销产品和服务的同时，也应注意推销自己。餐厅员工必须注意个人形象的塑造，如良好仪态、仪表、仪容等。这依靠于服务人员拥有一定的礼仪素养。

2.尊重宾客的选择

餐厅一切活动都是围绕客人展开的，一切以满足客人需要为重。我们给客人推荐菜肴只是职责要求，只起参谋的作用，但最后的决定权是由客人决定的。为此，服务员要摆正位置，不要喧宾夺主，将意志强加于客人。

3.以诚相待，讲究信誉

服务员要努力当好客人参谋，就必须对客人一视同仁，以诚相待，做到童叟无欺、热情服务。员工要尊重客人意见，不包办，讲究诚信、讲究信誉，不欺瞒客人，从而达到客人的满意。

【他山之石 6-2-1】

成都美女点菜师热辣上岗

四川省10名点菜师获得中烹协颁发的首批"全国餐饮业点菜师"合格证。这10名上榜点菜师全部在成都，其中8名为女性。

收入——旺季最少能拿四千

点菜师控制成本的好坏直接影响到餐饮的销售利润，"对每道菜品原料的进价和成品的售价都了然于心，菜品价格上的每个小小的波动我们都要掌握，在为客人点菜的同时，我们也就计算出最低成本……从一个侧面说，一个好的点菜师也是一个好的会计师。"正因如此，点菜师在饭店中的地位日趋重要，收入也随之水涨船高。据业内人士透露，蓉城点菜师一般能拿到2 000元左右，在餐饮旺季，最少也能拿到4 000元。

对话——做梦都在背菜谱

想成为一名合格的点菜师并非易事。今年刚满22岁的点菜师王丹说，要成为一名称职的

点菜师并不容易，其中一项重要的“课后作业”就是强化记忆厚厚的菜谱。

几百个菜名都要记得滚瓜烂熟，这可不是一两天就能练成的，“在最初当点菜师时，我晚上做梦都是在背菜谱。”

不过，光背菜谱可不是一个合格的点菜师，比如一盘普通的回锅肉，对于点菜师来说，不但要搞清楚主料、辅料，甚至连调料用的豆瓣，都要说得出产地和特点。每当有新菜品问世，点菜师都要提前品尝，研究营养价值。眼睛要看、鼻子要闻、嘴巴要品，味道好在哪里，特色妙在何处，点菜师必须认真总结。一次两次不行，往往要四五次才能把“作业”完成。如果说背下菜谱、配上菜品、加入营养、留意口味是硬功的话，抓住顾客、估算成本、点出利润这些才是点菜师的“软功”所在。

背景——我国诞生首批职业点菜师

中国烹饪协会在对重要餐饮城市销售信息的采集过程中发现，为了方便家庭用餐，应付企业骤然增加的业务量，提高服务效率和服务质量，在四川、湖北等城市的餐饮企业中出现了点菜师这样的新型工作岗位。2004 年 7 月，由中国烹饪协会主办的全国餐饮业首期点菜师培训班已经结束，共有来自 25 个省市的多家业内知名企业派人参加培训，最后有 194 位学员获得“全国餐饮业点菜师”合格证书。这不仅是中国的首批职业点菜师，同时也标志着我国餐饮服务业细化时代的到来。

◈工作任务单 6-2

1. 简答题

(1)简述中菜的常用烹调方法。

(2)简述西菜菜肴烹制时间、菜色的配料有何讲究？

(3)简述餐饮推销的方法有哪些？

(4)简述餐饮推销工作中应注意的事项。

2. 技能训练

(1)练习推销点菜法。

(2)练习心理点菜法。

项目七　餐厅服务质量管理

学习目标

通过本项目的学习，使学生能够掌握餐厅服务质量的内容，并针对如何提高餐厅服务质量提出见解；了解实现餐饮服务质量管理控制的条件、方法手段及具体实施步骤；了解客人投诉的原因，掌握处理投诉的步骤，并能够灵活运用技巧妥善处理客人投诉。

任务一　餐厅服务质量认知

◈情景导入

爱德森夫妇是来广州旅游的瑞典游客，下榻在广州某饭店。一天，他们到饭店中餐厅用餐。点菜时，客人根据服务员小李的解释、推荐和自己的口味习惯等点了"拔丝香蕉"、"煎牛排"、"贵妃鸡翅"等菜肴。上菜时，小李用熟练的英语为他们重新介绍了"拔丝香蕉"的菜名、制作方法和食用方法，引起了两位客人的极大兴趣，并对中国烹饪赞不绝口。菜上完后，小李发现两位客人对"煎牛排"不是太感兴趣，经过仔细观察，小李主动上前，微笑地问明客人原因，发现客人对这道菜的制作方法不是很满意。小李在征得客人同意后，及时撤下这道菜，并与西餐厅厨房联系，根据客人的要求，对这道菜进行了重新加工。菜肴加工完毕后，又及时地为客人端上餐桌。客人品尝后，连连竖起大拇指，夸奖道："这里的服务是世界一流的！"

思考：要完成一次令顾客满意的服务，应注意服务过程中的哪些具体环节？为外宾提供餐饮服务时，应注意哪些事项？

◈任务分析

餐饮企业的经营活动虽然环节繁多，但从总体上讲，主要表现在两个方面：一是为顾客提供食品、饮料等有形产品；二是在提供上述有形产品的同时，为就餐顾客提供面对面的餐饮服务。前者是通过餐饮产品的外形、质量、装饰、声誉及其本身的食用价值来赢得顾客；后者则是通过餐饮服务员热情、周到的服务为顾客创造一种精神上的满足感。在餐饮市场上大多数有形产品同质趋势越来越明显的今天，提高餐饮服务质量，以服务取胜成为餐饮企业管理工作的中心。

◈任务要求

知识要求：

1. 了解餐厅服务的含义及特点；

2. 熟悉餐厅服务质量的含义；

3. 掌握餐厅服务质量的内容；

4. 理解餐厅服务质量的特点。

能力要求：能够找出提高餐厅服务质量的途径或办法。

素质要求：在学习中积极思考，勇于表达自己的观点与思想。

◆相关知识

一、餐厅服务质量概述

现代餐厅服务质量是建立在顾客满意的基础上的。它不仅代表着餐厅的经营水平，而且还反映餐厅的信誉和形象。因此，餐厅服务质量是餐厅经营管理的关键和中心。

具体而言，服务质量是指服务能满足服务需求的特性的总和。这里所指的"服务"包含由餐厅为顾客所提供的有形产品和无形产品。而"服务需求"是指被服务者——顾客的需求。餐厅顾客的需求既有物质方面的，也有精神方面的，具体反映在食品饮料的价格、质量、卫生和服务是否及时、周到、热情、礼貌等方面。

服务工作能否满足顾客的要求，很大程度上取决于进行服务工作的人的素质和能力的发挥，即由服务工作的质量所决定的。服务需求质量，即顾客的要求和服务工作质量，也就是为满足顾客需求而进行工作的水平或能力，两者紧密结合构成了"服务质量"的完整概念。

二、餐厅服务质量的内容

餐厅服务质量包含四个方面的内容，即餐厅的设施条件、服务水平、菜肴质量及餐饮价格。

（一）餐厅的设施条件

餐厅的设备设施需齐全、先进、方便、舒适，能够满足客人物质和精神享受的需要，这是提高餐厅服务质量的物质基础和硬件要求，也是其基础条件。

1. 容量

餐厅需配有各种类型的就餐房间，提供各种风味服务，以满足客人多类型、多层次的消费需求。同时要求餐厅空间宽敞，色调柔和，家具舒适，功能齐全。另外，餐厅温度分布要均匀，空气要清新。

2. 餐厅环境布局

设备配置要齐全、舒适、安全、方便，各种设备的摆放地点和通道尺度要适当，运用对称和自由、分散和集中、高低错落、对比和映衬以及借景、延伸、渗透等装饰布置手法，形成美好的空间构图形象。同时，要做好环境美化，主要包括装饰布局的色彩选择、运用，窗帘、天花板、墙壁的装饰，盆栽、盆景的选择和运用。

3. 照明

光线柔和，分布均匀。照明装置和控制器要符合国家质量要求，灯光亮度要能适应工作需要，适合客人阅读菜单。高档餐厅灯光照明度应可以调节。

4. 音响

音量要适中，曲目要合适。餐厅内噪声不应超过50分贝，最好控制在45分贝以内。

5. 家具

家具的选用应考虑客人舒适、服务方便、空间合理。餐厅家具摆放要合理，便于客人行走和服务员操作服务。家具选择和室内装饰要协调，桌椅必须牢固、光滑，式样、高度和色彩、质地必须协调一致，桌椅配套，同时应备有儿童座椅。

6. 餐具、用品

各种餐具要配套齐全，种类、规格、型号需统一，质地优良，与餐厅营业性质、等级规格和接待对象相适应，新配餐具和原配餐具规格、型号一致，无拼凑现象。餐巾、台布、香巾、牙签、开瓶器、打火机、火柴等各种服务用品配备齐全，酒精、固体燃料、鲜花、调味用品要能适应营业需要。筷子要清洁卫生，不能掉漆、变形，不能有明显磨损的痕迹。

(二)服务水平

服务水平主要体现在服务人员的仪容仪表、礼节礼貌、服务态度、服务技能、服务效率和清洁卫生等方面。

1. 仪容仪表

优秀的餐厅服务员，必须着装整洁规范、举止优雅大方且面带笑容。根据行业规定，餐厅服务员上班前必须洗头、吹风和剪指甲，保证无胡须，头发梳理整洁，不留长发；牙齿清洁，口腔清新；女性化淡妆，不戴饰物。同时，餐厅服务员还要注意自己的体态语言和形体动作，举止合乎规范。要时时、事事、处处表现出彬彬有礼、和蔼可亲和友善好客的态度，为顾客创造一种宾至如归的亲切感。

2. 礼节礼貌

餐厅服务中的礼节礼貌，是通过服务人员的语言、行动或仪表来表示对顾客的尊重、欢迎和感谢的。礼节礼貌还可用来表达谦逊、和气与崇敬的态度和意愿。对顾客的礼节礼貌主要表现在语言和行为上。语言，特别是服务用语，标志着一个餐厅的服务水平。掌握服务用语是提供优质服务不可缺少的媒介。服务动作快速敏捷、准确无误，举手投足、训练有素也是对顾客的敬重和有礼貌的具体体现。餐饮服务员要将对客人的礼貌服务贯穿在服务过程的始终。

3. 清洁卫生

餐厅的清洁卫生工作也是服务质量的重要内容，必须认真对待，餐厅卫生水平同时也体现了餐厅的管理水平。

要做好清洁卫生工作，首先必须制定严格的清洁卫生标准，这些清洁卫生标准应包括以下内容：

(1)厨房作业流程的卫生标准。

(2)餐厅及整个就餐环境的卫生标准。

(3)各个工作岗位的卫生标准。

(4)餐饮服务员的个人卫生标准。

上述卫生标准中，餐厅及整个就餐环境的卫生标准是最复杂的，也是最不容易坚持的工作。餐厅、厨房及环境的卫生标准应落实到餐厅和厨房的下列部位，即标志、门窗、窗帘、天花板、墙壁、柱子、楼梯、灯具、地毯、地面、地板、护墙板、花木、家具、艺术装饰品、餐厅设备、厨房设备、餐厅厨房的通道、空调通风口及周围的环境。

要制定明确的清洁卫生规程和检查保证制度。清洁卫生规程要具体地规定设施、用品、服务人员、膳食饮料等在整个生产、服务操作程序各个环节上的清洁卫生标准以及为达到这些标准而应采取的方法及时间限制。

在检查清洁卫生方面，要坚持经常性检查和突击性检查相结合的原则，做到清洁卫生工作制度化、标准化与经常化。

4.服务技能

餐厅服务员的服务技能和服务技巧是服务水平的基本保证和重要标志。如果服务员没有过硬的基本功、服务技能水平不高，那么即使服务态度再好、微笑再甜美，顾客也只好礼貌地加以拒绝，因为顾客对这种没有服务质量和实际内容的服务是根本不需要的。服务技能的掌握是一个由简单到复杂，经过长期磨炼、逐步完善的过程。

5.服务效率

服务效率是服务工作的时间概念，是餐厅服务员为顾客提供某种服务的时限。它不但反映了服务水平，而且反映了管理水平和服务员的素质。服务效率是服务技能的体现和必然结果。

消费心理的统计表明，对就餐顾客来说，等候是最头痛的事情。等候会抵消餐厅在其他服务方面所做出的努力，较长时间的等候，甚至会使餐厅前功尽弃。因此，在服务中一定要讲究效率，尽量缩短就餐顾客的等候时间。缩短顾客的就餐等候时间还可以有效地提高餐厅的翻台率，进而增加餐厅的收入。

餐厅有必要对菜肴的烹饪时间、规程，翻台作业时间，顾客候餐时间做出明确的规定并将其纳入服务规程之中，在全体服务员都达到时限标准后，再制定新的、先进合理的时限要求来确定新的效率标准。餐厅应把尽量减少甚至消除顾客的等候现象作为服务质量的一个目标来实现。

(三)菜肴质量

(1)合理安排菜肴品种，能适合客人多类型、多层次的消费需求。

(2)根据餐厅的营业性质、档次高低、接待对象的消费需求，选择产品风味和花色品种。花色品种应与厨房烹调技术、原料供应、生产能力相适应。

(3)通常情况下，零点餐厅花色品种应不少于50种，自助餐厅应不少于30种。咖啡厅应不少于35种，套餐服务应不少于5～10种。

(4)产品类型多样，冷菜、热菜、面点、汤类、甜食齐全，各产品结构高中低档应做到比例合理，餐厅产品数量要能适应多方面的消费需求。

(四)餐厅价格

价格合理包括两个方面含义：一定的产品和服务，按市场价值规律制定相应的价格；客人有一定数量的花费，就应该享受与其相称的一定数量和质量的产品或服务。如果使客人感到“物有所值”，经营的经济效益和社会效益都能实现。制定合理的价格时需要考虑如下因素：

(1)餐厅各种类型的产品毛利有明显的区别，产品的价格要充分体现质价相符的原则，能够调节市场供求关系。

(2)产品定价以毛利为基础。

(3)中西餐、食品、饮料等分类测算毛利率。

(4)服务等级与服务价格相吻合。

(5)顾客的接受和反应程度。

三、餐饮服务质量的特点

1. 标准化

标准化生产是当今许多产业所要求的，它对于降低生产成本，提高生产效率和产品质量具有十分重要的意义。餐厅服务过程的程序性使服务的标准化变得十分有必要，同时也给它的实施提供了便利。

2. 规范化

有了标准化的程序，就需要员工在服务过程中遵循服务操作流程进行有效的、可量化的服务。这是实现全面质量管理的关键。例如，企业可以通过制定服务规范手册来实现，还可以制作 VCD 进行培训。

3. 个性化

生产的标准化并不意味着每一个服务环节都必须一模一样，毫无差别，特别是对于服务产品来说，人们的需求千差万别，必须根据不同的顾客，在不同的时间、不同的场合，提供不同的服务。只有这样，顾客才能感受到我们提供的是有别于我们竞争对手的具有优势的产品。

4. 现代化

对于餐厅服务的过程管理来说，最现实的就是"与时俱进"，积极吸收先进的管理理念、优秀的管理思想，充分利用现代高科技辅助手段进行管理，以实现生产效率和产品质量的提高，最终为企业利润的最大化服务。

5. 创造性

这要求企业建立学习型组织。在餐厅服务过程中，企业、员工应积极学习，不断思考，努力创新，不断改进现有的服务，为顾客提供更加优质体贴的服务。如全聚德总结并推广的和平店的"十个一"工作法，即"服务员围着顾客转，厨师围着服务转，后勤围着一线转"和"说好第一句话，倒好第一杯茶，上好第一条热毛巾，倒好第一杯酒，布好第一道菜，卷好第一只烤鸭，坚持好一个姿势，用好一只托盘，备好一辆撤台车，送走最后一位客人"。

◈工作任务单 7-1

1. 简答题

(1)餐厅服务质量包含哪些内容？

(2)餐厅服务质量的特点是什么？

2. 讨论题

假如你是某酒店的餐厅经理，谈谈你在工作中如何提高餐厅服务质量。

3. 技能训练

分组选择不同餐厅，对其服务质量进行考察，比较不同餐厅的服务质量的差异并分析其原因。

任务二　餐厅服务质量管理控制

◈情景导入

一天晚上，王先生陪着一位美国外宾来到上海某高级饭店的粤菜餐厅用晚餐。点菜后，一位服务员热情地为两位客人服务起来。她先为两位铺好餐巾，摆上碗碟、酒杯、餐具和餐前小菜，为外宾摆上刀叉，为两位客人斟满茶水、递上热毛巾，又为他们倒上啤酒、上汤、上饭。当一大盆“粟米羹”端上来以后，她先为客人报了汤名，接着便为他们盛汤，盛了一碗又一碗。一开始，外宾以为这是吃中餐的规矩，但当王先生告诉他用餐随客人自愿后，就在服务员要为他盛第3碗汤时谢绝了。服务员在服务期间满脸微笑，手疾眼快，一刻也不闲着；上菜后立即报菜名，见客人杯子空了马上添茶、斟酒，见菜碟里菜没有了立刻布菜，见骨刺皮壳多了随即更换骨碟……她站在两位客人旁边忙上忙下，并不时用英语礼貌地询问客人还有何需要，反倒搞得两位客人拘谨狼狈起来……

思考：如何把握“热情服务”与“无干扰服务”的尺度？如何评价服务人员的服务态度与服务质量？在一般情况下，如何为客人提供优质服务？

◈任务分析

通常意义上的餐厅质量包括有形产品质量和无形产品质量两个部分。其中，餐厅服务是客人能够直接感知的无形产品，因此，做好餐饮服务质量的控制和管理是提高餐厅质量的重要一环，也是在餐厅有形产品高度同质化的今天赢得顾客、提高顾客满意度的重要手段。目前，餐厅服务工作在追求标准化和个性化两大目标的同时，仍旧存在一些有待解决的问题。但只要确定了餐厅所要达到的质量水平，并制定出相应的控制方法，就能达到最终的管理目的。

◈任务要求

知识要求：

1.了解餐厅服务质量控制所需要的条件；

2.熟悉餐厅服务质量控制的三种手段；

3.掌握餐厅服务质量控制的实施步骤。

能力要求：

1.理解预先控制，现场控制，反馈控制；

2.理解餐饮服务质量控制的实施步骤，并对某一实施步骤有自己的想法或见解。

素质要求：能主动学习，在完成任务过程中发现问题、分析问题和解决问题。

◈相关知识

一、餐厅服务质量控制所需要的条件

要实现餐厅服务质量控制和监督，必须具备以下三个基本条件。

（一）制订明确的服务规程和严格的管理制度

1.服务规程

制定服务规程时，首先要确定服务的环节程序，再确定每个环节统一的动作、语言、时间、用具，包括对意外事件、临时要求的化解方法。

2.管理制度

一种是直接为宾客服务的各项规章制度，如餐饮产品质检制度、餐具补充与更新制度等；

另一种是间接为宾客服务的各项规章制度，如餐饮工作记录制度、交接班制度、考勤制度、客史档案制度等。

（二）建立质量信息反馈系统

餐厅企业的信息反馈系统由内部系统和外部系统构成。内部系统的信息来自于餐厅内部，即来自于服务员、厨师和管理人员等；而外部系统的信息来自宾客。通过这个系统，一方面可以及时了解宾客的个性需求，作为提供个性化服务的依据，同时了解宾客对餐厅服务是否满意，有何意见或建议等，从而采取改进和提高服务质量的措施。另一方面还可以了解员工满意度、思想动态、征集金点子计划等。

（三）抓好全员培训

企业之间的竞争归根到底主要是人才的竞争、员工素质的竞争。员工素质的高低对服务质量影响很大，只有经过良好训练的员工才能为宾客提供优质服务。因此，新员工上岗前必须进行严格的基本功训练、职业意识和相关知识等培训。在职员工也必须利用服务淡季或空闲时间进行再培训，以进一步提高综合素质和业务水平，使企业更具竞争优势。对员工培训的主要内容包括：上岗前教育，服务技能培训，质量意识教育，质量标准教育，质量方法教育，投诉处理教育等。

二、餐厅服务质量控制手段

根据现代全面质量管理的基本原理，结合餐厅服务的 3 个阶段（准备阶段、执行阶段和结果阶段），餐厅服务质量控制可相应地分为预先控制、现场控制和反馈控制。

（一）餐厅服务质量的预先控制

所谓预先控制，就是为使服务结果达到预定的目标，在开餐前所做的一切管理上的努力。预先控制的目的是防止开餐服务中所使用的各种资源在质和量上产生偏差。

1.人力资源的预先控制

餐厅应根据自己的特点，灵活安排人员班次，以保证人力资源的充足和有效利用。那种“闲时无事干，忙时疲劳战”，或餐厅中顾客多而服务员少、顾客少而服务员多的现象，都是人力资源使用不当的结果。要进行有效的人员配备，首先需要对餐厅的用餐高峰进行预测和评估，如预测一周中每天的用餐顾客人数，同时进一步预测每天的用餐高峰时段，根据这些数据，灵活地安排临时工或小时工，可有效缓解餐厅营业高峰期人手紧张的问题。

在开餐前，可通过工作例会的形式对员工的仪容仪表做一次检查。开餐前 10 分钟，所有员工必须进入指定的岗位，姿势端正地站在最有利于服务的位置上。女服务员双手自然叠放于腹前或自然下垂于身体两侧，男服务员双手背后或贴近裤缝线。全体服务员应面向餐厅人口，等候客人的到来，给客人留下良好的第一印象。

2.物资用品的预先控制

开餐前必须按规格摆好餐台，准备好餐车、托盘、菜单、点菜单、订单、开瓶工具及工作台小物件等。另外，还必须备足相当数量的翻台用品，如桌布、口布、餐巾纸、餐具等。餐厅主管需到现场进行检查，对于摆台不规范、餐具破损、污染等问题要及时提出并采取纠正措施，特别是破损和受污染的餐具，在顾客到来之前必须及时撤换，以防止对顾客造成伤害而导致严重投诉。

3. 卫生质量的预先控制

卫生质量控制是餐饮服务质量控制的重要一环。目前,顾客关于餐饮企业卫生质量方面的投诉占了总投诉量的很大一部分,因此,进行卫生质量的预先控制尤为重要。首先,在餐具和其他设备清洗和消毒过程中,要严格按照有关规程操作。对消毒后的餐具应正确摆放、使用。尤其要注意防止服务人员习惯性地用抹布对尚待干燥的餐具进行擦拭,造成餐具的二次污染。此外,在开餐前半小时,餐厅主管需对餐厅卫生从墙、天花板、灯具、通风口、地毯到餐具、转台、台布、餐椅等做最后一遍检查,一旦发现不符合要求的,要迅速安排返工。

4. 事故的预先控制

餐厅主管在开餐前的巡视工作中,除了检查各项物资配备和环境卫生外,还要注意餐厅中、餐厅与厨房之间的通道是否顺畅,地面是否有油污或水渍,对于不能及时清除的路面障碍或潜在危险因素,应要求服务员在工作时提醒顾客注意,防止出现顾客滑倒、踩踏等事件。必须与厨师长联系,核对前后台所接到的客情预报或宴会指令单是否一致,以避免因信息传递失误而引起事故。另外,还要了解当天的菜肴供应情况,如个别菜肴缺货,应让全体服务员知道。这样,一旦客人点到该菜,服务员就可以及时向客人道歉,避免事后引起客人的不满。

(二)餐厅服务质量的现场控制

所谓现场控制,是指现场监督正在进行的餐厅服务,使其规范化、程序化,并迅速妥善地处理意外事件。餐厅服务质量的现场控制是餐厅服务的主要职责之一。餐厅经理也应将现场控制作为管理工作的重要内容。

1. 服务程序的现场控制

开餐期间,餐厅主管应始终站在第一线,亲身观察、判断、监督与指挥服务员按标准服务程序服务,发现偏差,及时纠正。同时,各位餐厅主管之间应有较明确的职责分工,分别对传菜、楼面和酒水等服务岗位进行具体的监管,从而保证现场控制的全面性。在营业的顶峰期,如果出现人手不够的问题,主管应及时查缺补漏,在监管的同时,灵活机动地参与到服务工作中去,不能只说不做,造成甚至激化服务人员的逆反情绪,影响其为顾客提供服务的质量。

2. 上菜时机的控制

上菜时机要根据顾客用餐的速度、菜肴的烹制时间等因素决定,做到恰到好处,既不要让顾客等太久,也不应将所有的菜肴一下全部都上去。餐厅主管应时常注意并提醒服务人员掌握好上菜时间,尤其是大型宴会,上菜的时机应由餐厅主管和餐厅经理掌握。

3. 意外事件的控制

餐厅服务是面对面的直接服务,容易引起客人的投诉。一旦引起投诉,主管一定要迅速采取弥补措施,以防事态扩大,影响其他顾客的用餐情绪。如果是由服务态度引起的投诉,主管除向顾客道歉外,还应替顾客换一道菜。发现有醉酒或将要醉酒的客人,应告诫服务员停止添加酒精性饮料。对已醉酒的客人,要设法不激化其情绪,并尽量让其早点离开,以保护餐厅气氛。

(三)餐厅服务质量的反馈控制

所谓反馈控制,就是通过质量信息的反馈,找出服务工作在准备阶段和执行阶段的不足,采取措施加强预先控制和现场控制,提高服务质量,使顾客更加满意。

因此,每餐结束后,应召开简短的总结会,以不断改进服务质量。同时为了及时得到顾客的意见，餐桌上可放置顾客意见表，在顾客用餐后，也可主动征求客人意见。顾客通过大堂、旅行社等反馈回来的投诉属于强反馈，应予以高度重视，保证以后不再发生类似的质量偏差。只有建立和健全内、外信息反馈系统，餐厅服务质量才能不断提高，更好地满足顾客的需求。

三、餐厅服务质量管理控制的实施

餐厅服务质量控制的实施可以分为以下几个步骤进行。

1.了解顾客的期望

一般而言，顾客对餐厅服务的期望主要由顾客个人的需要、顾客过去的经历和餐饮企业的外在口碑等三个方面因素决定。餐饮企业在圈定自己的目标市场时，就已将自己目标顾客市场的需求与其他目标市场进行了区分。进一步分析目标顾客市场的具体需求对了解顾客对餐饮企业的服务期望至关重要。餐饮企业可通过前期市场调查，建立良好的顾客反馈信息系统等方法，获取较为直观的第一手资料，并从质与量两个方面分析、研究满足顾客需求中“满足”两字的根本含义，掌握顾客的消费模式，即了解顾客如何评价餐饮产品的适宜程度，进而确定目标顾客的具体需求及其对餐厅服务的期望值。

2.确立餐厅服务质量水平

在了解顾客服务期望的基础上，餐饮企业可以相应设立餐饮服务内容，制定标准规格，进行人员和设施设备的配备，从而组成相应的服务提供系统。

一般来说，餐厅确立服务水平包括以下内容：

(1)按照餐饮管理者对顾客需求的认识提出服务质量水平目标。

(2)制定各项服务质量标准和操作规程，使服务提供系统在实际运转中达到预期的水平目标。

(3)根据自己的服务内容和特色，通过广告宣传和各种媒介途径使顾客适应现有水平。

(4)通过顾客消费信息的反馈，不断修正服务水平目标和改善服务提供系统，使服务水平达到完全适合顾客需求与满意的程度。

(5)制定餐厅服务质量标准。餐厅服务质量的标准就是服务规程，即餐厅服务应达到的规格、程序和标准。为了提高和保证服务质量，餐厅管理者应把服务规程视作工作人员应该遵守的准则，视作内部服务工作质量的法规。

制定服务质量标准时，首先确定服务的环节程序，再确定每个环节服务人员的动作、语言、姿态、时间要求、用具、手续、意外处理、临时要求等。每套程序在首尾处要有和上套服务过程以及下套服务过程相联系、衔接的规定。

3.加强餐厅服务质量的监督检查

加强餐厅服务质量的监督检查必须落到实处，在合理的组织基础上进行有效的控制。应建立上对下的工作指令系统和下对上的逐级反馈系统，将部门所制定的具体质量目标分解到班组和个人，由质量管理办公室或部门质量管理员协助部门经理负责对餐饮服务质量实施监督检查。

4.重视餐厅服务人员的培训

餐饮企业之间服务质量的竞争主要是人才的竞争、员工素质的竞争。没有经过良好训练的员工不可能提供高质量的服务。但目前，餐饮行业员工流动率过大也是不争的事实。除了餐饮行业属劳动密集型行业、全行业薪酬水平过低等因素外，缺乏人力资源规划管理也是重要因素。许多员工看不到自己的职业前景,带着不满甚至抱怨的情绪为顾客提供服务,其服务质量水平可想而知。因此,除了对服务员进行严格的岗前基本功训练和全面的业务知识与技能培训外,还应充分利用淡季和空闲时间进行继续培训,以使其业务水平和职业素质得到不断提高。同时,注意采取适当的奖励、晋升甚至参与股份等激励措施,从物质和精神两个方面奖励优秀的员工,提高员工满意度,再通过员工积极地将对工作的满意转化为更好地为顾客服务,进而保证餐厅服务质量水平的稳定提高。

◈工作任务单 7-2

1.名词解释

(1)预先控制;(2)现场控制;(3)反馈控制。

2.讨论题

(1)如何理解提高服务质量是餐厅竞争的需要?

(2)实现餐厅服务质量控制和监督所具备的三个基本条件是什么?

(3)餐厅服务质量进行控制和监督的手段有哪些?

(4)如何实施餐厅服务质量控制?

3.技能训练

(1)调动学生的积极性,利用课余时间到图书馆查阅有关餐饮产品质量指标,并到市卫生局、工商局等单位了解哪些方面出问题较多。

(2)在餐厅附近进行问卷调查,了解消费者最关注的餐饮环节。

(3)选择一家经营不太景气的餐厅进行分组考察,找出其在质量管理方面存在的问题,并设计出解决办法。

任务三　宾客投诉的处理

◈情景导入

某酒店餐厅晚餐时间,常来用餐的李先生与女友一起来到餐厅。他们径直穿过餐厅过道,来到非吸烟区,在平常坐惯了的餐台前坐下来。服务员见了忙走过来,上茶、递菜单、点菜,一切都在有条不紊的进行之中。突然,李先生愤然地对他身边的服务员说:“这里是非吸烟区,为什么有人吸烟?你们连这点儿小事都管不好,还算什么五星级酒店!去,把你们经理叫来!”这突如其来的非难使服务员吃惊不小。据服务员说,李先生平常不是这样的,而且前天他还跟他的几位朋友一起来这儿吃饭,当时坐他身边的那位朋友就在吞云吐雾,他还乐呵呵的。

思考:如果你是这位服务员,该如何处理客人的投诉?

◈任务分析

餐厅的投诉是指餐饮消费者将主观上认为由于餐厅工作上的差错而引起的麻烦和利益损失,向相关部门作出的强烈反映。不管餐厅的档次有多高,都不可避免地受到客人的投诉。对待投诉,我们必须有正确地认识,对其持欢迎的态度。我们必须坚信:投诉的客人是对餐厅抱有好感的客人。我们应该庆幸:客人肯给我们弥补、改正的机会。事实上,餐厅处理得当时,有很多投诉的客人会再次光临的。而那些没有投诉的客人,很少会再次光顾。

◈任务要求

知识要求:

1. 了解客人产生投诉的原因;
2. 掌握处理投诉的步骤;
3. 掌握处理客人投诉的技巧。

能力要求:能够根据具体情况,分析并妥善处理客人的投诉。

素质要求:培养善于发现问题,积极思考解决问题的素质。

◈相关知识

一、产生投诉的原因

投诉从字面上可以理解为抱怨、批评,对餐厅服务工作而言,就是客人对餐厅提供的菜肴、服务、价格、就餐环境等,表示不满而提出的批评意见。由于餐厅是一个复杂的运作系统,客人对服务的需求又是多种多样的。因此,无论一个餐厅经营得多么出色,都不可能让百分之百的客人满意,客人的投诉是不可能完全避免的。餐厅投诉管理的目的和宗旨在于减少客人的投诉,消除客人投诉的根源,把客人投诉造成的危害减少到最低程度,最终使客人对投诉的处理感到满意。

我们将客人对餐厅的不满意进行汇总,不难发现相当部分的投诉是可以解决的。有些是由于餐厅本身的硬件所引起的,有些则是由于服务人员的素质引起的,引起客人投诉主要的因素有以下几个。

(一)餐厅方面原因

1.菜品质量

此类投诉主要由于所点菜品未能满足客人要求而引起的。例如,菜品的味道偏咸、偏淡,菜品制作过程中不熟、过熟,烹调不当等。

2.服务质量

此类投诉主要是由于服务人员服务态度不好、服务程序不对、对客人不尊重或仪容仪表不整洁等引起的。例如,在工作期间,员工在工作区域聊天,客人多次招呼没反应或上菜时手指碰到汤汁等。

3.误会

此类投诉主要由于服务员未能及时向客人说明相关细则而引起的。例如,某一菜品的价格是按照一例份计算,餐厅只为会员提供9折优惠等。

4.就餐环境

此类投诉由于餐厅的就餐环境、就餐场所、设备设施未能满足客人的要求而引起的。例如,空调过冷或过暖,地面湿滑,卫生间有异味,桌椅、餐具损害等。

5.管理不善

此类投诉由于餐厅管理不善、制度不严密、部门间沟通不及时等引起的。例如,客人在餐厅就餐丢失钱包或物品等。

(二)客人方面原因

1. 理智型投诉

理智型客人在餐厅就餐过程中,如果遇到不热情的服务、较为粗鲁的言行以后,会产生一种不满的情绪,但不会动情,更不会发怒,此时的情绪显得比较压抑。他们力求以理解的态度、平和的语气和准确清晰的表达,向受理投诉者陈述事情的经过以及自己的看法和要求。理智型客人很容易打交道,出现问题,只要餐厅服务人员或管理者对他们表示同情,立即采取必要的改进措施,他们会发出感谢之语。

2. 发泄型投诉

发泄型客人是在情绪比较激动或情绪不佳寻求发泄时提出投诉,言辞会比较极端,若处理不当,会产生连锁反应,甚至会影响餐厅形象。所以,针对此类客人的特点,应该给予他们足够的重视,并能让他们得以充分发泄,走出情绪的干扰。

3. 补偿型投诉

当客人觉得自己在餐厅中享受到的服务与自己付出的"物不所值",客人会觉得自己的利益受到了损害,就会提出要求补偿,但是其注意力并不集中在餐厅的解释和辩解上,而是需要饭店提供实质性的补偿。所以,对此类客人应该对症下药,对他们的需求要予以重视。

二、对客人投诉的认识与处理的原则

餐厅员工应以平和的态度来对待投诉。一般来说,在处理客人投诉时应遵循以下原则:

1. 态度友好,本着为客人服务的原则,真诚地为客人解决问题

遇到客人投诉,服务员应认识到自己的工作和服务存在着一定的问题。员工应理解客人的反映,尽心尽力的帮助客人。只有这样,才能赢得客人,为餐厅树立形象。

2. 克制、有耐心,不与客人争辩

客人一般是遇到了麻烦、不顺之后才来投诉的,难免会表现在言语之中。如果客人情绪很激动,员工一定要努力克制自己,设法平息客人的怒气,必要时将管理人员请出来接待客人,解决问题。

3. 慎重考虑折扣和赔偿,维护餐厅利益

餐厅在处理客人投诉时,一方面要注意客人的情绪,帮助客人解决问题;另一方面也要注意维护餐厅利益,要懂得解决问题的技巧。比如,在解决客人投诉时不要随意贬低员工,这种做法虽然解决了客人投诉,但却损害了餐厅的利益,是不可取的。此外简单的退款、减少收费也不是有效办法。餐厅可以通过面对面的额外服务以及对客人的关心、照顾来解决。

三、宾客投诉的程序

1. 认真而关切地听宾客诉说

投诉处理应由专人负责。为了不影响其他客人,应礼貌地请客人到办公室或偏僻避人的地方交流,等客人坐下后,主动沏上茶水。客人诉说时,对于重要的内容要进行纪录,这种私下交谈容易使客人平静。

处理投诉的人员还可以通过提问的方式来弄清问题,集中注意力听取客人的意见能节约对话的时间。

2. 保持冷静

在投诉时，客人总是有理的，不要反驳客人的意见，特别是在客人情绪很激动的情况下。要认真听，时刻保持头脑的冷静，不要与客人争辩，不要轻易地许诺。

3. 表示同情

应设身处地的考虑分析问题，对客人的感受要表示理解与同情，用适当的语言给客人以安慰，如“非常谢谢您告诉我这件事”、“对于发生这类事件，我感到很遗憾”、“我完全理解您的心情”等。对客人表示同情，能很好地平息客人的怨气，使客人更趋于理智。

4. 给予关心

不应该对客人的投诉采取“大事化小，小事化了”的态度，应该用“这件事情发生在您身上，我感到十分抱歉”诸如此类的语言来表示对投诉客人的关心。在与客人交谈的过程中，注意用姓名来称呼客人。一定要让客人感觉到：你始终站在他的立场上，是一定会为他考虑的。

5. 不转移目标

把注意力集中在客人提出的问题上，不随便引申，不推卸责任，绝不能怪罪客人。

6. 记录要点

把客人投诉的要点记录下来，这样不但可以使客人讲话的速度放慢，缓和客人的情绪，还可以使客人确信餐厅对他反映的问题是重视的。此外，记录的资料可以作为解决问题的根据。

7. 把将要采取的措施告诉客人并征得客人的同意

如有可能，要请客人选择解决问题的方案或补救措施。绝对不能对客人表示由于权力有限，无能为力。同时，处理投诉时千万不要向客人作不切实际的许诺。

8. 告诉客人解决问题所需要的时间

要充分估计解决问题所需要的时间。最好能告诉客人具体的时间，不含糊其辞，切忌低估解决问题的时间。

9. 监督解决问题的进程

听完投诉后，立即着手调查此事。问题解决后，应与客人联系，主动询问客人对解决的方法是否满意，以此让客人知道餐厅对此事的重视，让客人对餐厅抱有好感。也可对投诉的客人作一些经济或精神方面的补偿。

10. 加强效果

对于事件处理的结果，相关人员要及时了解客人是否满意。写出报告，将事件经过及事件结果写出。投诉圆满解决后，为避免类似情况的发生，将其材料进行整理并存档，同时在客人的客史档案上做好记录，从而提高餐厅的服务水平。

【知识链接 7-3-1】

对客人投诉我们应有的态度

“不识庐山真面目，只缘身在此山中”，我们往往对自身的缺陷浑然不知，而客人却是酒店服务最好的评判师。客人的意见比一些酒店所属管理公司的质量检查或专人私访能更真实地反映出一家酒店服务质量的状况。故此，对待客人投诉的态度也是衡量一家酒店管理层管理水平高低的试金石。对客人投诉应有的态度，要在酒店全体员工中达成共识。

1. 宁信勿疑

顾客一般不会无事生非，顾客一般不会自寻烦恼，顾客不会花钱买难受，所以对于顾客的投诉，管理人员和部门应“信”，不要“疑”。

2. 宁高勿低

遇客投诉，部门管理人员对自己或员工的要求不能从低处、小处着眼，应有运用较高的标准和较高的要求评判，才能从大局、长远、整体方面考虑解决问题，通过顾客的投诉改进我们的服务工作。

3. 宁严勿宽

对于客人的投诉，如经查实属于酒店或员工的过失，处理时应严格按章扣罚，否则无法避免同一错误再次出现。如果一味姑息，则可能形成惯例而无法保证原有规章制度的执行。

四、投诉处理技巧

恰当的交流和沟通是处理投诉的润滑剂，掌握交流和沟通的技巧，可以让大事化小，小事化了。技巧掌握不当，也许会弄巧成拙。投诉处理中，交流与沟通的技巧如下：

1. 微笑地倾听

微笑是餐厅服务的职业要求，微笑能表达真诚的欢迎，能传递友好之情。解决投诉时，微笑并倾听能缓解客人的情绪，能给客人以亲和的感觉。但是微笑倾听也要分场合，把握客人的情绪。比如客人在向你诉苦时，微笑也许会被误解为嘲笑、不认真、不重视。所以，倾听是必须的，而微笑是要因人、因事而异的。

2. 得理也要让人

虽然有时犯错的是客人，但在解决投诉时，得理也要让人，要给客人一个台阶下，维护客人的面子和自尊心，这样做，“上帝”心理舒服了，满意了，才能成为忠诚的客人。

3. 让客人感到是为他着想

急客人所急，想客人所想。为客人“出谋划策”，让客人知道你是站在他的角度，为他着想。这样一来，你的建议和意见客人都愿意接受了，也许在这个过程中，投诉也就渐渐地被化解了。

4. 说话方式婉转而有理

在处理投诉时，工作人员应做到不卑不亢，处理态度要坚决，提出的解决方案要能让客人接受，说话语气要委婉、得体，要以理服人。

5. 巧妙转移注意力

客人虽在该餐厅提出了投诉，但他能选择到这个餐厅来消费，就说明餐厅还是有吸引他的地方。如果现在发生了不愉快引起了客人的投诉，解决问题的时候，要引导客人回想本餐厅的好处，巧妙转移其注意力，把一些客人承认的亮点放大、强化，从而弱化投诉的问题，使之产生谅解和包容之心，减轻或消除怨气，这样更有利于投诉问题的解决。

6. 不断跟进，负责到底

这一点非常重要，如果客人投诉以后，问题迟迟得不到答复和解决，客人会再次感到不满，认为自己被敷衍、被随便打发了，心理会感到更加的委屈和不平衡。为了处理好投诉，必须让客人真正感到受到重视，负责处理投诉的管理人员要不断跟进，负责到底，及时向客人反馈处理的进展情况，让客人看到企业的诚意和热情，感受到关怀，直至圆满解决问题，客人满意并离开为止。

◈工作任务单 7-3

1. 简答题

(1)投诉的类型有哪些?

(2)简述投诉的处理原则。

(3)简述处理投诉的程序。

2. 讨论题

(1)谈谈你对客人投诉的理解。

(2)对待求尊重心理的客人,我们如何进行投诉的处理?

3. 技能训练

模拟演示投诉的受理。

项目八　主题宴会设计

学习目标

通过本项目的学习，使学生能够掌握主题宴会的概念、特点及其典型；了解历代著名的主题宴会和主题宴会的发展趋势；理解主题宴会设计的思路及其注意事项；掌握主题宴会台面设计、菜单设计及环境设计。

任务一　主题宴会认知

◈情景导入

1949年开国大典当晚，北京饭店承办了新中国的第一次国宴，即以淮阳风味菜为主的开国第一宴。开国大典之夜，中共中央负责人、中国人民解放军高级将领、各民主党派和无党派民主人士、社会各界知名人士、国民党军队的起义将领、少数民族代表，还有工人、农民和解放军代表，共600多人出席了在北京饭店举行的新中国第一次国宴，总共60多桌，此次宴会后来被称为"开国第一宴"。

由于出席的嘉宾来自五湖四海，口味不一，为了能够做到兼顾，宴会决定选择口味适中的淮阳菜，而当时北京饭店只有西餐，便邀请了当时北京有名的淮阳饭庄——玉华台的朱殿荣等9位淮阳菜大师前来掌勺"开国第一宴"。开国第一宴菜品质朴、清鲜醇正，中外宾客对菜品给予了高度评价，为国宴的精炼简约定下基调。

"开国第一宴"的菜单：

冷菜八种：酥烤鲫鱼、油淋仔鸡、炝黄瓜条、水晶肴肉、虾仔冬笋、拆骨鹅掌、香麻海蜇、腐乳醉虾。

头道菜：乳香燕紫菜。

热菜八种：红烧鱼翅、鲍鱼四宝、红扒秋鸭、扬州狮子头、红烧鲤鱼、干焖大虾、鲜蘑菜心、清炖土鸡。

点心四种：菜肉烧卖、淮阳春卷、豆沙包子、千层油糕。

此宴席的成功举行，为我国的国宴定下规格。

提问：大家所知道的主题宴会有哪些？现在就和我一起学习分享一下有关主题宴会的基础知识吧！

◈任务分析

"主题宴会"在现代宴会中数量越来越多，主题宴会是普通宴会的更高层次，它与普通宴会相比具有自己的特征与作用。一个宴会只有一个主题，只突出一种文化特色。根据不同的顾客、消费行为、活动主题，选择相对应的主题，开设拥有个性特色的"主题宴会"，博取活动主持者、就餐者的欢心，满足客户的特别心情，刺激顾客的购买欲望。这种主题，可以是地域的、民族的，也可以是民俗的、人文的，还可以是特产原料的。

◈任务要求

知识要求：

1. 熟悉主题宴会的概念；
2. 理解并掌握主题宴会的特点及其典型；
3. 了解历代著名的主题宴会；
4. 掌握主题宴会的发展趋势。

能力要求：

1. 能够理解主题宴会的特征；
2. 能够介绍历代著名的主题宴会；
3. 能够对主题宴会的发展趋势做简要分析。

素质要求：

1. 能主动学习，在完成任务过程中发现问题、分析问题和解决问题；
2. 能与小组成员协商、交流配合完成本学习任务。

◈相关知识

一、主题宴会的概念、特点及其典型

(一)主题宴会的概念

主题宴会是通过围绕一个或多个历史文化或其他主题为吸引标志，向顾客提供宴会所需的菜肴、基本场所和服务礼仪的宴请方式。它的最大特点是赋予宴会以某种主题，围绕既定的主题来营造气氛，宴会的菜品、服务、色彩、灯光、摆台、装饰以及活动都为主题服务，使主题成为顾客容易识别的特征和产生消费行为的刺激物。同时，主题宴会也是具备一定规格、档次、目的款待客人的聚餐方式，它除了提供餐饮产品外，往往还配备“致祝酒词”、“歌舞助兴”、“音乐伴餐”、“礼仪安排”等诸多服务内容。

宴会一词是由筵席发展而来的。筵席是一个历史术语，它的本义是铺地的坐具。此后，“筵席”一词逐渐由宴饮的坐具引申为整桌酒菜的代称，一直沿用至今，由于筵席必备酒，所以又称“酒席”。中国筵席是多人聚餐活动时食用的成套肴馔及其台面的统称。与日常饮食和一般聚餐相比，中国筵席有以下三大特征：①以酒为中心安排筵席肴馔；②注重席次安排，讲究进餐礼仪；③筵席菜肴品种繁多，讲究搭配与出菜次序。

(二)主题宴会的特点

1. 群聚性

主题宴会是众人聚餐的一种群聚餐饮消费方式。在宴会上，不同身份、不同地位的消费者在同一时间、同一地点，享用同样的菜点酒水，接受同样的服务，呈现出典型的欢聚一堂、聚集会餐的热闹氛围。

2. 社交性

不同的宴会有不同的目的和主题，或为庆贺特殊节日、或为贵宾接风洗尘、或为庆贺人生大事、或为祝贺大楼落成等，大到国家政府的国宴，小到民间举办的家宴都是如此。无论何种目的或主题，都离不开社交这一基本点。因此，人们把宴会称之为是“电话、书信之外的重要工具”。在宴会上，人们聚在一起，品味佳肴的同时，叙亲情友情，谈公事私事，它既是一种礼尚往来的表现形式，也是人们增加了解、加深印象、改善关系、促进业务、增进友谊的重要手段。

3. 规格化

不管是何种类型的主题宴会，规范化、专业化的服务是不可或缺的。主题宴会不同于日常便饭、大众快餐、零餐点菜，它比较讲究进餐环境、菜肴组合以及服务礼仪。主题宴会在菜肴组合上均按一定的比例和质量要求，合理搭配、分类配合，整桌席面上的菜点，在色泽、味型、质地、形状、营养以及盛装餐具方面，力求丰富多彩，并因人、因事、因宴会主题及档次科学设定。在主题宴会接待礼仪和服务程序上，各个酒店都有自成一体的、严格的规范要求。同时，根据宴会的等级和主题，对宴会环境进行合理布局，对宴会台面进行巧妙摆设，力图使宴会环境、宴会台面、宴会菜品等与宴会主题相吻合，达到和谐一致，给人以美的享受。

4. 主题鲜明性

主题宴会并不是盲目举办的，它的最大特点是赋予宴会以鲜明的主题，并围绕既定的主题营造氛围，选择菜肴风味、举办场所、灯光音乐、台面造型、服务方式的表现形式和就餐环境的装饰布置等。

5. 丰厚性

主题宴会的高档次、高要求，必然带来高消费、高收益的特征。一般而言，主题宴会的毛利率往往高于普通宴会，它是饭店餐饮业务中平均每位客人消费额最高的业务之一。经营成功的饭店，丰厚的主题宴会收入及利润往往成为餐饮的主要经营效益。

(三)典型的主题宴会

1. 国宴

国宴是国家元首或政府首脑为国家庆典或为欢迎外国元首、政府首脑而举行的正式宴会。国宴的礼仪特别隆重，要求特别严格，安排特别细致周到。宴会厅布置体现庄重、热烈的气氛。国宴的形式有中式、西式，也有中西式结合宴会。

2. 喜庆婚宴

婚宴是人们在举行婚礼时，为宴请前来祝贺的宾朋和庆祝婚姻美满幸福而举办的喜庆宴会。婚宴主办者对饭店提出的要求很高，要饭店提供精美的食品及最佳的服务。

3. 生日宴会

生日宴会是人们为纪念出生日而举办的宴会。做生日一般以老年人居多，老年人喜人多、热闹。现在为小孩过生日而举办宴会的也日益增加。

4. 纪念宴会

纪念宴会是指为纪念某人、某事或某物而举办的宴会，要求有一种纪念、回顾的气氛，因此在宴会布置时常有特殊要求。

5. 商务宴会

商务宴会在宴会经营中占有一定比例。国内外商务客人要求饭店为他们提供增进友谊、联络感情的宴请和业务洽谈、协议签约、资料信息交流的工作条件。商务宴会的消费水准以中等偏上为多。

6. 庆典宴会

庆典宴会是指企事业单位为庆贺各种典礼活动而举办的各种宴会，如开业典礼、庆功宴会、颁奖宴会等。这类宴会的特点是规模大，气氛热烈。

7. 民俗风情宴会

民俗风情宴会是以体现不同国家、地区、民族民风为主题的宴会。此类宴会可以选择的主题非常广泛，关键在于如何突出民俗特色，给消费者以全新的消费体验。我国是一个多民族的国家，不同民族会有不同的饮食习惯和其他民俗等。如果能够深挖某一民族的文化特色，将民族的服饰、饰物、音乐、舞蹈、餐具、菜点、习俗等表现出来，形成一个系列化的、完整的主题，就能够吸引消费者。

8. 保健养生主题宴会

保健养生主题宴会是以倡导健康饮食为主题，为客人提供有益保健养生的就餐环境和菜肴、食品的宴会。此类宴会的特点是就餐环境、设施有利于客人的健康需要；菜点、食品的选择和烹调从营养、卫生、生态、健康的角度出发，意在通过饮食有效地为客人提供健康服务。

9. 会展主题宴会

会展主题宴会是以会展为主题所举办的宴会形式。一个国家或地区会展举办的多少，象征着这个国家或地区的政治、经济、文化、科技等多方面的雄厚实力。与会展服务相配套的就是会展餐饮，对于高标准会展主题宴会来说，除了口味和品味外，更讲究的是氛围与气派。

【知识链接 8-1-1】

香港回归宴

在香港回归祖国之际，中国烹饪协会会员、特级烹调师李光远先生设计的大型宴席“香港回归宴”，该宴席共设菜点 15 款，每款菜点的设计及寓意各具特色，因而形成了鲜明的时代感，又有历史的文化内涵。盛开紫荆花，丝丝相连，根，舜耕，虎门销烟，中华五千年，普天同庆，归，一帆风顺，和平鱼篮，五洲凤舞，四海三鲜汤，百合鲍鱼汤，四喜饺，如意卷。这张“回归宴”的菜单如一部“史诗”，内容丰富，造型多姿多彩。根据设计者的设计，宴饮时播放“把根留住”这支歌曲，融饮食、历史、文化、雕塑、音乐于一体，使得整个宴饮洋溢着一种喜庆、祥和的气氛。

二、历代著名的主题宴会

1. 周代八珍宴——最早的宫廷宴会

周代八珍宴，是我国现存最早的一张完整宴会菜单，记载于《周礼·天宫》“珍用八物”。汉代郑玄的《礼记·内则》注释曰：“珍，谓‘淳熬’、‘淳母’、‘炮豚’、‘炮牂’、‘捣珍’、‘渍熬’、‘肝膋’”。“周代八珍”是 8 种当时称得上珍贵食品与高超的烹饪方法。此份菜单的意义在于它影响了后世的各种宴会的命名方法，以八珍为多、为好，成为珍贵食品的代名词。例如食品原料中有动物八珍、山八珍、水八珍、海八珍、上八珍、中八珍、下八珍、禽八珍和草八珍等，宴会中有八珍宴、八珍菜（八珍鱼翅、八宝辣酱等），很多宴会以八道菜为组合数量（八热炒、八冷菜、八大菜等）。

2. 唐代烧尾宴

盛行于唐中宗时期，专指士子登科或官员升迁而举行的宴会，是中国欢庆宴的典型代表。

"烧尾宴"食单中记载的菜点有58种,品种非常丰富,而且此类菜点的命名都非常讲究。

3.千叟宴

千叟宴是我国清代皇帝为在全国弘扬敬老之风而举办的尊老宴会。清代的"千叟宴",是清代朝廷为年老的重臣和社会贤达人士举办,因为参加宴会的都是60岁以上的男人,宴会规模超过千人而得名。"千叟宴"从头至尾突出一个"礼"字。其礼之盛,可谓空前绝后。

4.文会宴

文会宴是中国古代文人进行文学创作和相互交流的重要形式之一。形式自由活泼,内容丰富多彩,追求雅致的环境和情趣。一般多选在气候宜人的地方。席间珍肴美酒,赋诗唱和,莺歌燕舞。历史上许多著名的文学和艺术作品都是在文会宴上创作出来的。著名的《兰亭集序》就是王羲之在兰亭文会上写的。

5.红楼宴

红楼宴是根据《红楼梦》中对宴会与菜肴的描写而研制的宴会。"红楼宴"菜单是以金陵十二钗平时食用的菜肴和补品为主料,结合书中人物不同的身份、性格和故事情节,配以不同的基色、调味,运用炸、烩、炒、蒸、炖、烤等烹饪技术融合而成。如热菜:美妙玉品茶龙井虾、王熙凤高谈茄子鲞、薛宝钗论酒食鸭信、敏探春油盐炒枸杞、秦可卿山药健脾胃、贤李纨敬老撕鹌鹑、史湘云围炉烧鹿肉、懦迎春牛乳蒸羊羔。

6.洛阳水席

洛阳水席与洛阳牡丹、龙门石窟并称为"洛阳三绝",有"天下第一席"之称,距今有1 000多年的历史。水席起源于洛阳,这与其地理气候有直接关系。洛阳四面环山,雨少而干燥。古时天气寒冷,不产水果,因此民间膳食多用汤类。之所以称为水席,一是它的每道菜都离不开汤汤水水;二是一道道地上,吃一道换一道,仿佛行云流水一般,故称水席。全席共设24道菜,包括8个冷盘、4个大件、8个中件、4个压桌菜,冷热、荤素、甜咸、酸辣兼而有之。上菜顺序极为考究,先上8个冷盘作为下酒菜,每碟是荤素三拼,一共16样;待客人酒过三巡再上热菜:首先上4大件热菜,每上一道跟上两道中件(也叫陪衬菜或调味菜),美其名曰"带子上朝";最后上4道压桌菜,其中有一道鸡蛋汤,又称送客汤,以示全席已经上满。热菜上桌必以汤水佐味,鸡鸭鱼肉、鲜货、菌类、时蔬无不入馔,丝、片、条、块、丁,煎、炒、烹、炸、烧,变化无穷。

7.满汉全席

满汉全席,满清宫廷盛宴。既有宫廷菜肴之特色,又有地方风味之精华;突出满族菜点特殊风味,烧烤、火锅、涮锅几乎不可缺少的菜点,同时又展示了汉族烹调的特色,扒、炸、炒、熘、烧等兼备,实乃中华菜系文化的瑰宝和最高境界。满汉全席原是清代宫廷中举办宴会时满人和汉人合做的一种全席。满汉全席上菜一般一百零八种(南菜54道和北菜54道),分三天吃完。满汉全席菜式有咸有甜,有荤有素,取材广泛,用料精细,山珍海味无所不包。

8.孔府宴

孔府是孔子和其后人居住的地方。典型的中国大家族居住地和中国古文化发祥地,历经两千多年长盛不衰,兼具家庭和官府职能。孔府既举办过各种民间家宴,又宴迎过皇帝、钦差大臣,各种宴席无所不包,集中国宴席之大成。宴席中又分寿宴、花宴、喜庆宴、迎宾宴等。其中,寿宴上的名菜佳肴非常精美,餐具讲究,陈设雅致。菜肴名称也各有寓意,如"福寿绵长"、"寿惊鸭羡"、"长寿鱼"等,其"一品寿桃"是孔府寿宴中的第一珍肴。花宴是公子婚礼及小姐出嫁时所设的宴席，这类宴席，席间空出“喜”字，席中心有“双喜”形高盘。菜肴名称也贴切雅致，如“桃花虾仁”、“鸳鸯鸡”、“凤凰鱼翅”、“带子上朝”等。喜庆宴是在孔府内遇有受封、袭封、得子等喜庆之事，办宴祝贺，这种宴席往往突出喜庆气氛，在开席前要鸣放鞭炮。其菜名多美好、吉祥之意，如“鸡里炸”、“阳关三叠”、“四喜丸子”等。

三、主题宴会发展趋势

(一)主题宴会的文化趋势

宴会作为一种高级的社会活动，往往是一国文化的高度体现。未来的宴会将更加注重宴会的意境和文化气息的营造，将更加关注宴会与文化艺术的产物有机结合。从餐厅的布置到台面的设计，服务员的装饰，菜肴的命名，餐具的配套，音乐的安排，艺术的表现，都将围绕宴会的主题，努力创造理想的宴会艺术境界，给客人以美的艺术享受，使客人产生愉快、欢乐的情绪和难以忘怀的美好印象。主题的本质是文化。文化的雅与俗，文化的新与旧，文化的中和西，与主题的吸引力和产品的价格无关，阳春白雪式的贵族宴会可以成为主题宴会，同样，下里巴人式的平民宴会也可成为主题宴会，关键在于文化与主题的一致性。一个好的主题宴会，不仅是本身所具有的文化与现代文化的凝结，它还能使传统文化、现代文化和自身主题文化相得益彰，同时又进一步形成文化创新。

【知识链接 8-1-2】

蟠桃美食宴

武汉猴王大酒店注重从文学作品中挖掘精华，以此作为树立形象的直接手段。该店由店名“猴王”直接想到了中国古典名著中《西游记》中王母娘娘招待各路神仙的蟠桃会。因此，该店从这个传说中找到发展的契机，本着“出新、出奇、出特、出名、出效益”的原则，以昔日美猴王大闹天宫，搅乱了王母娘娘的蟠桃宴会；今日美猴王要重建蟠桃盛宴，奉献至尊宴席，创造崭新菜系，为弘扬古老而又年轻的中华饮食文化做出“齐天”之贡献为宗旨，成功推出第一届“蟠桃宴美食节”，受到社会各界的欢迎。“蟠桃宴”在借鉴中国各大菜系、地方名肴和西方菜品的基础之上，吸收了中华古老餐饮文化之神韵，进行了重大的创新，填补了中国四大名著人文宴席独缺“西游宴”这一历史空白，具有较高的文化、经济价值。

(二)主题宴会的美食化趋势

美食是人们在饮食活动中美的创造成果和美的欣赏对象。它不仅给人以饮食生理之快感，而且使人获得饮食心理的满足，使饮食成为生活中的艺术享受。总之，美食是主题宴会高度文明的集中表现，随着社会物质文明与精神文明的高度发达，人们对美食的要求越来越高。宴会作为饮食的最高级表现形式，宴会美食化趋势已势不可挡。宴会的美食化主要表现在三方面：一是质美，二是感觉美，三是意美。前两方面属于烹饪成品本身，意美则是美器、环境等烹饪成品本身以外的因素引起饮食者心理上的美好反应。前两方面是美食的基础，意美是美食的较高层次追求。意美由饮食器皿、饮食环境、社交礼节、上菜程序以及音乐演奏等因素相结合造成的意境和韵味美，它足以使饮食者产生愉悦、欢快的情绪和久久不忘的美好记忆。

(三)主题宴会的营养化趋势

随着人民生活水平的提高,人们对健康的追求越来越显著。宴会作为饮食的最高级的表现形式,营养保健化趋势已非常明显。宴会的营养化趋势主要表现在三个方面:一是要求菜点荤素营养搭配合理。二是要求提供无污染的食品,保证卫生。三是尽量控制有害物质对身体的影响,如酒精、色素、防腐剂等。宴会营养化趋势,意味着合理的膳食结构与营养平衡。在我们国家,从实际情况出发,目前宴会配餐可适当减少荤菜的数量,而增加素菜的数量。具体配餐可参照中国营养学会推荐的人均月膳食标准来进行,具体指标包括每人每月谷类 14.2 kg、薯类 3 kg、蔬菜 12 kg、干豆 1 kg、水果 0.8 kg、肉类 1.5 kg、乳类 2 kg、蛋类 0.5 kg、鱼虾 0.5 kg、油类 0.25 kg。上述食物除以 30 天,再除以 3 即是每人每餐的膳食量。当然,宴会配餐可略高于人的日常膳食摄入量。

(四)主题宴会的节俭化趋势

随着我国改革开放,人民的物质生活水平有了很大的提高,饮食的文明程度也得到提高。符合现代文明社会要求的价值观、工作方式、生活方式逐渐为我国人民所接受并日益成为人民的行为方式。所以,宴会将向热情有礼、节俭适度的方向发展。其主要表现为:一是宴会时间缩短。二是宴会菜点数量的适度控制,不会盲目"求多贪丰"。三是一些低档原料开始走进宴会,出现以低档原料烹制高档菜的趋势。四是节俭快捷,方便自由的自助将成为宴请的主要方式之一。这种宴会菜品品种多,客人可各取所需,无需客人等菜,形式自由,因而将成为未来宴会主流形式之一。

(五)主题宴会的大众化与国际化趋势

所谓大众化是指将宴会做成普通老百姓都能接受和消费的餐饮产品,成为一种普通的餐饮形式,从而扩大宴会的消费层面。如果只将宴会的消费定位于高端的消费市场,必将限制宴会发展的空间,使宴会成为少数人的专享品。只有走平民化的消费路线,拉近宴会与百姓的距离,才能获得更大的市场份额。宴会还应该朝着国际化的趋势发展,即宴会的形式向国际化标准靠拢,同国际水平接轨。随着中西文化的交流,西方的烹饪文化必将对中国的饮食文化产生冲击和影响,为中国餐饮业的发展带来新的活力。中国的餐饮业必须直视中西方烹饪文化的差距,将中国的宴会产品做成国际上能够接受的餐饮消费品,从而扩大中国美食在国际上的影响力,在国际餐饮市场上占有一席之地。

◆工作任务单 8-1

1. 简答题

(1)简述主题宴会的特点。

(2)简述主题宴会的发展趋势。

2. 讨论题

当代中国宴会存在哪些问题?应如何解决?

3. 技能训练

查阅资料,收集更多历代著名的主题宴会信息,并与学生们分享资源。

任务二 主题宴会设计

◈情景导入

近几年来，各地涌现出不少的主题宴会，其风格多种多样，有节日宴、古典人文宴、原料宴、风景名胜宴等。

“竹文化节”，迎合文化主题项目，精心设计并推出了特色浓郁的“美竹宴”。在宴会的策划方面，他们使用竹制餐具，如竹碗、竹杯、竹筒、竹桶、竹节、竹船、竹片等，并刻上竹的诗文、竹画，似一幅幅艺术品，使“竹文化节”增添了光彩的一笔。

“皇帝宴”主办者不仅将宴会厅装饰成金銮宝殿，同时还将农村的舞龙、花轿请进宴会大厅，席间表演中国的地方戏和大家都参与的选妃子游戏。宴会后，外宾还饶有兴趣地跳中国秧歌，既了解了中国文化，又品尝了中国美食。

试评价以上主题宴会的成功之处。告诉我你的评价依据是什么？那么，主题宴会该如何设计呢？

◈任务分析

主题宴会首先需要充分与主办单位或主人沟通，了解其意图；然后进行主题策划，将宴会主题思想通过设计表现出来；通过主题宴会的菜单、台面、环境氛围等方面进行呈现。

◈任务要求

知识要求：

1. 了解主题宴会的设计思路及其注意事项；
2. 掌握主题宴会的台面设计步骤；
3. 理解并掌握主题宴会的菜单设计方法；
4. 了解主题宴会环境设计的程序。

能力要求：

1. 能够分析主题宴会设计思路；
2. 能够根据宴会主题，设计台面、菜单及布置环境。

素质要求：

能与小组成员协商、交流配合完成本学习任务。

◈相关知识

一、主题宴会设计思路及注意事项

(一)主题宴会设计思路

1. 从顾客需求的角度分析

宴会主题大部分是应消费者的需求而产生的，顾客的思路就是主题宴会设计的“大纲”，整个主题宴会的设计要围绕顾客的需求进行，并突出新意和创新点。

2. 从文化的角度加深内涵

在策划宴会主题时离不开“文化”二字，每一个主题宴会都是文化的展现。不同的地区有不同的地域文化和民俗特色。例如，广西南宁明园新都酒店“壮族迎宾宴”中就依托特有的少数民族铜鼓、绣球、壮锦、竹筒酒、竹排菜单、民族服饰、民族音乐、民族舞蹈、民族餐具、民族菜肴等全方位展现民俗文化。

3. 从节日、节事角度分析主题

借助不同的节日，推出与节日文化内涵相同的主题宴会，如“重阳宴”、“年夜宴”、“元宵宴”、“中秋宴”、“圣诞风情宴”等。不同的节日都有不同的文化内涵及表现形式，开发节日宴会时应注意有针对性地选择消费群体。

(二)主题宴会设计注意事项

1. 突出主题，张扬个性

宴会主题设计最忌讳多元化而缺乏个性特色。有的酒店在确定主题和设计时总是犹豫不决，不知如何取舍，导致面面俱到，看起来繁花似锦，其实不然，这样会导致每个环节主题不清晰。另一种极端就是宴会的主题平淡无奇，没有创造性，随大流。推出主题宴会时，要求主题应张扬个性、与众不同，形成自己独特的风格，其差异性越大就越有优势。宴会主题的差异也是多方位的，如体现在产品、服务、环境、服饰、设施、营销等方面，有形或无形的差异，只要有特色，就能有市场。

2. 名副其实，切勿空洞

近几年来，全国涌现不少的主题宴会，其风格多种多样，有原料宴、季节宴、古典宴、风景宴等。但有许多宴会主题过于大、过于空洞，如号称“中华帝王宴”、“江南第一宴”等夸夸其谈、口号式的宴会主题，显然名不副实。宴会的主题只做表面文章，追求噱头，导致在设计主题宴会内容时有很多问题。特别是那些古典人文宴和风景名胜宴，不少菜品给人牵强附会的感觉。把几千年的菜品挖掘出来确实是件好事，但是有些菜品却不敢恭维，重形式轻市场，华而不实，中看不中吃；那些风景名胜宴，在盘中摆出山山水水、花花草草，还有亭台楼阁，人和动物，看上去很美，而这些菜品本身不适合食用，也不敢食用，违背了烹饪的基本原则。宴会主题要做到名副其实，必须使主题与区域特色、酒店定位和宴会内容相匹配。

二、主题宴会的台面设计

主题宴会台面设计就是主题宴会经营服务者根据宴会的主题、规模、档次、餐饮风格、就餐环境、场地形状、客人需求等要求，通过一定的艺术手法和表现形式，布置优雅大方、实用美观的就餐台面。

成功的主题宴会就像一件艺术品，令人赏心悦目，给参加宴会的宾客创造出了隆重、热烈、和谐、欢快的气氛。因此，主题宴会台面设计已成为现代宴会不可缺少的环境布置。主题宴会台面设计的步骤与方法如下。

(一)根据宴会目的与目标顾客特点来确定宴会主题

主题宴会台面设计首先要明确宴会主题，这与文学家创作诗文前要先有一个主题思想再以文笔表达，画家先有主题思想再以画笔渲染成画的道理是相同的。主题宴会台面设计的确定依据是消费者的用餐目的、年龄结构、消费习俗、顾客心理、经济状况等因素。例如,参加者以年轻人为主,应以色彩明快、时尚新意的台面格调为主,表现奔放、热烈的主题,营造活泼、欢快的喜庆气氛。

(二)根据主题宴会台面寓意命名

大多数成功的主题宴会台面,都拥有一个别致而典雅的名字,这便是台面的命名。只有给主题宴会台面恰当地命名,才能突出宴会的主题,通过台面设计的艺术手法而增加宴会气氛。其具体命名如中国茶宴、珠联璧合宴、蟠桃庆寿宴、梦幻漓江迎宾宴、圣诞欢庆宴等。

(三)根据宴会的主题创意设计台面造型

1. 主题宴会的台布选择与台裙装饰

每个主题宴会都有它的特定主题,当然也要有和主题相配合的装饰。因此台布、台裙的颜色、款式的选择要根据宴会主题来确定,以体现服务的内涵。台裙可以选用制作好的常规台裙,也可以选用高档丝绸来现场制作造型各异的台裙。

2. 主题宴会的餐具选择与搭配

现代餐饮市场上餐具主要有中式、西式、民族式、日式、韩式等不同风格,质地、形状、档次有相当大的差异,宴会设计者大胆地把不同风格的餐具引为己用或特制出精美的主题餐具,搭配出形态万千的摆台造型。不仅有满足顾客进餐的需要,同时也有渲染主题宴会气氛、暗示促销、美化餐台的重要作用。

3. 主题宴会的餐巾折花造型

丰富多彩的各类各色餐巾通过一些折法的变化和手艺的创新,可以折出千姿百态的造型,并能衬托出田园式、节日式、新潮式、豪华式等不同宴会主题和气氛。

4. 主题宴会的菜单设计、装帧与陈列

主题宴会菜单对宴会厅不仅有点缀、推销作用,而且还是主题宴会的重要标志,可以反映不同宴会的情调和特色,因此宴会厅的服务人员必须根据宴会的主题精心设计菜单的装帧及陈列方法。

5. 主题宴会的花台造型

台面花台造型设计是主题宴会台面布置的一项艺术性很强的工作,要求服务员根据不同类型的主题宴会,设计出不同花型,既美化环境、丰富餐台造型,又增加宴会的和谐、美好的气氛,体现出宴会的隆重。

6. 主题宴会的餐垫、筷套、台号、席位卡布置与装饰

在主题宴会台面布局中虽然餐垫、筷套、台号、席位卡是一个小的因素,但其作用不容忽视,设计者必须根据宴会的主题风格,花台的主色调,餐具的档次,宴会的规格、宾客的要求精心策划与制作。

比如在红楼梦主题宴会中的席位卡设计,可以在江边收集漂亮光滑的鹅卵石,用金色或银色的笔在上面写上嘉宾的名字,然后用小圆木垫托起来。这样既突出了石头记的主题,手法又很新颖,又可反复使用。

7. 主题宴会餐椅的布置

餐椅的主要功能是供宾客就座之用。主题宴会餐台设计与布置中常用的餐椅多选用优良原木制成,它一般相对固定,而宴会设计师采用椅外增加纺织品坐垫、椅套等作为装饰,以改变

其色调与风格，使其与餐台的其他用品协调，与整个宴会主题相符合。如在以红色和粉色为主色调的婚宴摆台中，可将粉色丝绸制成的蝴蝶结温馨飘逸地挂在椅后，以一束粉色玫瑰插于蝴蝶结中的特有方式向新人表达美好的祝福。

三、主题宴会的菜单设计

主题宴会菜单是由一定规格质量的一整套菜点饮品，根据约定俗成传统的进餐顺序和礼仪组合而成的菜单，其规格标准明显区别于普通的零点菜单和套餐菜单。主题宴会菜单又是技术性的菜单，它的设计体现了饭店烹饪技术的实力水平和服务水准，是饭店餐饮文化的提炼和结晶。主题宴会菜单的设计包括菜名设计、菜点设计和装帧设计。

（一）菜名设计

宴会菜名的设计，必须根据宴会的性质、主题，采用寓意性的命名方法，使其主题鲜明，寓意深刻富有诗意。如婚宴菜单中的花好月圆、鸳鸯戏水、鸟语花香、珠联璧合、百合莲心，其菜单暗喻夫妻和睦恩爱，体现了人们的美好祝愿，给人一种喜悦的遐想和享受。

（二）菜点设计

菜点设计是菜单设计的核心。宴会菜单的设计要点如下：

1. 了解客人，投其所好

主题宴会菜单的设计应根据客人就餐目的设计，好的宴会菜单是使客人宴请达到目的的一种手段，所以宴请菜单设计一定要了解主办单位或主人举办宴会的意图，掌握其喜好和特点，并尽可能了解参加宴会人员的身份、国籍、民族、宗教信仰、饮食嗜好和禁忌，从而使我们设计的菜单满足客人的爱好和需要。

2. 分主次轻重，突出主题

宴会菜单的设计犹如绘画之构图，要分清主次轻重，突出主题，把观赏者吸引到某一点上。宴会菜单的设计必须注意层次，突出主菜，创造使人回味的亮点，同时任何艺术作品均需有自己的风格，宴会菜点的设计同样应显示各个地方、各个民族、各家酒店、各个厨师的风格，独树一帜，别具一格。

3. 合理搭配，富于变化

宴会菜单如同一曲美妙的乐章，由序曲到尾声，应富有节奏和旋律。因此，宴会部主管在设计菜单时，应注意以下几点：

(1)注意冷菜、热菜、点心、水果的合理搭配。造型别致、刀工精细的冷菜，能将与宴者吸引入席，先声夺人；丰富多彩、气势宏大的热菜，能引人入胜；小巧精致、淡雅自然的美点，就像乐章的“间奏”承上启下，相得益彰；而色彩艳丽、造型奇妙、寓意深刻的水果拼盘，则像乐章的“尾声”可使人流连忘返。

(2)注意菜点原料、调味、形态、质感及烹调方法的合理搭配，使之丰富多彩，千姿百态，口味各异，回味无穷。

(3)注意营养成分合理搭配，达到合理营养、平衡膳食的目的。

（三）菜单装帧设计

主题宴会菜单的装帧设计是一项专业化要求较强的工作，许多宴会业务部门都委托或聘请专业设计人员或公司担此重担。但是，作为宴会经营管理者，应对菜单装帧的基本点有充分的了解和独到的见解。这样，宴会菜单一经推出才能显示出其独到之处。在做菜单装帧设计时注意以下几点：

(1)在字体的大小上应适宜目标客源阅读为主要根据。

(2)在字体的选择上则可灵活行事，若中式餐饮，可采用飘逸的毛笔字；若是儿童菜单，可选用幼稚活泼的卡通字；若是寿宴，可选择古老的隶书；若是正规宴会菜单，则宜选用端庄的字体。

(3)菜单上的标准色宜淡不宜浓，宜简不宜多，否则会影响识别效果；

(4)菜单材质、款式的选择，则应体现别致、新颖、适度的准则。

四、主题宴会环境设计

主题宴会环境设计是指依据宴会的主题、形式、标准、性质、宾主要求和宴会厅的装修风格，对宴会环境中的灯光色彩、墙饰标志、家居器皿、花卉盆景、窗帘服饰等非固定化要素进行设计和装饰布置的方法。

主题宴会环境设计和装饰布置是一项涉及旅游、建筑、宗教、文化、艺术、人体工程学、装饰材料、工艺美术、投资管理等多方面知识的比较复杂、细致的工作。其设计程序具体如下：

1. 宴会主题内容及装饰风格的选定

宴会主题和装饰风格是由宴会主办者的目的、宗教、要求、意向等决定的。宴会主题环境内容选择确定的步骤是：第一，分析宴会目的。与主办单位协商、询问宴会的具体目的、主题内容和表现形式。第二，提出主题宴会环境设计意向，明确宴会主题布置的中心，征求主办单位的意见。然后选择确定具体的宴会场景布置的主题内容和装饰风格。如同是婚宴，不同国家和地区、不同民族和风俗的客人，其婚宴的主题内容、装饰风格、背景图案的布置是各不相同的。所以，宴会主题布置风格的具体内容选定，关键是要明确主办单位的宴请目的、意向、表现形式。宴会管理人员要具有丰富的想象力、创造性，善于向客户提出主题宴会意境和具体表现形式的建议。

2. 主题宴会环境创造

主题宴会环境创造是为主题内容服务的。它必须依据宴会主题和装饰风格来确定环境气氛，充分地利用灯光色彩、墙饰标志、家具器皿、花卉盆景、窗帘服饰等手段来表达庄严隆重、豪华高雅、热烈欢快、优雅恬静的意境。

3. 主题宴会环境布置

主题宴会环境布置是在主题环境装饰风格选择、主题宴会环境创造的基础上，选择不同布置材料和表现手法来创造出符合宴会目的和要求的现场景致。具体包括宴会现场的背景布置，墙面或天花板的现场装饰，灯光气氛的设计布置，主墙和主席台面的设计图案，宴会横幅标语的设计，主桌的宴会花草布置，中心图案的造型设计和布置等。上述宴会主题环境的内容和布置方法主要是在制定出设计方案的基础上，由饭店美工人员和工程部门的有关人员及服务人员按设计方案和要求逐一落实，最后做好检查，保证宴会主题环境的美观、大方，符合宴会主题和主办单位的要求。

【知识链接 8-2-1】

“绍兴美食节”环境设计

某酒店为推出文化品牌，体现酒店的规格与档次，扩大销售，吸引消费者，特举办以绍兴饮食为特色的主题宴会活动。其酒店内外的环境布置如下：

在大堂摆放一案桌，以花雕为主，一些小酒坛为衬托与屏风相呼应，主题鲜明。在二堂的靠墙摆放案桌、八仙桌各一张，太师椅两张，中堂挂一字画，上书“古越”，桌面摆放盖碗两只、宫灯两盏，桌旁摆放瓷缸、卷轴，并以木架为衬底。

大厅内进门摆放一“绍兴餐具”展台，并在边上附说明牌。摆放明、清、民国时期的绍兴餐具，包括碗、盅、碟、食盐、酒等。每件物品边都用台签标明名称，并在展台旁以文字说明。还在厅内设一“绍兴老酒”的展台，摆放太雕、元红、花雕、镶春等本地少见的黄酒品种，作为展示。厅内桌面使用方形花布为台布，服务员的服装为具有当地传统特色的蓝底碎花布。大厅中的幕墙与柱子是重点布置所在，尤其以幕墙突出餐饮的主题特征。幕墙上书“绍兴文化美食节”，中间部分写一大大的“鹅”，在其边用小字写着介绍绍兴的篇章。四根柱子上悬挂有关绍兴人文的字幅或画卷，宣纸手书并装裱。其中有描写鉴湖的“镜湖水如月，耶溪女如雪”，鲁迅的“横眉冷对千夫指，俯首甘为孺子牛”，描写乌篷船的“轻舟八尺，低篷三扇”等字句。

在不同的包厢内，分别以“鲁迅故居”、“陆游、唐婉”和“社戏”等主题，布置有与之风格相适应的书、画、挂件、饰物等，别具一格，颇具特色。在包厢内播放轻缓的江南音乐，搭配具有特色的绍兴菜点，可令宾客在吃的过程中领略到绍兴文化，在享受文化的过程中品尝美食。

◆工作任务单 8-2

1. 简答题

(1)宴会的设计思路是什么？

(2)主题宴会设计台面造型注意哪些方面？

(3)主题宴会菜点设计有哪些要求？

(4)主题宴会环境设计程序是什么？

2. 讨论题

举例说明主题宴会设计的名称、台面、菜单、环境设计如何保持统一。

3. 技能训练

(1)请同学们分组，组织设计主题婚宴的台面、菜单和环境布置。

(2)到当地酒店收集中西餐主题宴会菜单各一份，分析其设计思路及特点。

参考文献

[1] 李晓东.餐厅服务实训教程.北京:旅游教育出版社,2009.

[2] 宋春亭,李俊.中西餐饮服务实训教程.北京:机械工业出版社,2010.

[3] 程新造.星级饭店餐饮服务案例选析.北京:旅游教育出版社,2000.

[4] 沈忠红.现代饭店前厅客房服务与管理.北京:人民邮电出版社,2006.

[5] 吉根宝.餐饮管理与服务.北京:清华大学出版社,2009.

[6] 赵莹雪,等.餐饮服务与管理项目化教程 .北京:清华大学出版社,2011.

[7] 沈建龙.餐饮服务与管理实务.2 版.北京:中国人民大学出版社,2007.

[8] 吴吟颗.餐饮服务与管理实训教程.上海:上海财经大学出版社,2008.

[9] 李勇平.餐饮服务与管理.4 版.大连:东北财经大学出版社,2010.

[10] 张平.餐饮服务与管理.北京:北京师范大学出版社,2011.

[11] 陆朋.餐饮服务与管理.北京:中国物资出版社,2009.

[12] 严金明,任明哲.餐饮服务与管理.北京:北京师范大学出版社,2012.

[13] 谢红霞.餐厅服务技能实训.北京:中国人民大学出版社,2011.

[14] 孙娴娴.餐饮服务与管理综合实训.北京:中国人民大学出版社,2011.

[15] 滕宝红.西餐服务员岗位作业手册.北京:人民邮电出版社,2008.

[16] 童霞.中餐服务技能实训.北京:机械工业出版社,2012.

[17] 陈修仪.餐饮服务.北京:高等教育出版社,1995.

[18] 孔永生.餐饮细微服务. 北京:中国旅游出版社,2007.

[19] 李华丽.餐饮服务实训教程.北京:北京师范大学出版社,2012.

[20] 于英丽.餐厅服务技能.大连:东北财经大学出版社,2012.

[21] 劳动和社会保障部,中国就业培训技术指导中心.餐厅服务员(初级技能、中级技能、高级技能).北京:中国劳动社会保障出版社,2007.